江西历史文化研究工程丛书

本书系江西历史文化研究工程省社科专项
"近代江西农村经济研究"（22ZXLS06）的最终成果

近代江西农村
经济研究

易凤林——著

江西人民出版社

图书在版编目（CIP）数据

近代江西农村经济研究 / 易凤林著 . -- 南昌：江西人民出版社，2022.12
（江西历史文化工程研究丛书）
ISBN 978-7-210-14369-7

Ⅰ.①近… Ⅱ.①易… Ⅲ.①农村经济－经济史－研究－中国－近代 Ⅳ.① F329.05

中国版本图书馆 CIP 数据核字（2022）第 242599 号

近代江西农村经济研究
JINDAI JIANGXI NONGCUN JINGJI YANJIU

易凤林　著

策划编辑：王一木
责任编辑：陈才艳
封面设计：游　珑

江西人民出版社 出版发行

地　　址	江西省南昌市三经路 47 号附 1 号（330006）
网　　址	www.jxpph.com
电子信箱	jxpph@tom.com
编辑部电话	0791-86898115
发行部电话	0791-86898801
承　印　厂	江西千叶彩印有限公司
经　　销	各地新华书店

开　　本：787 毫米 ×1092 毫米　1/16
印　　张：19.75
字　　数：250 千字
版　　次：2022 年 12 月第 1 版
印　　次：2022 年 12 月第 1 次印刷
书　　号：ISBN 978-7-210-14369-7
定　　价：59.00 元
赣版权登字 -01-2023-459

版权所有　侵权必究
赣人版图书凡属印刷、装订错误，请随时与江西人民出版社联系调换。
服务电话：0791-86898820

序言

江西自初唐开始，已经成为中国南方的重要区域，不仅它的开发已经基本成熟，而且成为全国重点农业生产单位。王勃的《滕王阁序》虽然难免有几分吹捧主人，这也是骈文的特点，但是"豫章故郡，洪都新府"繁荣也是有根据的。入北宋，江西更是以农业、手工业和读书才子、朝廷群臣闻名朝野。到南宋，朝廷偏安江南，江西成了赵家王朝十分重要的经济依靠。在元代，汉族虽然受到统治者的歧视，但是，江西农业经济并没有被忽略。进入明代，无论是朱元璋建都南京，还是朱棣后来迁都北京，江西都以自己丰厚的农产品支持王朝的发展和社会的稳定。随着京杭大运河的疏浚开通，从北京到广州的京广内河通道，江西以赣江巨大的运力，担负起将近三分之一的航程，江西的农产品成了这条王权社会交通线上的主角。到了清代的初期和中期，江西的粮米不仅是皇宫和江南各米市的必需品，更是灾荒年朝廷首先调拨的救灾物资，我们今天完全可以在朝廷的朱批中看到康熙皇帝多次谕旨表扬江西。这一千多年的江西以及江西的农业、江西的农业技术、江西的手工业，的确可以说走在全国的前列。今天，人们说江西人勤劳、朴实且对国家和兄弟省多有无私的奉献，应该是一千多年来的传统形成的。

江西的衰落，特别是经济的落后，是近代的事。第一次鸦片战争后，海运的发展和通商口岸的开放，使江西在河运时代商路要津的优势地位丧失。清军与太平军的战争打了十几年，江西是受战争破坏最严重的省份之一，人口大量地减少，农村劳动力也就大量地流失，生产资料大量被破坏，田园荒芜，万户萧疏。随着帝国主义列强入侵掠夺日益加剧，清王朝日益腐败，北洋政府搜刮盘剥，苛捐杂税没完没了，压得农民无法经营生产，内卷严重，效益日减。20世纪的二三十年代国民党反动派多次对江西革命根据地和苏区的"进剿""会剿""围剿"，再加上经常性的旱涝虫灾，以农业为一省优势的江西农村经济受到频繁的打击，整体败落下去。然而，中国的农民历来能经受得住各种苦难，江西的农民也是苦惯了的群体，他们在人们难以想象的艰苦的自然条件和社会条件下勤劳地耕种和辛苦地生活，采取多种方式，顽强地保证了自己不仅能够在苦难中生存下来，而且使江西仍然成为全国的重要粮食产区。因此，研究近代江西农业经济，不仅是学术上填补空白的问题，更是探究传统中国落后的农村社会经济规律性问题。如果说，在漫长的传统社会，中国农民以自己艰难的生产和贫苦的生活支撑了一个偌大的王权专制国家超稳定的存在的话，那么江西就是一个很典型的个案；如果说，在两千多年的岁月里，中国的农业发展和农村变化既缓慢又落后的话，那么近代的江西也是一个很典型的个案。因此，江西是那个时代的一个焦点，一个能够呈现又可以深究的社会矛盾的多面体。

有朋友说，江西给人的感觉很淡薄，或者说，现代的人们对江西没有什么感觉。那是因为现代的人们喜欢浅薄，追求浮华。而江西没有浅薄，不追求浮华，江西更多的是千年的沉重，百代的深刻。无论是自然生态，还是人文精神都是如此。

正因为此，我看重易凤林女士的这个选题，看好由这个选题而构成的这项成果——《近代江西农村经济研究》一书。

本书有如下几个特色：

一、从框架上看，不同于以往同类的研究大部分都是针对某一问题的专题研究，而是对近代江西农村经济主要方面进行比较全面梳理和阐述，这不仅需要时间和学力，更需要有相当的知识结构和历史认知水平。对于年轻的作者来说，这算是一种勇敢的尝试。

二、从内容上看，对问题的研究有了较大程度的深化和拓展，其中特别拓展了自然科学范畴的农作物经济的研究和社会科学范畴的农业税等方面的研究，深化了过去研究薄弱的近代农村传统产业转型、农村借贷、农业合作运动等方面的研究，并尽可能地厘清近代江西农村经济发展的历史脉络。尤其值得注意的是，本书紧紧抓住近代农村经济的主体脉络，以战争和建设并行的主线去深刻论述江西的农作物经济、农村传统产业、农业税、农村借贷、农村发展实验、农村合作化运动等核心内容，深刻分析近代江西农村经济发展背后的国内政治、经济、军事和帝国主义侵略等多种因素的影响。

三、从研究范围上看，研究范围覆盖江西所辖南昌、九江、赣州、抚州、吉安、上饶、宜春、萍乡、景德镇、丰城等数十个县市的农村，基本是覆盖了江西主要的农产区，并以纵横交错的发展脉络系统梳理近代江西农村的经济形态、农村经济的现代化转型及其引起的社会变化。

四、从研究方法上看，既坚持了传统的论从史出，以扎实的文献资料为基础，加上大量的社会调查，进行客观的历史分析，同时又积极地采取一些新的方法来认知和判断研究对象。

五、有自己鲜明的观点。比如作者认为，近代江西是中国各种力量角逐、各种思想散播的重要地域，近代江西经济也是中国半殖民地半封建经济的地方缩影。江西从传统农耕经济的辉煌走向农村经济的没落，并不是偶然的，而是与中国半殖民地半封建社会的性质、中国被压迫的国际地位、世界市场经济对中国农村经济的强势掠夺、现代化转型的艰难、江西自身的经济制约等因素紧密相关。它是中国农村经济衰败的地方呈现。近代江西以农村经济为主导，经历着从传统向现代的转型，但这个转型始终与中国革命斗争的具体推进、国家政权的更迭、政府的权力下沉等紧密相连。

这些特色不仅反映了新时代江西地方史研究的进步，也体现了学术的严谨性和创新性。

易凤林于2004年考上南昌大学专门史硕士研究生，在我的指导下学习明清经济史。在此期间，她的学习取得了积极的效果，与我共同合作由她负责实地调研，在经济专业刊物《当代财经》发表了《"十五"期间农民税费减负的调查——以江西省荷家村组和上河背村组为例》。这篇论文以实事求是的风格为当时省政府为农民税费减负起到了很好的参考作用。这是好的起点。2007年她入职江西省社会科学院，专门从事苏区史、党史研究，但对近代经济史研究一直保存着兴趣。后来又得到许多同行专家和名师的指导教诲，进步更大。

《近代江西农村经济研究》一书能够出版，这是很难得的，学生有成就，曾经的老师当然欣慰，故而欣然作序，以资鼓励和共勉。学术研究是探索，既然是探索自然有其不足。本书同样如此，存在一些不足，比如由于缺乏数学专业的训练和数量经济学方法的掌握，书中对农业税、农村借贷等分析没有厚实的经济学分析和模型构建。即便如此，《近代江西农村经济研究》一书能够出版，对于推动江西地方史尤其是江西农村经济史研究大有裨益。万事开头难，希望易凤林能够在新的起点继续拓展江西地方史研究，取得更好的成绩。

陈东有

2022 年 11 月 25 日

目 录
CONTENTS

导　论 ·· / 001
　　一、研究旨趣 ·· / 001
　　二、研究现状及其可拓展空间 ························ / 005
　　三、主要研究内容与方法 ································ / 009
　　四、创新之处 ·· / 011

第一章　近代江西农作物经济 ································ / 012
　　一、农作物种类 ·· / 012
　　二、农作物栽培 ·· / 017
　　三、农作物病虫灾害 ······································ / 024
　　四、农作物产量 ·· / 031
　　五、农产品销售 ·· / 037
　　六、农产品交易价格 ······································ / 042

第二章　近代江西农村传统产业的转型 ···················· / 049
　　一、茶业 ·· / 049
　　二、烟草业 ··· / 073
　　三、夏布业 ··· / 087
　　四、其他产业 ·· / 103

第三章　近代江西农业税 ·· / 122
　　一、江西农业税溯源 ······································ / 122

二、近代江西农业税政策与实践 ………………………… / 130
　　三、江西苏区农业税 …………………………………… / 157

第四章　近代江西农村借贷 …………………………………… / 174
　　一、农村借贷的产生 …………………………………… / 174
　　二、农村借贷的方式 …………………………………… / 186
　　三、农村借贷的抵押品 ………………………………… / 198
　　四、农民的还贷能力 …………………………………… / 203
　　五、农村借贷的不合理性 ……………………………… / 207
　　六、农村借贷的影响 …………………………………… / 210

第五章　近代江西农村发展实验 ……………………………… / 218
　　一、农村发展实验的缘起 ……………………………… / 218
　　二、农村发展实验的制度设计 ………………………… / 226
　　三、农村实验区的运行 ………………………………… / 236
　　四、农村发展实验的成效 ……………………………… / 245
　　五、农村发展实验的局限性 …………………………… / 248

第六章　近代江西农村合作运动 ……………………………… / 256
　　一、农村合作运动的基本历程 ………………………… / 256
　　二、农村合作的主要内容 ……………………………… / 267
　　三、各县农村合作运动的展开 ………………………… / 277
　　四、农村合作运动的实效与限度 ……………………… / 282

　　结　语 …………………………………………………… / 290
　　参考文献 ………………………………………………… / 299
　　后　记 …………………………………………………… / 309

导 论

一、研究旨趣

江西曾在中国历史上创造过无数的辉煌。在古代农业社会,江西因自然地理条件、交通条件、土壤条件等优势,农业发展较为兴盛。隋唐以后,因经济重心逐步南移,江西在全国的地位日益重要。唐朝著名诗人王勃曾评价江西为"物华天宝,人杰地灵"之地。宋朝时期,江西不仅在文化上登上高峰,人才辈出,被司马光誉为"文章节义之邦",而且随着南北交通的频繁,以农业为主的自然经济发展到极盛,商品贸易发达。延至清朝,江西仍然是屈指可数的文化大省和经济大省,被乾隆皇帝誉为"人文之薮"。但清末以后,尤其是1840年鸦片战争以后,中国的衰落之势明显。从社会性质而言,中国从封建社会逐渐沦为半殖民地半封建社会。中国与帝国主义国家签订的一系列不平等条约,使国家的国际地位不断下降,在政治、军事、经济等方面都受到严重的压迫。江西作为中国版图的重要组成,不可避免地卷入了这一前所未有的世界格局变化之中,较为明显的表现是经济,尤其是农村经济在资本主义的环伺侵夺下日渐衰微,丧失了以往的传统优势。在各种矛盾的激发之下,1911年10月10日,革命党人在武昌发动起义,各省纷纷响应,并先后宣布脱离清政府统治。1912年1月1日,孙中山就职中华民国临时大总统,2月12日清帝退位,统治了中国几千年的封建帝制被推翻。自1840年鸦片战争到1949年中华人民共和国建立前,约110年的时间跨度,江西的政治、经济、社会等各方面都发生了很大的变化。

总体言之，近代①江西仍然在全国具有重要地位，是政府统治的重心地区，在经济地位上也是举足轻重，仍是粮食主产区。

江西作为中国的主要农业省份，历经时代变化，进入近代时期，仍然保持了以自然经济为主的经济特性。但是近代江西历史进程，始终存在着现代社会转型和民族民主革命交相进行的双向发展主线，即革命战争、民族抗战、现代建设和国家权力深入基层的社会控制等都是江西历史的"主要线索"。②推而论之，在经济上，近代江西以农村经济为主导，经历着从传统向现代的转型，但农村经济转型始终与中国革命斗争的具体推进、国家政权的更迭、政府的权力下沉等紧密相连，即近代江西农村经济的发展受到战争、时政、国际关系等因素的重大影响。

1840年鸦片战争后，中国不断遭受列强的侵略，本就没落的清朝政府变得更加腐败，江西人民遭受着重大的民族屈辱和经济重压。这一时期，随着英国殖民主义者强行打开中国的大门，西方列强相继露出了贪婪的面目，在中国疯狂地劫掠主权和财富，把控中国经济发展的命脉。各种产品倾销至农村市场，使传统的农业经济遭受到前所未有的资本势力、殖民主义者的侵夺。九江等通商口岸也被迫开放，江西的农村产业被迫卷入世界资本主义市场进程。

1912年中华民国成立后，北洋政府主政。北洋政府的腐败、内乱频仍等，对江西造成了很大的灾难。其中，经济上的集中表现是，北洋政府对农民实行苛捐杂税，财政支出的掣肘亏空等，加快了农村经济的没落。但是时代的变化不可阻挡。以五四运动为标志，中国进入一个全新的历史时期，也正式进入新民主主义革命阶段。五四运动不仅是反对帝国主义的伟大斗争，而且是一场激发国人改变固有思维的思想启蒙运动。各种提倡民主和现代化的思潮竞相涌现，国人日益关注农村的发展和农民生活的改善。提出在农村发展现代产业的实业主义，提倡振兴农村经济的乡村建设运动，

---

① 中国近代一般指从1840年鸦片战争至1949年中华人民共和国成立前夕这个时期。
② 何友良：《江西通史·民国卷》，江西人民出版社2008年版，第3—4页。

倡导提高农民知识水平的平民教育等思想主张在当时具有代表性。这些新的现代化经济观念、文化运动等都在江西有所呈现，比如新型的资本主义经济开始在乡村兴起，创办实业成为新的热潮；新式学校在江西农村开始建立，社会各阶层有更多的机会接受新的教育。

1927年4月，南京国民政府成立。不久，随着"宁汉合流"的实现和张学良"东北易帜"，国民党成为全国的执政党，实现了形式上的统一。1927年11月，江西省国民政府成立，属南京国民政府管辖。南京国民政府开始对江西进行长达22年的统治，很长时间内都是国民党的统治重心。1930—1935年，蒋介石一度在江西设立南昌行营，在此发号施令，实际成为国民党的党政军中枢。与南京国民党政府在政治上对江西的统治一致，它对江西的经济也实行了控制和领导，影响了江西经济社会的发展方向。虽然国民党努力在战争的环境下对江西实行现代化建设，恢复发展农村经济，但是受制于战争的频繁、党政体制的缺陷、财力的不足、执行力欠缺等因素，取得的经济成效不明显。与此同时，在国民党的统治下，江西第一次在全省范围内，将社会生活和民众包括农民纳入较为严密组织的党政一体轨制内，引起了社会结构和社会秩序的重大变化。[①] 在某种程度上，近代江西农村经济的变化主要是国民政府主政理念在江西实践的现实反映。

近代江西的特殊性在于，它不仅是国民党实行统治的重心地区，而且在1927—1934年的7年时间里还是中国土地革命的中心。大革命失败后，中国共产党在南昌发动了武装起义，第一次举起武装反抗国民党反动派的旗帜。以毛泽东为主要代表的共产党人在江西继建立井冈山革命根据地、中央革命根据地、赣东北（闽浙赣革命根据地）、湘赣革命根据地、湘鄂赣革命根据地，为此，江西拥有了全国最早的（井冈山根据地）、最大（中央根据地）和最多（5大块，全国共计13大块）的革命根据地。1931年11月7日，中国共产党在中央革命根据地的瑞金建立了中华苏维埃共和国

[①] 何友良：《江西通史·民国卷》，江西人民出版社2008年版，第9页。

临时中央政府,由此江西瑞金被誉为"共和国摇篮"。这一段历史也是近代江西历史的重要内容。根据地所在区域基本是边界偏远农村。在江西的各革命根据地(亦称苏区),中国共产党以马克思主义为指导,进行了深刻的经济改革,取得了突出的成绩。中国共产党的经济建设具有浓厚的革命性、先进性,与国民党统治区苛捐杂税、腐败滋生等反动性截然区别开来。这在某种程度上决定了两党不同的命运。共产党领导人民斗争的高歌猛进,国民党治下的乏力、农村经济的残破、农民对国民党及其政府的反感等已然昭示了国民党政权的失败结局。中华人民共和国成立后,江西在中国共产党的领导下迎来了全新的辉煌。

近代江西是中国各种力量角逐、各种思想散播、国共两党执政的重要地域,也是中国半殖民地半封建经济的地方缩影。江西从传统农耕经济的辉煌走向农村经济的没落,并不是偶然的,而是与中国半殖民地半封建社会的性质、中国被压迫的国际地位、世界市场经济对中国农村经济的强势掠夺、现代化转型的艰难、江西自身的经济制约等因素紧密相连。它是中国农村经济衰败的地方呈现。

江西地方史是一个值得深耕的研究领域。地方史,有其地方性,但也反映了全局性。地方史研究方兴未艾正是这一情况的生动写照。进入新时代,地方史研究迎来了新的春天,并且因各种新的研究方法不断被引进、运用,新的史料不断被挖掘,地方史研究逐渐走向深入。对江西地方史而言,一批优秀的前辈学者的研究为我们树立了非常好的榜样,指引了研究的前进方向,也为新时代江西地方历史研究的进一步推进奠定了扎实的基础。近代江西农村经济史是江西地方史的重要部分,也是江西农村经济史的重要研究内容,对其进行深入研究十分必要。对近代江西的农村经济问题展开研究,也可丰富中国史、江西地方史、经济史的研究。历史在于求真。通过研究近代江西农村经济,不仅可以客观全面地再现这一时期江西农村经济的历史图景,还能从经济、社会、政治等各层面回答江西农村经济衰落的原因,提炼江西农村经济的特性,而且尽可能地把握在战争和建设双线推动背景下的江西农村经济的发展方向,可以真实地感知江西农村社会在政治、经济等不断重构下的变化，微观考察农民的生活。地方史是中国历史的重要组成，有重要的"资治通鉴"之功能。在深入研究近代江西农村经济的基础上，可以较为深刻地认识新时代江西农村发展中存在的诸多问题，更为准确地把握乡村经济发展的客观规律，为乡村改革和振兴提供借鉴，因而具有重要的现实意义。

江西人做江西史，是一种使命和责任，也是一份浓浓的家乡情怀。这也是地方史研究一脉相承的优秀传统。一直以来，我十分关注江西历史研究，也受老一辈学者潜移默化的影响，深刻认识到江西地方史存在学术研究的大空间，很多问题有拓展或深入研究的必要。我在南昌大学历史系攻读研究生时，师从陈东有教授，研究方向是明清经济史，写的硕士论文是关于明清江西农业税方面的研究。2007年到江西省社会科学院工作，因工作需要研究转为中国苏区史、党史方向，但是我心中始终有一个情结，就是不能丢掉经济史的研究方向，因此在主攻党史的同时，也一直保持对江西地方史的研究兴趣。更为重要的是，在江西省社会科学院，我作为何友良、余伯流老师的导师助手，对他们的研究方法有更加直观的感受，深受他们提倡的党史与中国近现代史互通的研究方法的影响，因此我还一直保持了对中国近现代史的研究热情。2011年，我在北京师范大学攻读博士学位，师从朱汉国教授，研究方向为中国近现代政治思想史。这种多种研究方向的学习与研究使我保持了对党史、中国近现代史研究的双重旨趣，也拓宽了我关于党史与中国近现代史会通的双重研究视野，这是一种十分可贵的个人体验。因此，从某种意义上说，本书是我自读书时代就一直关注和持续研究江西历史的重要成果。

二、研究现状及其可拓展空间

中国具有悠久的历史，作为中国版图重要部分的江西同样历史绵长。全国的重大历史和社会活动基本都在江西有所呈现，反映了江西历史的地方性与全国性的双重特征。江西的发展历程、江西的重要历史地位和作用、江西人才辈出的辉煌、江西人民的艰苦奋斗等都是学界研究的热点。在这一大的宏观视野下，近代江西农村经济也成为学界的重要研究内容。自改革开放以来，关于江西地方史的研究逐渐兴起，并取得令人欣喜的成果，同时学界也开始眼光向下，放至农村社会，继而延展至农村经济研究。

1. 江西地方史的宏观叙述

关于江西地方史的研究十分重视宏观历史的梳理与研究，以便从总体上把握江西历史的发展脉络。许怀林的《江西史稿》（1998年）、陈文华、陈荣华主编的《江西通史》（1999年）、何友良的《江西通史·民国卷》（2008年）、梁勇主编的《中国改革开放全景录·江西卷》（2019年）等著作是这方面的代表作。例如，许怀林的《江西史稿》是改革开放之初研究江西历史极具影响力的通史著作，它的研究脉络从江西历史的开端一直延至辛亥革命在江西的胜利，梳理了从旧石器时代到辛亥革命数千年的江西历史，时间跨度大，上下几千年，内容包含政治、经济、社会等各方面。21世纪以来，断代体的通史著作则以何友良的《江西通史·民国卷》为代表，这是一部极有学术思想的力作。该书充分吸收最新的学术研究成果，研究了从1912年1月中华民国成立至1949年10月中华人民共和国成立这期间的江西历史，从政治、经济、军事、文化等各方面，总握革命战争、民族抗战、现代化建设、国家权力下移等多条主线，还原民国江西波澜壮阔的历史，客观评析国共两党之间的根本差异以及两党不同的命运。

2. 近代江西农村调查与研究

近代江西农村受到各界的关注，开展了广泛的调研活动。这些调查资料是研究近代江西农村经济的史料基础。其中，在20世纪30年代初中期，各界主要对江西农村进行了三次较大规模的社会调查：第一次是1934年8月全国土地委员会组织的包括江西的全国土地调查，其成果编为《全国土地调查报告纲要》（1937年）；第二次是1936年12月实业部江西农村服务区管理处进行的江西农村调查，其成果编为《江西农村社会调查》（1938年）；第三次是1936年江西省政府统计室组织的全省农业调查，其成果编为《江西省农业统计》（1939年）。此外，还有其他方面的调查。中央政治学校地政学院学员对江西土地调查较为集中，并且其调研成果为《中国地政研究所丛刊：民国二十年代中国大陆土地问题资料》（1977年）。也有个别调查资料在当时单独印行，如江西省农业院推广部编的《南昌全县农村调查报告》（1935年）等。然而为数众多的江西农村调查资料是零散的，诸如陈赓雅的《赣皖湘鄂视察记》（1934年）、俞庆棠主编的《申报》专栏《农村生活丛谈》（1937年），以及各地档案馆所藏的中共调查报告、民国报刊等所含一些江西农村调查材料。同时，秉持"没有调查就没有发言权"的原则，中国共产党在江西开展革命时也十分注意农村调查，代表性的成果是毛泽东的《寻乌调查》（1930年）、《兴国调查》（1930年）等一系列调查报告。

学界的关注重点在中国共产党对江西的农村调查，尤其集中于毛泽东在江西苏区的寻乌调查、兴国调查等。李芳祥（2005年）论证了20世纪30年代初苏区农村调查与社会学中国化的紧密联系。周建新、曾过生（2013年）则以毛泽东在中央苏区时期的农村调查为中心探讨了20世纪初期赣闽粤边区的客家社会与文化。庞振宇（2017年）深刻地分析了毛泽东展开赣西南农村调查的主要目的和重要影响，探析了调查背后的经济因素。相比较而言，很少人关注国民政府和学者等展开的江西农村调查。

3. 近代江西农村经济分析

受限于研究资料不足、江西经济地位的代表性问题、学术视野的偏移等因素，学界对近代江西农村经济的研究相对薄弱，并且研究队伍基本是江西学者。从现有成果来看，学界已经注意到近代江西农村经济的现代转型问题。游海华的《早期农村现代化的有益探索——民国江西万家埠试验区研究》（2004年），万振凡、宋青红的《民国时期江西农村发展实验》（2005年）等论文关注到20世纪30年代江西的农村实验运动，认为这一运动受到中国乡村建设运动的直接影响，虽然在农业改良、卫生运动、新式教育的推动等方面有一定成绩，但问题突出，缺陷明显。魏本权的《20世纪上半叶的农村合作化——以民国江西农村合作运动为中心的考察》（2005年），白莎、万振凡的《民国江西农村集市的发展》（2003年）等论文研究了在市场经济的推动下以政府为主导的、各界积极参与的农村合作运动和农村集市对市场经济因素的有限吸纳。杨勇的《民国江西造纸业述论》（2001年）、姚丹的《民国江西茶业改良研究》（2019年）等论文则关注了现代化建设的大背景下江西农村传统产业主动或被动地进行转型的艰难历程。

大部分的研究集中于中华人民共和国建立后尤其是改革开放后江西农村经济的走向。诸如康静萍（2006年）提出，以全民创业为主线推动江西农村经济跨越式发展；谢茹（1997年）提出，大力推进农业产业化进程，全面振兴江西农业和农村经济；王建农、邓祖龙等（2004年）认为，工业园区建设给江西农村经济带来了联动效应，并为江西农村经济的发展提供有益启示。

4. 近代江西农村生活研究

生活史日益受到重视。农民长久以来都是中国社会成分的主体，因此对他们的生活进行微观考察极为必要。易凤林的《民国江西农村的民间借贷与农民生活》（2017年）等论文从农村借贷的视角剖析借贷对江西农民生活的影响，认为借贷强迫地改变了农民的经济生产方式，尤其是土地权转移改变了生产关系等。

近年来随着海外汉学有关中国妇女相关主题关注的增加，中国逐渐兴起民国妇女史研究，而民国江西农村妇女的生活也被纳入其研究范围。总体而言，学界关于民国江西农村妇女生活的研究不太多，但亦有所尝试。例如，谢重光的《土地革命时期闽粤赣苏区的客家妇女生活》（2005年）等提出，中国共产党的社会革命是推动客家妇女生活发生根本改变的主要力量。吴瑞娟的《民国乡村建设运动与农村社会生活习俗变迁——从农村妇女地位及农民业余生活变化分析》（2010年）一文论述了乡村建设运动等促使妇女地位和生活方式发生变化。

综上所述，学界的研究基本理清了江西历史的发展脉络，把握了政治、经济、军事、文化等各方面的发展方向和主要成绩，同时深刻考察了近代江西经济在战争和建设双线导向下的复杂发展。这些成果为本书的研究提供了非常有价值的参考。正是在他们的研究基础上，本书在研究范围上进行了一定的拓展和延伸，对某些问题的研究进行了一定程度的深化。从本书的努力方向而言，利用更丰富、立体的史料，以宏观与微观相结合、理论与实践相结合等方法，拓展了近代江西农作物经济、农业税等方面的研究，深化了农村传统产业转型、农村借贷、农业合作运动等方面的研究，并尽可能地厘清近代江西农村经济发展的历史脉络。这正是学术研究的主旨所在，即传承和创新始终不灭。

三、主要研究内容与方法

本书以近代江西农村经济为研究对象，研究范围覆盖江西所辖南昌、九江、赣州、抚州、吉安、上饶、宜春、萍乡、景德镇、丰城等数十个县市的农村，以纵横交错的发展脉络系统梳理近代江西农村的经济形态、农村经济的现代化转型及其引起的社会变化。

主要内容包括6个方面：

（1）近代江西农作物经济。近代江西农村仍以农耕经济为主导，延续了几千年的农耕文明。以微观与宏观相结合的方法全面分析这一时期江西农作物的种类、耕作方法、产量、销售与价格等，考察在市场经济的强力冲击下农作物经济的没落及其不可逆转的发展方向。

（2）近代江西农村传统产业的转型。立足于中国近代政治和世界格局的变化，以现代化转型为主线，紧紧抓住近代江西经济的总体形势，系统梳理江西农村传统产业的经济发展概况，全面分析它们遇到的困难和挑战，以及以政府为主导的现代化建设如何影响农村传统产业的发展，总结农村传统产业走向衰败的地方特性和全国政治经济、世界形势、战争等方面的影响。

（3）近代江西农业税。农业税是政府财政收入的主体，也是农民的重要负担。农业税在以农村经济为主的江西具有重要的作用，影响着国共两党的社会评价和民心所向。近代江西农业税以清朝的农业税为源流，并且在战争频繁、反动政府的贪污腐化等多项压力下不断增加负担，尤其是为了满足日益庞大的战争费用需求，反动政府以农业税正税为基础，不断增加战争附加税和各种劳役，使本就贫穷的农民生活日益走向绝境。与之相对应，江西苏区废除了国民党的苛捐杂税，发动贫苦农民"打土豪、分田地"，实行累进税，使贫穷农民从重税负中解放出来，从而使中国共产党赢得了广大农民的支持。

（4）近代江西农村借贷。民间借贷是传统社会重要的金融交流方式。贫苦农民是主要借债者。近代江西农村借贷仍然以传统借贷为主，即贫苦农民除了向亲戚朋友借贷外，主要向地主豪绅和富户借钱、借谷。传统借贷呈现高利贷特质，一般都需要借方的田地、房屋、其他物产等为抵押品，借债人支付高额利息，以地主豪绅、富户为主的债权人则以政治、经济上的绝对优势对借债人进行压迫，导致借贷的不平等性。与此同时，近代江西受到现代金融的影响，创办了银行、合作社，这些现代金融方式波及农村，增加了现代化的借贷方式，但是这些现代借贷方式影响不大。借贷与农民生活紧密相关，这种以高利贷为主的传统借贷总体上加速了农民生活的贫困，使他们被迫转变生产方式等。

（5）近代江西农村发展实验。江西农村发展实验是江西省致力于农村现代化的有益尝试，是江西对中国乡村建设运动的主动回应，也是当局试图改变江西农村经济败落之势的重要举措。万家埠实验区、黎川实验区等5个实验区是开展农村发展实验运动的主要区域，基本落实了当局对农村发展实验的制度设计。江西农村发展实验在日本帝国主义侵略江西后基本结束，效果并不如意，其影响范围基本局限在该实验区的小范围内，实验区内部也是各种问题不断。

（6）近代江西农村合作运动。江西努力进行现代化建设，以恢复发展农村经济，其中农村合作运动就是其主要措施之一。以政府为主导，各种社会团体、各界热心人士、农民等积极参与的农村合作运动体现了乡村建设运动的大趋势。这一运动在江西农村广泛展开，致力于把农民组织起来，改善和发展农村经济，但是效果并不明显，与其救济农村、发展农村经济、改善农民生活的目标相差较大。

至于研究方法，本书定位为专门史著作，因此主要运用历史学研究方法，坚持论从史出，以扎实的文献资料为基础，进行客观全面的历史分析。与此同时，适应新时代学术研究的新趋势，合理借鉴其他社会科学方法。

细而言之，坚持立体地透视研究对象，即把江西农村经济放到中国近代这一历史时空中，把握中国的社会性质和世界革命、中国革命的局势，抓住战争与建设同时并进的发展主线，利用多角度的相关史料，采取多维视角对其进行透视，以重现历史真实；坚持"虚""实"相结合，即以理论与实证相结合的方法客观公正地分析近代江西农村传统产业的转型、农村经济的衰败等问题；坚持综合研究与个案分析相结合，多方位地呈现近代江西农村经济生活的地方性与全国性。

四、创新之处

本书在研究过程中，充分借鉴最新的相关研究成果，另一方面也尽力在以往学界的研究薄弱之处进行弥补，或在一些具体问题上进行深化分析。从目前的研究来看，以往学界主要关注当代江西的农村经济，较少开展近代江西农村经济的分析，已有的研究也相对零散，缺乏系统性。因此，本书致力于全面系统的近代江西农村经济研究，深刻阐述这一时期江西农村经济的面貌及其内在机理，并有效连接当代江西农村经济研究的学术史脉络。

史料是历史研究的基础，也是史学创新的前提和基础。"上穷碧落下黄泉"，找史料是史学工作者的追求。本书在撰写的过程中也是如此，笔者力图收集最广泛的史料，一方面，充分利用电子资料的优势，通过各种途径，搜集了大量的江西地方资料，尤其是调研资料；另一方面也迈开双腿，到江西省档案馆抄录档案，到各地档案馆、博物馆、纪念馆等搜集稀见资料，从而获得了大量的一手数据；此外，还到国家图书馆、北京师范大学图书馆等地抄录、复印了关于江西农村的调查资料、书信、日记、未刊档案等珍贵史料。

本书在研究方法上力求突破传统的宏观叙事，坚持宏观与微观相结合、理论与实践相结合，注重从微观和实证的角度来剖析近代江西农村经济和农民生活的复杂特质，并且以典型意义的个案分析，来克服综合分析的宽泛性，凸显江西农村经济的地方性，以及与全国农村经济发展的总体一致性。

第一章 近代江西农作物经济

在传统的农耕社会,"以农立国"的理念深入人心。江西颇得地理之便利、土壤之肥沃、社会环境之相对安定等优势,在整个封建时代农业经济较为发达,特别是南宋以后发展规模逐步达到鼎盛,由此江西也成为中国的农业大省、发达省之一。清朝末年,虽受政局动荡和帝国主义侵略等因素的影响,江西仍然保持着农业大省的地位,农业经济仍在本省经济中占主体地位。鸦片战争后,中国陷入半封建半殖民地经济的桎梏,江西农业经济在艰难中前行,在西方资本主义的蛮力冲击下表现出了较大的被动性。即便在世界资本主义市场的裹挟下,江西仍然未脱离传统农耕社会的既定模式,农作物经济便是其主要表现。江西农业经济是中国农业经济的重要组成部分,其农作物经济也是中国传统农业生产方式的缩影。"农村是人人穿土布,家家有纺车,城市还是土产品相交换的市场。"[1] 这是近代江西常见的情景。总之,与中国农业经济以传统化为主导的格局一致,近代江西农作物经济也未超脱这一整体性经济形态。

一、农作物种类

江西省虽没有大的地域面积,但因其自然地理条件较为优厚,在中华民族的农耕文明中始终占据重要位置。江西地处长江中下游,东临浙江、福建,南连广东,西连湖南,北临湖北、安徽。东南西三面山峰耸立,中部丘陵广袤,北部居中是鄱阳湖,连着广阔的平原田野,全境构成一个口

---

[1] 邵式平、汪金祥、胡德兰等:《闽浙皖赣(赣东北)党史》,方志敏、邵式平等:《回忆闽浙皖赣苏区》,江西人民出版社1983年版,第11页。

开北面的巨大盆地。境内河川星罗棋布,静静地流淌在山谷丘陵之间。境内也贯通着江西的母亲河——赣江,是长江的第二大支流。①并且,土壤肥沃,气候温热,十分适合农作物的生长。即便到了近代,江西农作物经济虽受政局动荡和西方帝国主义野蛮侵略的直接影响,仍然是全国的典范,具有不可忽视的重要地位。时人曾这样写道:

江西居扬子江中部左岸,向称土广民众之区。全省面积,计六十万三千四百(四十七)方里。川流纵横,湖泊浩荡,鄱阳湖在本省北部,赣江为本省第一长流,赣江上流有章贡二水,东北有信江,东有盱江(即抚河),西南部有锦江,袁江,修水等,均有灌溉运输之利。地势则东西南三面有南岭,与大庾岭之本支脉围绕之,而鄱阳湖附近,赣江下流与抚州以西,平原扩展,沃野千里。地理上具有如此优越之条件,物产丰足,矿藏繁多,即森林,木材,亦极充裕,得天之厚,殊足自豪。②

由此可见,江西享有"人杰地灵,物华天宝"之誉并非虚言。在传统农耕社会,江西具有天然的优势,故而各种物产特别丰富,农作物经济较为发达。

从耕地面积来说,清朝在前期致力于发展农业生产,相比明朝江西扩大了耕地面积。特别是康熙朝以后,福建、广东移民到来,山村经济比较活跃。在明朝的封禁山区,到乾隆时期,俨然变成田园村落。鄱阳湖区的圩田也在旧圩的基础上增加了新圩,这使得圩田面积大大增加。江西全省的田亩面积,在清朝顺治末年为44万顷,到乾隆十八年(1753)为48.5万余顷。但是鸦片战争后,受战争破坏等因素影响,1851年全省田亩面积为46万余顷,1887年为47.3万顷。这些数据基本反映了省内耕地面积概况。③民国期间,江西全省的农田面积基本维持在三四千万亩。1914年全省农田面积为3426.1万亩,1916年面积为3595.7万亩,1918年为3631.5万亩,直至1927年南京国民政府建立前都在4000万亩的范围内。国民党

---

① 许怀林:《江西史稿》,江西高校出版社1993年版,第2—3页。
② 《江西经济之回顾与展望》,《经济旬刊》第1卷第18期(论著),1933年12月1日。
③ 许怀林:《江西史稿》,第570—571页。

统治时期因开垦荒田等其他策略的影响，全省农田面积有 4000 多万亩。①江西省各地的土地主要用于种植农作物。20 世纪 30 年代初，江西省政府经济委员会对南昌墨山村土地利用调查显示：土地主要用于栽种农作物，其比例达到 90% 以上，其他则是住宅、晒场、道路、沟堤、林地、牧场以及坟地等用途。②

因土壤、气候、地理位置等相似，江西农作物种植种类与长江流域的湖南、湖北等地区类似，基本以水稻为主，以麦子、高粱等为次，其他为蔬菜瓜果。江西各县市的情况稍有差别，但基本未脱离这一划分范围。

江西农作物种类的变化并不大，只是小有浮动，不影响其整体判断。1936 年 8 月，王世琨等人对江西的农作物种植情况进行了调查。其调查结果显示：全省水田居多，上等农田栽培籼粳稻，全省稻作面积有三千万亩以上，"为我国产米能量极大之省"；麦子也是重要的农作物，种植面积为四五百万亩；其他棉花、杂粮也有不少种植面积。③

江西省农业院 1934 年对南昌全县农村进行了广泛而深入的调查。其结果表明，农村基本维持着以水稻为主、麦子等为次的农作物结构。水稻的品种因政府推广、广告宣传以及祖辈经验等多种因素，比明清时期有所扩大。水稻可分为粳米（稻）和糯米（稻）。一般而言，农民的日常饮食中，粳米占绝对主体，糯米只占一小部分，为此决定着农民的稻作物种植也是粳米为主，糯米为次。南昌县农村粳米共有 11 种，糯米共有 15 种。④虽然糯米种植面积不大，但它的种类选择并不比粳米少。

江西其他县市的情况与南昌的情况基本类似，农民基本传承着农耕文化，以水稻种植为主。南昌县的这些水稻品种在其他县市农村都有，稍有地区差异。

---

① 何友良：《江西通史·民国卷》，第 75 页。
② 《南昌墨山村土地利用调查》，《经济旬刊》第 3 卷第 6 期，1934 年。
③ 王世琨：《南昌实习调查日记》，萧铮主编：《中国地政研究所丛刊：民国二十年代中国大陆土地问题资料》，成文出版社 1977 年版，第 84986—84987 页。
④ 江西省农业院推广部编：《南昌全县农村调查报告》，1935 年内部印行，第 67—69 页。

此外，水稻尚可分早稻和晚稻。这是按照种植时间的一种划分，因为江西属于土地相对肥沃，水资源相对丰富的省份，种植双季稻是一种常态。早稻和晚稻的种类差不多，基本有五六种。

除水稻外，江西还有各种次要作物，种类亦十分繁多。兹以南昌县农村为例，择其较重要者，列表如下（表1-1）。

表1-1　南昌县农村种植的各种次要作物

种类	品种	播种期	收获期	用途
大麦	四棱大麦、六棱大麦	10月	翌年5月	食用及酿造
小麦	普通小麦	10月	翌年5月	食用及各种麦制品
粟	禾粟早、大粟	7—8月	10—11月	食用及制糖
高粱	黏高粱、不黏高粱	7—8月	10—11月	酿酒
玉蜀黍	—	4—5月	8—9月	食用
紫云英	—	10—11月	翌年4月	肥料
芸薹	—	10—11月	翌年4月	榨油及肥料
芝麻	白粒种、黑粒种	6—7月	9月	榨油及制饼
棉	湖广花、铁子棉、毛子棉	4—5月	9月	衣被及纺织用
甘薯	红皮薯、白皮薯	5月	10月	食用及饲料
落花生	土花生（粒细）、洋花生	4—5月	7—8月	食用及榨油
荞麦	—	7月	11月	食用
豆	黄豆	7月	11月	制作豆腐及各种豆制品

资料来源：江西省农业院推广部编《南昌全县农村调查报告》，第69—70页。

从中看出，农民广泛种植麦、粟、高粱、甘薯、芝麻等粮食作物，也种植棉花等经济作物，以及花生、豆子等其他作物。例如，番薯从明末传入江西，在清代广泛种植。在赣南等山地地区，因缺少水田，水稻种植受限，所以农民更是以番薯代替米来满足饮食需求。乾隆年间，瑞金县"比户皆种，用代杂粮"，安远县"（番薯）耕山者出最多，大者数斤，谷贵以此疗饥"。到清末民初之后，赣西北、赣东北等也广泛种植番薯，用以"代饭"。粟，也称"谷子"，其传播种植与番薯大致类似，也是代米充饥的一种重要作物。

赣南山区贫苦农民往往都要靠在山地种植粟，来果腹。这些农业作物的种植与农民的饮食习惯、传统饮食文化的影响、粮食危机等因素紧密相关。

另外，农民还广泛种植蔬菜，主要是为了满足饮食需求，少数是为了市场销售。蔬菜种类亦不少，主要包括菘菜、芥菜、葱、洋葱、大蒜、藠、菠菜、茼蒿、包菜、韭菜、苋菜、辣椒、芋头、莴苣、苦瓜、姜、冬瓜、梢瓜、胡瓜、丝瓜、扁豆、茄子、芹菜、南瓜等数十种。

简言之，麦、粟、高粱等次要作物和种类繁多的蔬菜瓜果，与水稻一起共同构成了农作物种植的主体。重要的是，农民的水稻和次要作物种植主要是为了自给自足，很少是为了市场交换。即它的农作物结构尚未真正加入新的现代因素，仍属于传统农业生产的范畴。

国民党方面的调查也呼应了研究机构（江西省农业院）的观点。在蒋介石授意下，萧铮于1932年在中央政治学校下面创设地政学院，其目的是深入各省农村，洞悉土地问题，寻找解决农村土地问题的方法，以便从政治上削弱中国共产党的影响力，对抗中国共产党在农村开展的土地革命。[①]基于江西是中国共产党土地革命的中心区域，地政学院派了多名学员到江西农村调查情况，以便制定出相应的土地政策，与中国共产党的土地政策相对抗。其中，不少调查涉及江西农作物方面。根据1936年的相关调查，临川县作为典型的平原区，主要出产农作物，水稻为大宗。除了水稻外，临川县也种植麦、粟，及菽属之黄豆、黑豆、花豆、豌豆、赤豆、绿豆等。因为江西各县市人民基本以米饭为主食，所以各式蔬菜也成为必然饮食需求。临川县也如此，蔬菜种类较多，仅以瓜类而言，就有黄瓜、白瓜、冬瓜、南瓜、丝瓜等。[②]这与江西省农业院的调查结果基本一致。

中国共产党在土地革命时期（1927—1934）为了从根本上废除封建经济，论证土地革命的可行性、必要性和紧迫性，持续地在江西境内的中央

[①] 萧铮：《〈民国二十年代中国大陆土地问题资料〉总序》，贺明缨：《"匪区"田地分配方法与解决业佃问题之研究》，成文出版社1977年版，第1—3页。

[②] 周炳文：《江西临川实习调查日记》，萧铮主编：《中国地政研究所丛刊：民国二十年代中国大陆土地问题资料》，成文出版社1977年，第85704页。

苏区、赣东北苏区、湘赣苏区等地开展了深入的农村调查，其中也包括农作物调查。1932年5月，中共江西苏区省委调查说明了其管辖县市的农作物情况。赣县、公略县、永丰、万泰、宁都、胜利、乐安、瑞金、兴国、石城、南广、会昌、寻乌、安远、于都（很多县名都是苏区自己命名的，包括公略县、胜利县等——引者注）等10多个县所产农作物主要是稻谷，其次是麦子、豆类等。这些农作物基本延续了长久以来的耕作传统和人民的喜好。从主要用途来看，农作物生产以满足农民生活需要为主，多余的产品方可销售。[①] 这也充分说明，在江西，不管是在国民党统治区（简称国统区）还是中国共产党的苏维埃区域（简称苏区），农民的耕作种类基本趋同。

农耕文明深入人心，流入江西文明的血脉。近代江西仍然延续了传统农耕社会农作物种植的趋好。上述情况表明，研究机构、国民党、共产党等三方面的调查结果基本趋于一致。他们的基本共识：江西农村的种植结构总体上属于传统农业生产的范畴，偶有一些经济作物出现，但所占种植比例有限，即以水稻为主，麦、菽、粟等为次，兼有蔬菜的农作物结构在江西具有较绵长的历史。各方试图进行农业改革，但对江西农村而言，它内在的传统性仍在发挥巨大的作用，农作物种植未能步入现代化进程。

二、农作物栽培

栽培方法比较能反映农业科学知识的应用情况。作为农业大省的江西，农作物栽培是否有一定的科技含量，是否有急切改进的必要。这是近代中国社会各界十分关心的问题。自中国打开国门之后，西方资本主义的现代化科技观随之传入中国，对国人尤其是政界、学界、经济界、教育界等产生了极大的思想冲击。他们开始理性反思中国农业传统化道路的走向，以及选择现代化农业科技道路的必然性。即便是军阀混战时期的北洋政府也

---

① 《中共江西苏区省委四个月（一月至四月）工作总报告》（1932年5月），中央档案馆、江西省档案馆编：《江西革命历史文件汇集（1932年）》（一），内部资料1992年印制，第207页。

对农业实行了一定的现代化扶持政策，如倡导兴修水利工程、提倡良种良育、改良茶叶技艺等。南京国民政府也以一定的主动姿态融入现代化改革进程，如在江西实施农业改良、设立专门农业研究机构江西省农业院、推行农业技术教育、推行地权改革等。

相对而言，这种进步的、符合时代发展趋势的思想潮流对江西农村的影响不深。这与江西所处的地理位置有着重要的关系。江西属于内陆省份，对现代化思潮的接受相对缓慢。鸦片战争以来西学东渐虽然在沿海一带或北京、上海等中心区域具有较大的影响力，但江西对西方世界的现代科技比如繁育良种的技术，施用现代化肥的技术，使用现代农机具的知识，防治病虫害知识等，反应较为迟缓。另外一个影响因素是近代江西一直处于战争环境之下。江西是太平天国战争的重要战场，接下来又是北伐战争、国共之间的"围剿"与反"围剿"战争、抗日战争，最后是解放战争。受战争的破坏，江西不得不把重心放在经济的恢复上。例如太平天国战争之后，江西城乡破败不堪，田地荒芜，人民流离四散，人口大量减少，农业生产凋敝，甚至连富庶的赣江两岸也是人烟寥寥。[1]因此，当局忙于修复农村破败的景象，对农业现代科技因素的引入并不怎么关注。

近代江西农作物的栽培基本是经验积累。祖祖辈辈扎根土地的农民"对于各种之栽培，均为依其乃祖若父，积年累代之传统经验，虽无科学知识，然所作所为，颇多与学理相暗合，尤以手术之谙练，审时之准确，为难能可贵"[2]。也就是说，其栽培方法基本是祖辈经验的传授，是一种经验积累式的传统技术，但这种方法与某些农业科技原理有着一定程度的契合。

大宗作物——水稻，相比其他农作物，其栽培方法更为精密，因为它的种植好坏直接关系到家庭的经济来源、生存状况。以水稻为例，可以窥见江西农作物栽培的概况。水稻栽培一般要经过选种、浸种、播种、秧田整地、秧田管理、本田整地、插秧、灌溉及排水、除草中耕、施肥、收获

---

[1] 聂志平、曹国庆、傅琼：《民国时期江西农科院校教育变迁研究》，《农业考古》2013年第6期。

[2] 江西省农业院推广部编：《南昌全县农村调查报告》，第73页。

等十多种步骤。每一栽培步骤都有一定的程序和方法，蕴藏着祖辈的智慧和个人经验的总结。具体如下：

选种：选种方法，甚为粗放，除少数地方，用风车选取外；大都在脱粒时，或取其集落于脱粒石板下之一团，或取铲扬起谷粒，借风的吹力，使轻者降落较远，而留取近者为种子，其中夹杂物非常多，并不精密。

浸种：早稻浸种，在清明前数日，其经过的天数，为3至5天，晚稻则在芒种时浸种，其天数较少于早稻，仅浸一二日，即行播种。

播种：播种都以手撒播。农民手法大都熟练，每本田（即水稻种植的田）一亩，用种五六升。

秧田整地：在上年稻收获后，耕翻土地；至本年春，浅耕一次；种前十余日，再耕一次，粉碎土块，施以基肥；数日后灌水，耙平地面，分出片段，以二三尺长之树枝作为标志，然后撒种，也有不分划片段者，但在将来管理上，非常不方便。

秧田管理：关于肥料方面，多用人粪尿、草木灰等。基肥的施用，在秧田整地时，每亩用量为五六担；追肥，则于秧长二三寸，撒以草木灰，与稀薄之粪尿。

灌溉方面则依日夜，与秧长之程度如何，以定水之深浅，在初期仅半寸许，中期则一寸，末期则三四寸。移秧时，水最深，平常夜晚放水。

本田整地：在上年稻收获后，有播种紫云英、芸薹等作物，作为次年的基肥，有任其休闲者，亦有栽种各种冬作物以图获利者。在冬季栽种作物的田，须有中耕。休闲的田，十之七八，亦施行冬耕，至次年春季，再耕一次，然后耙平插秧。种有青肥作物的田，则于插秧前半月，将青肥（也称绿肥）犁入土中，至插秧前三四日，再耙平，然后插秧。

插秧：插秧在初春或立夏时（分早稻和晚稻），株间行间的距离非常狭小。

灌溉及排水：在本田春季耕耙及犁转青肥时，须灌溉田水，深约四五寸；至插秧时，则排水；待插秧完了之后再次灌水，在本田稻之生育期间，须中耕除草约三次，每届中耕除草之际，先须排水，事毕仍复灌水。此为必要的灌排。其他如因雨水之多少，田位之高洼，则其灌溉及排水情形，又不能一律而论。唯在稻摊花洒籽以后（按，即将成熟时期），即排去田水，不再灌溉。

除草中耕：大概每隔半月一次，"农民均膝行田中，以手抓耙，非常耗时费力。"

施肥：基肥为紫云英、芸薹、湖泥等。在上年冬季，或本年栽植前施肥。追肥，则用人粪尿、木草灰、黄豆、豆棉饼等，在插秧活着后施用。晚稻，多用石灰。至于肥料用量，大约每亩用人粪尿七八担，其余各种，除湖泥用量不定外，其他肥料只少量而已。

收获：早稻在大暑节，晚稻在霜降节。脱粒方法为纯手工劳作，既辛劳又效率低。[①]

从水稻的栽培可见，祖辈传承下来的方法和个人经验占据主导地位。不管是选种、浸种、播种，还是秧田整地、管理等，都脱离不了传统方式的藩篱；尚少有科学的灌溉系统、规范的禾苗管理、优质的化肥、先进的收获方法。尤其是肥料方面，几乎都是家用肥，很少用化肥。

其他农作物的栽培与水稻栽培相比，更加简单，同样属于较为传统的方式。这是几千年农耕文明的重要反映。（详见表1-2）

表1-2 部分次要作物栽培方法

种类		芸薹	紫云英	胡麻	荞麦	黄豆	萝葡	粟
整地	时期	秋季稻收获后	秋季稻收获后	播种前	小暑后	大暑后	七八月间	立秋
	方法	先以犁深耕后用耙细碎土块，平地	先以犁深耕后用耙细碎土块，平地	先深耕再耙平	先深耕再耙平	先深耕耙平再作畦	先深耕耙平再作畦	先深耕细耙作成长方形之畦

---

① 参见江西省农业院推广部编：《南昌全县农村调查报告》，第73—76页。文中"尺""寸""石""丈"等旧计量单位为保持参考文献之原貌，在此不做改动。下同。

续表

种类		芸薹	紫云英	胡麻	荞麦	黄豆	萝葡	粟
播种	时期	10—11月	11月间	小暑前后	小暑	立秋	八九月	立秋
	每亩量	2升	3升	2升余	3升余	4.5升	3.4升	2升
	方法	条播用灰拌合种子	撒播	撒播	条播或撒播	点播	点播	点播
中耕	时期	1—3月	—	播种后十余日耕，后每半月一次	不定	播后三周即行，后则视情况	播后半月后时时中耕培土	播后半月第一次，后每隔十余日一次
	次数	二三次	—	二三次	视草繁生如何	二三次	三四次	三四次
肥料	种类	草木灰	草木灰	草木灰人粪尿	草木灰人粪尿	草木灰	人粪尿草木灰菜饼	人粪尿草木灰
	亩用量	2.3石	3.4石	草木灰二三石，人粪尿七八担	草木灰二三石，人粪尿八九担	3担	人粪尿十余担草木灰二三担菜饼少许	人粪尿七八担草木灰三四担
收获	时期	4月间	稻插秧前	处暑后	寒露时	立秋后	11月	霜降时
	方法	犁入土中做基肥	犁入土中做基肥	暴晒，煽开，轻打	杆打	暴晒后杆打	—	碾下或石锥击打
脱粒法		脚踏或手擦	—	手拔	刀割	刀割	手拔或划掘	手摘或剪下
储藏法		缸桶	—	仓桶缸	仓囤箩	缸桶缸	堆干燥处	缸桶
每亩产量		1.2石	1.0石	0.70石	1.00石	1.00石	—	0.80石
收获丰收		中	中	稍歉	中	中	丰	丰

资料来源：江西省农业院推广部编《南昌全县农村调查报告》，第76—77页。

农民常种植的芸薹、紫云英、黄豆、荞麦、粟等，仍是一种集中劳动力、劳动时间的低产量作物。农作物的栽培始终在传统方式中循环往复。黄豆、荞麦、粟等次要农作物的栽培都是较为传统的方式，现代化要素较少。

从事农业调查的各方人士对江西农民在农作物栽培上的保守性颇为无奈。调查者周炳文直言不讳地指出："吾人素以农业国称于世，何以至近年，反少有进步，难与各国相竞争，实因农民墨守成规，罔知改良，虫灾水旱，委为天数"，"农民对于各种作物，既乏选种育种之知识，而于肥料三要素，尤为茫然"。①深受传统农耕文化影响的农民很难轻易做出改变，对新事物的接受并非一夕之间，绝大多数人都是墨守成规，不思农作物栽培的改良，对虫灾天灾束手无策，严重缺乏育种、施肥等科学知识。与西方国家的农业技术相比，江西明显处于下风，难以进入世界市场进行竞争。

尤其从肥料的组成来看，仍然还是草木灰、粪尿等，化肥、农药等蕴含现代化科技的农产品几乎没有使用。实际上，关于近代江西农作物的肥料调查就证明了科技元素在农作物栽培中的严重欠缺。（详见表1-3）

表1-3 近代江西农作物肥料调查一览表

种类	施用之作物	每担价格（元）	大约每年每家用量（担）	占全肥料用量百分比（%）
人粪尿	各种作物	0.20	120	16.8
畜粪	各种作物	0.20	45	5.9
厩肥	稻、萝葡、芋等	—	60	7.6
塘泥	各种作物	0.05	50	6.5
草木灰	各种作物	—	34	4.18
黄豆	晚稻	4.5	0.6	0.07
豆面饼	稻、瓜类、萝葡	3.5	0.7	0.80
油菜饼	豆、麻、瓜类	3	0.7	0.80
草皮	稻	—	16	2.30
石灰	晚稻	1.04	6	0.76
石膏	稻	3.5	6	0.76
红花	稻	—	250	30
芸薹	稻	—	180	23.5
猪牛骨灰	冬种冬作物	6	0.02	0.03

资料来源：江西省农业院推广部编《南昌全县农村调查报告》，第97—98页。

① 周炳文：《江西临川实习调查日记》，萧铮主编：《中国地政研究所丛刊：民国二十年代中国大陆土地问题资料》，第85686—85689页。

对于农民不愿意使用化肥的情况，研究者进行了理性的分析。他们指出："以经济之枯竭，无力购置肥料，除价廉而易得者外；对于稍昂贵种类，虽明知效果甚大，亦以无资本购买，而不敢问津焉。"[①] 即在经济困境之下，无力购买化肥是农民不使用化肥的主要原因。这就导致以红花、芸薹、人粪尿、畜粪等为主的肥料在农作物栽培中仍然普遍施用，且很难更改。这一情况充分说明，江西农村经济受中国经济总体局势的影响，农业技术采用与江西经济发展态势紧密相连。

为了改良生产技术，提高农业产量，以恢复发展农村经济，在20世纪30年代，江西省各级政府、社会团体等受乡村建设运动的激励和影响，也在江西各县推行乡村建设运动，进行农村发展实验，建立了临川鹏溪县政实验区、安义万家埠实验区、湖口走马乡实验区、黎川高寨洲实验区、南丰白舍圩实验区。在安义万家埠实验区，主办者江西农村改进社王枕心等人进行农业技术改良，开辟农林场，整理田地，试验栽培各种稻作，如鄱阳早、帽子头等，种植美棉、胡麻等经济作物，以比较品种优劣，提高农作物产量，提升经济效益。1934—1936年，该实验区共引进种植了蔬菜71种、果树12种等。试验的优良成果逐步在农户之中推广，但范围限于实验区的一些乡村，未能广泛推广，效果有限。[②]

在20世纪40年代，农业科技教育进一步发展。一方面，农业科技研究机构——江西省农业院的规模和业务范围进一步拓宽，其中农业科技普及、推广成为其重要任务，尤其是推广部把农作物栽培技术等在乡村的传播作为重要任务之一。另一方面，1940年中正大学成立后，专门设立了农业院，包括农艺、森林、畜牧等系，这将农业技术教育推至新的高度。1943年江西农艺专科学校在泰和县恢复办学，一直坚持到解放战争结束。此外，还有一些私立农业学校也相继创建，比如私立信江农业专科学校于

---

① 江西省农业院推广部编：《南昌全县农村调查报告》，第97页。
② 游海华：《早期农村现代化的有益探索——民国江西万家埠实验区研究》，《福建师范大学学报（哲学社会科学版）》2004年第3期。

1945年成立，到解放战争时期，共设立农艺科2个班，学生91人。[1]这些农业技术院校的设立和发展一定程度上反映了江西对农业技术的重视，同时也有助于江西农业科技知识在农村的传播。

从传统与现代的角度而言，近代江西农作物的栽培较为传统，在育种、田间管理、施肥等方面充溢着几千年农民传承下来的农耕智慧，也满含着农民个人的劳动技能。与此同时，农作物栽培在科学方法上的缺失，也使江西农村的农耕技术始终较为落后，缺乏与现代农业技术沟通、接纳、转化的能力与行动自觉。这也符合中国农业技术的总体判断："吾国农工粗陋简单，耗工费力，殊难与外国机器相抵抗，今欲求改进，非用政治力量，协助人民购用新式机器，农业终无发展之望。"[2]

三、农作物病虫灾害

农作物病虫灾害是农作物种植中最为常见的问题之一。近代江西农村同样面临着这一问题，不仅病虫害多，而且时常碰到旱灾、水灾等自然灾害。在传统农耕社会，往往一场虫灾、病害、旱灾、水灾常常导致农作物产量极速下降或颗粒无收。近代江西的情况也仍然如此。农民在灾难中的应对能力不高，较为被动。要言之，面对病虫灾害，农民自救的能力不高，导致经济损失比较惨重。

（一）农作物的病虫害

就农作物本身而言，病虫害最为常见，造成的影响也最为直接。大致而言，不同的农作物都有常见的病害、虫害，并且时常交叉进行。

农作物几乎在成长过程中都要遭受病害，严重程度不同而已。以水稻为例，它在成长成熟的各个时期都会遭遇病害。其症状如下：

（一）稻抽穗后，穗的颈部呈淡黑褐色，病部以上，全行枯死，或穗的全部，而成白穗。本病发生最多，几乎每年发生，尤其以糯米稻受害最

---

[1] 聂志平、曹国庆、傅琼：《民国时期江西农科院校教育变迁研究》，《农业考古》2013年第6期。
[2] 《赣东进贤东乡余江及余干四县农业经济概况》，《经济旬刊》第1卷第15期，1933年。

严重。

（二）在每年 8 月间，稻茎叶正繁茂之际，叶缘初现极少黄色斑点，自后渐次扩大，或由叶的两侧，或从叶的中间下降，致现黄色，其组织全呈黄白色，与健全组织之境界处呈现波状。其界线亦时有褐色，至已变黄色部分，其叶渐现白色而卷缩。

（三）稻的谷壳向左右裂开，由隙间露出淡绿色之肉块状物，初为黄白色薄膜所被覆，外面平滑，继则薄膜破裂，由内部露出黄绿色之粉块，表面多数龟裂，较之健全种实，大三四倍。

（四）稻插秧后一月间，全田禾苗，尽变红色而枯死，农民均称为"天火烧"，经过甚速，罹害面积亦大。

（五）稻着生秤时，其秤之中央线裂开，有圆锥形黑色之黏质突起物，此物后破碎，飞出黑粉，秤之内部，遂完全空虚。

（六）秤之顶端或侧，现出褐色斑点，然渐扩大，延及全面，籽遂干枯而不结实，病斑终呈灰白色，具有黑色小粒点。

（七）稻在孕穗期间，叶梢出现暗褐色云形大斑点，遂至一部或全部腐败。[1]

以上这些都是稻作常患的病害。它们的危害极大，直接影响了水稻的产量。这些病害的发生与天气关系极大。其他农作物同样如此，常常发生病害。瓜类有露菌病，叶菜类有斑叶病，麦类有黑穗病，粟类有白发病等。

总体而言，因为水稻在农作物体系中占据主体地位。因此水稻的病虫害最为致命。"稻之病害为农家最大之损失，良以农民知识浅薄，选种之粗放，肥培之失当，与夫管理不得其法，偶遇天候不顺，病菌繁生，小则部分歉收，大则全田枯槁，农民因无法防治，恒归诸天年而已。"[2] 即农民在栽培方面已经甚为粗放，再加上偶遇天灾，没有防治能力，就只能眼睁睁看着稻作收成减少或一无所获。农民应对天灾的无力对农业生产来说非

---

[1] 江西省农业院推广部编：《南昌全县农村调查报告》，第 80—82 页。
[2] 江西省农业院推广部编：《南昌全县农村调查报告》，第 80 页。

常不利，因为这样的农业生产完全是不可控的，很大程度上是俗语"靠天吃饭"的现实阐释。

除了病害，虫害也是农作物较大灾害之一。不同的农作物所遭受的虫害有所差异。江西农民每年因其所受损失，虽无确切统计，然数字之巨，当可想见。农民受害损失最大的害虫有一二十种，包括二化螟虫（一称螟蛾）、三化螟虫、大螟虫、黑缘浮尘子、稻椿象（稻蛾）、稻苞虫、稻卷叶虫、蝗虫、野螟蛾、黄筋畚虫、猿叶虫、青菜蚜虫、白粉蝶、瓜叶虫、青象虫、小豆蚜虫等。[①]

江西省农业院病虫害组曾派员分赴各地，调查病虫害损失。1934年南昌各区晚稻螟害损失调查统计结果，可窥虫害损失之一隅。（详见表1-4）

表1-4　南昌各区晚稻螟害损失调查（1934年）

区名	检查面积（方丈）	螟害稻茎总数（根）	每穗平均数量（穗）	每亩平均损失（升）
特区	40	788	0.175	2.08
第一区	40	1790	0.168	4.52
第二区	24	349	0.167	1.48
第三区	32	2902	0.169	9.20
第四区	40	499	0.171	1.27
第五区	80	989	0.164	1.22
第六区	80	1165	0.17	1.49
总计	336	8482	全县每亩平均损失	3.04

资料来源：江西省农业院推广部编《南昌全县农村调查报告》，第88—89页。

如上表所示，南昌各区损失虽有一些差异，但总体上都遭受了较大的虫害。

南昌县每亩总平均损失为3.04升，若以1934年晚稻栽培面积525000亩计算，则晚稻螟害损失为15960余石。这样的损失量是相当大的，是农民在经济上的重创。就整体情况而言，近代江西农作物的虫害普遍存在，

---

① 参见江西省农业院推广部编：《南昌全县农村调查报告》，第82—83页。

不同的年份遭受的虫害损失也有所不同。

对病虫害的防治,政府没有找到好的对策。从当时省政府的举措来看,主要是向广大农民传播农业知识,培养农业人才,提高省内防治病虫害的知识水平。这体现在江西农科院校的教育发展方面。据考证,江西最早的农业院校是1905年在南昌进贤创办的江西实业学堂,1912年改名为江西高等农业学校。课程内容有讲授农业技艺包括病虫害防治等知识。中华民国成立后,现代化的思潮进一步传播,农业科技教育得到发展。江西农业院附属农艺专科学校,于都、清江、贵溪、大余等地创办的农科职业学校,中正大学农学院等都把农业灾害的知识视为学生的重要学习内容。[1]但这种病虫害知识的教授对病虫害的防治是缓慢的,加上学生人数较少,传播广度、力度有限,所以防治的效果并不理想。

（二）农作物的天灾

传统农业生产对地理位置、土壤、气候条件等自然环境具有较强的依赖性,这就导致一旦自然环境发生巨变即水灾、旱灾、风灾等,农作物生产就要受到摧残甚至是致命的伤害。江西省的农业生产体现了传统农业生产的这一重要特征。近代江西一直以来都是中国自然灾害高发省份。关于灾荒史的研究表明,江西虽不属于华北区域地震、旱涝频发的重灾区,但属于华东区域"旱涝台风多灾区"。[2]江西史方面的研究专家许怀林提出,从1840年鸦片战争到1949年新中国成立,近代江西的自然灾害相比古代时期更加严重,几乎是年年有灾,处处水旱,灾情更重,损失更大。[3]

江西农作物的第一大天灾是水灾。这与江西所处的地理位置和水系分布直接相关。江西处于长江中下游,水资源十分丰富,域内流淌着赣江、锦江、袁江、抚河、信江、修水等几大河流,以及不计其数的小河流,覆盖着全省所有县市区。此外,江西域内湖泊资源十分丰富,其中包括我国

---

[1] 聂志平、曹国庆、傅琼:《民国时期江西农科院校教育变迁研究》,《农业考古》2013年第6期。

[2] 延军平:《灾害地理学》,山西师范大学出版社1990年版,第339页。

[3] 许怀林:《近代以来江西的水旱灾害与生态变动》,《农业考古》2003年第1期。

第一大淡水湖——鄱阳湖，以及南昌等地星罗棋布的小湖。水资源丰富对农业生产极为重要，但不可忽视的是，这也埋下了洪涝灾害的隐患，尤其是在春夏之际水稻生长、收获的季节，雨水高发。江西的独特气象也影响着水灾的发生。一般而言，当降雨量超过蒸发量并大于河流湖泊的蓄水量时，水就会满溢，形成水灾。江西的气象也催生了这一情况，省内各地四季降水分配不均，且同一季节各地降水的差异悬殊。省内四季降水量变化有个显著特点。即春、夏降水量大于秋、冬两季雨水量，其中春季又比夏季大，秋季又比冬季大。降水量大部分地区以5月和6月为最大，全省4—7月大都在600—700毫米以上，多发洪涝灾害，8—10月大都在500毫米以下，则常常出现秋旱。①

近代以来，政府开始重视灾害的数字统计。1840年至1900年，江西发生大型（特大型）的水灾16次，属于江西水灾的高发期。1912年至1948年，江西全省几乎每年都出现了水灾。比较大的水灾也累次出现，发生了11次大型（特大型）水灾。例如1922年，赣南、赣北、赣东三区都发生了严重的水灾，重灾区域达到34县。1931年，在江淮大洪水中，江西境内有37县受灾，巨大的洪水涨至2丈有余，沿江大堤决堤，受灾的田园达到数百万亩。加上鄱阳湖储水外溢，沿湖一带的千余里地方都被淹没。

水灾对农作物生产的破坏非常大。常见的历史景象是，大水所过之处，田里面的农作物基本被冲毁。尤其是低洼之处的水排不出去，长期浸泡农作物，导致农作物死亡，以致农民长时间的劳作一无所获。此外，频繁大降雨，使得农作物的生长长期处于雨量过大的环境之下，容易造成阳光不足，作物的结果率大大降低。例如，1922年的水灾，赣江以下，各处都被水淹，沿赣江一带，几乎所有的稻田被冲毁。1924年的江西水灾造成赣江、鄱阳湖同时水位陡涨，以致早晚稻均未收获。②1937年水灾，江西大面积

---

① 江西省气象志编纂委员会：《江西省志·江西省气象志》，方志出版社1997年版，第11页。
② 王建熊：《民国江西自然灾害与对策研究》，南昌大学2013级硕士论文，第9、39页。

土地受灾，粮食损失很大，达到1231万担。①

旱灾也是江西农作物生产中仅次于水灾的重大灾害。虽然江西水流密布，但在山地地形之下，水资源的分布不均匀，一些缺水的区域也容易遭遇旱灾。据当时记录，在1912年至1948年，江西发生旱灾的年份达到35年。史载，1921年、1925年、1934年江西发生了比较严重的旱灾。以1925年的旱灾为例，《晨报》《大公报》对江西旱灾对农作物的危害进行了客观报道。新闻报道指出，5月之后，江西就不下雨，山间的田地十分之九已经干裂，"两月不雨，田禾枯槁殆尽"。长时间的干旱造成粮食大面积绝收。当时的报纸使用"亢旱成灾""赤地千里""旱魃为虐"等词语来评述这场大灾害。受旱灾影响的县城达到42个，超过江西县数的一半。天灾造成的农业损失，主要取决于天灾的严重程度，难以估量。1934年，江西大旱，74个县市都遭遇不同程度的干旱，受灾面积达到全省一半。江西各种农作物损失估计达到5112万担，其中稻谷达到4711万担，其收成只有往年丰收年的37%。②因很多县市缺乏必要的财力支持和防旱设备，许多稻田龟裂，收成大大减少，甚至颗粒无收。江西临川县的受灾情况就是其中较为典型的一例。（详见表1-5）

表1-5　1934年临川县各区旱灾情形

区别	干旱时间	受灾面积	早稻收成 晚稻收成	灾情损失	灾民数目	备注
第一区	50余天	6万余亩	4/10 1/10	40余万元	4万余人	凿井取水；农民多以为艰，十一月中旬各区均得小雨，晚稻已稍有起色
第二区	60余天	7.83万余亩	4.9/10 2.3/10	50余万元	3万余人	
第三区	60余天	3万余亩	4/10 3/10	20余万元	3.1万余人	

① 江西省水利志总编辑室：《江西历代水旱灾害辑录》，江西人民出版社1988年版，第184页。
② 王建熊：《民国江西自然灾害与对策研究》，南昌大学2013级硕士论文，第9、40、42页。

续表

区别	干旱时间	受灾面积	早稻收成 晚稻收成	灾情损失	灾民数目	备注
第四区	60余天	3.45万余亩	不及三成 无灾	30万元	约2万	
第五区	60余天	0.87万余亩	4/10 3/10	1万余元	约6百人	
第六区	60余天	3.47万余亩	5.3/10 4/10	20万元	约3万余人	
第七区	50余天	6.15余亩	5.2/10 2/10	20余万元	约3万余人	
第八区	60余天	2.65万余亩	4/10 1/10	20余万元	3万余人	

资料来源：萧铮主编《中国地政研究所丛刊：民国二十年代中国大陆土地问题资料》，第85694页。

从临川受旱灾的情形看，除了第五区受灾较轻外，其他各区都受灾严重。不仅受旱时间长，损失面积大，涉及受灾人数众多，而且造成的经济损失也大，收成几乎减少一半以上，有的地方晚稻收成只有原来的一成。面对干旱，农民虽以"凿井取水"这样的原始方法补救，但因缺乏必要的灌溉系统支撑，终归收效不大。

此外，还有风灾。江西风灾一般发生在每年冬春季节的寒潮过境或每年夏季的东南沿海台风登陆之时。例如，在1912—1948年，江西有记录的风灾有8次。对农作物生产而言，夏季的风灾对水稻等农作物的生长、收获有直接影响，包括许多农作物被强风折断，或连根拔起。

总的来说，近代江西大部分县域都遭受了自然灾害。1912年至1948年间，江西的天灾、旱灾、风灾等自然灾害共发生1029县（次），平均每年30次，很多县甚至出现多灾并发的恶劣情况，江西全省多灾并发率高达30%。例如，1934—1935年，江西省接连发生罕见的大旱灾、水灾。大灾害使灾区收成无望，灾民生路断绝。①这种高发的天灾直接影响了农作物的生产，尤其是非常不利于农作物经济的发展。

虽然江西属于灾害高发省份，但是政府对灾害的应对较为被动。从鸦片战争以来的政府对灾害所采取的措施看，清末主要是利用传统"荒政"手段对江西等受灾区进行一定程度的救济；北洋政府时期传统的"荒政"已失去效力，内战频发、军阀割据等情况的交叠使政府对江西灾害的救济也少；国民政府试图建立灾害应对体系，但从效果而言，文本与实际存在较大的距离。不过，他们也做出了一定的努力，例如1928年江西省水利局恢复工作，负责管理全省的水利事务，包括水利工程的修建，以应对水旱灾。民间自发参与自然灾害应对的情况较为普遍。"义赈"和社会募捐等社会公益活动，已经成为政府主导的灾害救济的有益补充。

近代江西的农业生产基本是中国悠久农业社会传统生产方式的延续，即农民对病虫害、天灾的防治能力不足，很大程度上受气候等自然因素的影响。这与当局对农业的投入不足、农民防治知识有限、农业科学知识普及率低、现代农业设备配置的不足、灾害的难以预知性等都有紧密关系。

四、农作物产量

农作物的产量是气候、栽培方法、肥料、人工维护等各种要素集体作用的最后成果呈现。农作物的种类不同，产量也有着较大的差异。水稻作为江西最主要的农作物，它的产量最具代表性，是农作物经济的主要指标。总体而言，由于农作物栽培技术的落后、抗击病虫害的无力等导致近代江西农作物的产量不高。

农作物每亩产量的决定因素，主要"视天候之适否，土质之优劣，人工之勤惰，种子之良莠，及病虫害之有无为转移"②。即使是传统生产方式，农作物产量仍有较大的差别。它与天气、人工技术、种子优劣、田地肥沃

---

① 王建熊：《民国江西自然灾害与对策研究》，第12、41页。
② 江西省农业院推广部编：《南昌全县农村调查报告》，第78页。

度、病虫害等相关。1936年，中国农村经济研究会学者秦柳方对丰城县第一区冈上村的实地调研进一步充实了上面观点。调查显示：冈上村全村耕地总计1130亩，其中低田占三分之一，其余均为中等田。低田春季经常被水浸没，无法种植早稻，只能等到夏季水退去，种植晚稻，一年仅一熟。农历十月收割晚稻后，低田又被水浸没，连作绿肥用的紫云英也无法播种。另外，三分之二的中等田可以两熟，小满节时栽早稻，大暑收获，改种大豆。收割了大豆，全部种紫云英，间或种油菜、萝卜菜，到明春均作绿肥用。虽然中等田能够提高农业产量，但总体而言农田的收获并不多。农作物产量低的原因除了土质所限外，主要还是农民没有资金购买肥料。农家平时极少量的人粪，上半年供秧田用，下半年供菜圃用。农家普遍只养一只猪，年仅一次，白天又多放在野外，仅有的猪粪，上半年也用于秧田，下半年堆积了作掩盖紫云英用。唯一的肥料就是绿肥，即紫云英。间或有一两户富农购些草木灰施用，但每担要出价三角，一般农户没有经济实力购买得起。人造肥料在本村更无市场。[①]冈上村的情况表明普通农家在肥料上的欠缺、土壤条件局限等问题，直接导致了农作物产量的降低。

全面抗战前，江西各地农作物的产量受战争的摧毁相对少，其产量主要受自然条件、人工因素等影响。大致而言，1900—1930年各种主要农作物的产量基本维持在一个相对平衡的水平。20世纪30年代初期，南昌县各种重要作物的每年平均产量就是最好的证明。（详见表1-6）

表1-6　20世纪30年代南昌县各种重要作物每年平均产量

作物种类	栽培面积（亩）	每亩平均产量（石）		平常每年收获量（石）
		丰年产量	通常产量	
早稻	767000	3.50	2.90	2224300
晚稻	630000	2.80	2.00	1260000
黄豆	15900	1.30	1.00	15900

---

① 秦柳方：《赣中的农村》，俞庆棠主编：《农村生活丛谈》，申报馆1937年版，第49—50页。

续表

作物种类	栽培面积（亩）	每亩平均产量（石）		平常每年收获量（石）
		丰年产量	通常产量	
芝麻	5600	0.90	0.70	3920
荞麦	3200	1.20	1.00	3200
粟	1800	1.00	0.80	1800
麦	3000	1.20	1.00	3000
番薯	1200	8.50	7.50	7650
蚕豆	900	1.20	1.10	1000

附注：表中所列数字，根据每亩产量折算之，1石一般相当于现在的120斤。

资料来源：江西省农业院推广部编《南昌全县农村调查报告》，第78—79页。

由表可知，依据现在各种农作物亩产量的标准（如亩产一季稻谷1000斤以上是常态，两季就有2000斤以上），表中所示的平均产量、丰收年产量都是不高的。即便是丰年，早稻亩产不到500斤。其他县市与南昌县差不多。如丰城农作物产量也不高，即便是丰收时，早稻每亩能收谷3石，晚稻收谷2石，大豆产量更低，每亩只产7斗。

江西全省的水稻平均产量基本是这一范畴。江西省水田居多，上等农田栽培粳稻，每年可收两次，平均每亩可收2石左右。此外，麦子平均每亩可收1石；其他棉花、杂粮亦多有产出，产量不定。[1] 全省年平均产量也有一个基本平衡，如1914年至1918年江西的稻谷平均年产量约为124亿斤。[2]

值得注意的是，1927—1934年，江西省出现了两个不同的政权，其中一个是国民党政权，一个是中国共产党领导的苏维埃政权。不可否认，在西方现代化思想的冲击下，国共两党都试图改革农村经济。但囿于国民党的政权性质、各派之间利益纷争等，他们对农村经济的改革始终不到位，很多时候都停留在文本层面。中国共产党作为马克思主义政党，他们始终

---

[1] 王世琨：《南昌实习调查日记》，萧铮主编：《中国地政研究所丛刊：民国二十年代中国大陆土地问题资料》，第84986—84987页。
[2] 何友良：《江西通史·民国卷》，第76页。

主张坚决维护农民的根本利益。1928年6月,中共六大总结革命经验,提出将没收一切土地改为没收地主阶级一切土地。六大后,各根据地逐渐摸索,土地革命政策取得极大的进展。1931年2月27日,毛泽东在给江西省苏维埃政府的信中指出,"过去分好了的田(实行抽多补少、抽肥补瘦了的)即算分定,得田的人,即由他管所分得的田,这田由他私有,别人不得侵犯","租借买卖,由他自主。田中出产,除交土地税于政府外,均归农民所有"。这就明确了"抽多补少、抽肥补瘦"的土地分配原则,和土地归农民所有的政策。在中国共产党的土地政策指导下,江西的井冈山革命根据地、中央革命根据地、湘赣革命根据地、湘鄂赣革命根据地、赣东北革命根据地都先后进行了土地改革,废除了封建剥削性质的土地制度,基本实现了"耕者有其田",满足了广大农民对土地的诉求。

瑞金、宁都、兴国、于都、寻乌、横峰、弋阳、铅山、永新、莲花、永修、万载等地的农民分得土地后积极发展生产。这种生产积极性是贫苦农民得到梦寐以求的土地之后的最直接表现。1933年1月临时中央政府国民经济部、土地部联合发布《为发展农业生产与工业生产》的布告,动员苏区军民努力发展农业生产,因为"这些生产,一半是人民的粮食,一半是工业的原料,是发展苏区经济的基础"[1]。在土地革命的深入开展中,人民群众以饱满的生产热情,发扬艰苦奋斗精神,改善生产方式,争取多产粮食。"努力春耕""消灭荒田"不仅成为响亮的口号,而且成为江西苏区各县群众的实际行动。

中华苏维埃共和国临时中央政府机关报《红色中华》持续刊登相关文章,生动地描绘苏区各地农民的生产干劲。会昌人民群众开展了如火如荼的春耕运动,"开得荒田千余担",基本消灭了荒田。兴国均村区泮溪乡的工农劳苦群众和一般劳动妇女,把过去所荒芜的田地全部消灭了,并在开垦的田地上种了各种杂粮,"现在整个的泮溪乡没有一块荒田荒地,真正

---

[1] 中国社会科学院经济研究所中国现代经济史组编:《革命根据地经济史料选编》上册,江西人民出版社1986年版,第231页。

全部消灭了。不仅如此,他们并且把春耕提早了半个月。像泮溪乡才是努力执行春耕运动中的模范乡"。① 正因为群众的生产热情,造就了春耕运动的模范乡,第一等工作的兴国模范县。《武阳区印象记——春耕运动的实际材料》极为生动地描绘了瑞金武阳模范区春耕运动的积极成果:

在武阳区,我们看到麦子长在新开垦的荒土上,洋洋得意地庆祝他们自己的油然繁茂,油菜亦低着头,钦佩他们主人的勤劳。多年没人照顾的荒田荒地,现在忽然改换了他的颜色。他们身上再也不是盖着丛丛的芜草,而是穿上了黄褐色的新衣,准备长出丰盛的收成。满野的肥田草、没有几工便完全砍掉犁起,绿油油的禾秧,长得碧然可爱,披川的水,源源不断的流入各家的田间。从流血的斗争中获得了土地的农夫农妇,牵着牛儿,肩着耕具,一队队的走到田垅里去,为着布尔什维克的春耕而斗争!②

苏维埃共和国首府——瑞金的情况让人振奋。人们生产热情迸发,开垦荒田、荒地,并种植农作物,农作物也长势茂盛。这样美丽的农业生产景象十分具有活力,也是中国共产党带领人民实现经济大翻身,过上美好生活的生动写照。

兴国等苏区的情况并非特例。永新苏区人民也在分得田地后积极从事农业生产。1930年7月江西永新县人民群众募款400元,耗费108天,修筑了沙市官陂水利工程,灌溉农田达1100亩。1931年,该县三房村村民开荒120多亩,并在滩下打了抗旱井6处。人民群众开拓的水利事业,保证了农业的丰收。同时,他们还大力开荒,种植红花、油菜、萝卜、杂粮等,使苏区的地全部有了农业收成。在党的动员之下,永新人民还组织耕田队,举行春耕竞赛。整个苏区时期,永新县农业产品不仅能够自给自足,而且还可以大量输出,同时积极缴纳土地税,有力保障了湘赣革命根据地的巩

---

① 《全部消灭了荒田》,《红色中华》第72期,1933年4月23日。
② 广澜:《武阳区印象记——春耕运动的实际材料》,《红色中华》第71期,1933年4月20日。

固发展。①

中国共产党的土地政策和人民群众的积极参与，极大地推动了江西各苏区的农业发展。中央苏区1933年的农产较1932年增加了15%；赣东北苏区则增加20%。②1933年，中国共产党在共产国际会议上专门作了《中国苏维埃政权底经济政策》的报告，高度评价"推广耕种面积""改良土质和增进肥料""组织犁牛站"等方法促进了苏区农村经济的振兴。

全面抗战爆发后，江西也投入抗战洪流中，农业生产受到很大的影响。这一时期的农业产量出现了较大的浮动。

以沦陷区九江为例，可窥见当时日本帝国主义侵略对中国经济的伤害。九江是江西重要的经济重镇，位于江西省的北端，它面对长江，是将长江下游城市与江西全省联结起来的经济要地。从全国范围来说，长江沿岸一般都是米谷的产地，也是中国的重要农业区域，九江位列其中。1938年7月九江被日本帝国主义占领，其后成为日本帝国主义攻占武汉、庐山、南昌的基地。③日本在九江实行军事占领殖民统治，实行政治、经济、文化控制政策。与此同时，在日本帝国主义经济侵略之下，九江的农业受损，产量也受到极大的消极影响。（详见表1-7）

表1-7 战时九江县及其附近数县所产米谷量

单位：石

县名	1936年	1937年	1938年	1939年
九江县	160000	160000	100000	120000
瑞昌县	30000	30000	25000	20000
德安县	80000	100000	40000	50000
星子县	50000	50000	50000	40000

① 湖南省财政厅编：《湘赣革命根据地财政经济史料摘编》，湖南人民出版社1986年版，第256—257页。
② 江西省档案馆等编：《中央革命根据地史料选编》下册，江西人民出版社1986年版，第325页。
③ 荒木勇：《关于战时九江的米谷》，冯天瑜、刘柏林、李少军选：《东亚同文书院中国调查资料选译》中册，社会科学文献出版社2012年版，第835页。

续表

县名	1936年	1937年	1938年	1939年
黄梅县	300000	600000	600000	500000
合计	620000	940000	815000	730000

注：依据九江领事馆的统计。

资料来源：冯天瑜、刘柏林、李少军选编《东亚同文书院中国调查资料选译》中册，第838页。

从1936—1939年九江县及其他数县所产米谷产量来看，以被占领的1938年为界点，1938年之前产量较为稳定，1938年之后产量明显下降。这是日本帝国主义侵害九江农作物经济的最直接表现。

从总体趋势来看，近代江西农作物的产量基本维持在一个相对稳定的水平。因为延续传统耕种手段等，以水稻为主的农作物产量不高。与此同时，天灾人祸、战争也会对农作物产量产生极大的负面影响，降低其产量。日本帝国主义的侵略战争对九江等地区农作物种植的伤害就是典型例子。当然，战争、病虫灾害等客观因素对近代江西农作物产量的影响是即时性的，也是偶尔性的。但从总体情况来看，这些看似偶然的外在因素往往能够直接影响农作物的产量，不可忽视。

五、农产品销售

江西农产品除了主要用于自己消费之外，还用于对外销售。以南昌墨山村早稻的用途而言，内部消费占81.65%，出售占11.61%，剩余占6.74%。对内部消费而言，稻谷的消费主要包括食用、饲料、种子、工艺、缴纳租税等。农民食用占总量的48.87%；租税的用途占总量的26.05%；种子的用途占总量的3.97%；工艺（如米酒、米果）等用途占总量的2.26%；饲料各种农村牲畜食用，的用途占总量的0.50%。晚稻的出售比例稍微高于早稻，达到总量的21.52%。之所以农家更愿意出售晚稻，是因为晚稻较早稻味道鲜美，价格高，出售或暂留均可获利。① 总而言之，江西农产品主要用于自我消费外，也把一部分农产品拿出去售卖，赚取一些经济收入。

江西省农产品的商品率较高，保持了传统优势。随着鸦片战争后通商口岸增多尤其是九江开埠，江西省农产品的出口有着更为便利的交通条件，使农产品销售逐渐汇入世界资本主义市场，逐渐突破了传统的封闭模式。总体而言，江西农产品的销售虽然受到资本主义市场的冲击，但基本具有约定俗成的经济圈，这是长期以来农作物市场交易形成的相对固定模式。

农作物销售是关系着农作物经济繁荣与否的重要环节。近代江西农作物的销售以习惯性的、约定俗成的市场为主导，同时辅以外来市场经济的冲击，比如偶尔用公车运输农产品，或开辟新的市场完成交易等。从全民族抗战前江西省政府的管辖县域来看，农作物的销售主要以各地市镇（集市为主）为市场中心区域。省会所在地——南昌，拥有最便利的政治经济条件，其农作物销售的市场辐射是这一时期最好的地区。大致而言，南昌县农产销售，"以各地市镇为集散地，而以省城为总会"。至于运费之高低，则主要视运输工具而异，即傍河区域均用船运，既省工时又省运输费用；在只有村落小道或河流不通畅的地方，则用人力手车送往推来，"耗工延时，所费较船运多二三倍"；靠近公路的地方，因为车费高昂，农产运销很少使用车，即便靠近车站的农民，他们也选择用徒步的方式肩挑背扛或以小车推农产去附近集市交易。

各地市镇都有定期集合的时间（基本为约定俗成的交易日、赶集日），"买卖时，牙人经纪人所能洞悉"，继而完成双方交易。就农产品交易而言，南昌县的重要市镇主要如下：特区因附近省城，即以城市为中心；第一区为黄溪渡、齐家埠、楼前市等处；第二区有谢埠市、武溪市、蔴圻市（现称麻丘）等；第三区有渡头、塔城市、泗港口等；第四区有莲塘、邓家铺等处；第五区有广福圩、冈上街、冈前街、三江口等；第六区有万舍街、沙埠潭、黄溪圩、黄太街等。

---

① 《南昌墨山村土地利用调查》，《经济旬刊》第 3 卷第 6 期，1934 年。

从全省情况来看，农产品的销售主要以本省及其附近省域为主。这与中国整体的经济形势与农业的重要地位等紧密相关。对以农立本的江西而言，农产品主要以内部消费为主，盈余部分则进行省内外交易。

早在清末，江西的米谷等粮食主要供给本省城镇居民，另外一部分则运销粤、闽、浙、皖等邻省。例如，福建汀州的口粮由江西补给，因为汀州"山多田少，产谷不敷民食，江右人肩挑背负以米易盐，汀民赖以接济"。安徽徽州也大量输入江西米。时载，徽州有十分之三的农民，即使丰年也不能满足日常需要，因此他们以茗、漆、纸、木等来江西进行商品交易，换米自给。广东、江浙地区也是江西米的重要输出地，雍正年间"广东之米取给广西、江西、湖广，而江浙之米皆取给于江西、湖广。"据《清朝文献通考》统计，康熙二十四年（1685），全国以田赋形式缴纳的粮食为4331131石，其中江西缴纳925423石，占全国21.37%；到嘉庆二十五年（1820年），全国赋粮为7404091石，江西运粮962886石，占全国13%。[①]这足见江西在全国粮食市场和米谷贸易上的重要地位。

与清末江西农产品交易相比，1912年之后江西的农产品交易模式变化不大，显示了农作物经济的历史延续性。总体来说，近代江西米谷主要以本省消费为主，外省输出为辅。据1907—1917年日本人在江西所作调查的数据所得，江西平常年景一般生产稻米6000万担，省内需求约5400万担，输出为600万担。但到1917年左右，实际米谷输出量并不多，只有50万—100万担。[②]20世纪二三十年代江西省的稻谷运销情况集中反映了这一事实。从南昌、东乡、新建、奉新等地的情况看，稻谷基本在本县消费了，盈余部分并不多。例如，南昌县"丰年才有盈余运往鄂、皖二省进行销售"，东乡县"每年盈余之稻谷运往临川、进贤、南昌等处销售"，新建县"运销南昌市、吴城等处或出口均用船运"，奉新县"仅可供给本县，

---

① 许怀林：《江西史稿》，第572—574页。
② 许怀林：《江西史稿》，第643页。

未有运销出境"。①

其他农产品也大抵如此。20世纪30年代中后期，农产品的对外贸易额下降明显。相关调查也证明了这一判断。在外贸倾销或战乱的情况下，农产品不仅不能内部供给，还出现了入超现象。②这是时局动荡和世界资本主义市场强势侵袭造成的重大负面影响。

应该注意的是，在1930—1934年期间，国民党在江西对中央苏区进行多次"围剿"战争。受战争影响，江西各种农产品销售受到很大影响，尤其是对外贸易的交通时常被阻隔或被国民党军借机抽取船费等。例如，1933年9月，南昌行营专门查处了地方军队在信江"藉名抽往来船费"的案子。③有时候，为了配合"围剿"战争，国民党军时常封锁交通，在公路、河流等要地设置关卡，阻止红军的行动。④这也导致江西各地的农产品不能正常输送，商品交易时常被迫中断或遭受困难。这是战争对农村经济的重要影响。关于这一点，当局也承认，在经济困境和封锁政策之下，一般江西农民耕种兴趣"大非昔比矣"，"兼之租税加重，征役频繁，农民焉得不奄奄待毙耶？"⑤这实际上是变相承认战争对江西农村经济的影响。

相对于国民党统治区，江西苏区受国民党经济封锁的影响尤其大。对国民党而言,消灭共产党和红军是其"围剿"战争的主要目的。为了这一目的，国民党采取了军事、政治、经济三管齐下的措施，具体到经济方面，主要是经济封锁政策。江西是土地革命的中心，也是国民党实行经济封锁的中心。

---

① 傅莘耕：《江西财政厅田赋清查处实习金溪"匪区"调查报告》，萧铮主编：《中国地政研究所丛刊：民国二十年代中国大陆土地问题资料》，第86048—86049页。
② 王世琨：《南昌实习调查日记》，萧铮主编：《中国地政研究所丛刊：民国二十年代中国大陆土地问题资料》，第84986—84987页。
③ 《为查政字第七八三号分饬禁藉名抽往来船费一案迄今事将逾月未据呈复殊属玩延合行令催仰于文到五日内遵照前今各令迅速查报毋再遣延干咎由》（1933年9月），江西省档案馆藏，档案号J032-1-00671-0393。
④ 《国民政府军事委员会委员长南昌行营赣江封锁督察处关于撤销丰城至三曲滩之间各检查卡的公函》（1934年11月29日），江西省档案馆藏，档案号J032-1-01020-0246。
⑤ 《赣东进贤东乡余江及余干四县农业经济概况》，《经济旬刊》第15期，1933年。

第一章 近代江西农作物经济

1933年5月21日，南昌行营成立。南昌行营作为蒋介石的军事指挥中心，江西全省除南昌和新建两县被划为安全区外，其他县全部被划为封锁区，还在封锁区设立公卖会和封锁管理所。经济封锁政策在全省广泛实施，至1934年11月，江西全省紧邻中央苏区、闽浙赣苏区、湘赣苏区、湘鄂赣苏区的40个县被划分为8个封锁区，各区设检察官，由当地最高驻军长官担任，实行食盐公卖的县份有73个，外加5个特别区，共成立公卖会76个、公卖分会709个；设立封锁管理所74个，管理分所376处，检查卡1053个，部分检查卡还设检查分组若干处。在水路，则设立赣江万（安）丰（城）间水道督察处及13个封锁管理所，加紧对赣江沿线的全面封锁。为了全面推行这一政策，南昌行营先后颁发了13种封锁令，对封锁事项、封锁组织、封锁办法等逐一作出详细规定，主要在物质、交通和通信三方面实行封锁。①

国民党的这一封锁政策企图困死、饿死苏区军民。一旦有军队和地方政府对经济封锁稍有松懈，蒋介石就下令严惩不贷。②吉安、赣南等地作为共产党和中央红军的中心区域，蒋介石在此区域实施经济封锁的强度更大，经常下令督查。③当时的新闻记者客观地评价了国民党经济封锁政策对苏区的重大影响："赤区受封锁影响之最大者，莫过于食盐布匹二项之缺乏，纵以高价求之，亦不易得。民二十一年，赤区亦曾颁布封锁政策，禁止谷米、茶油、金属、煤矿、木料等出口。嗣鉴于糯米可酿酒，非赤区可得善价，乃弛禁。继而茶油煤矿等项，亦相继弛禁。向外购买工业品以及日用必需品时，多由合作社包办，将赤区产品，以交易式而换得之，非不得已，则不轻用现金。"④

---

① 吴晓荣：《中央苏区时期的经济封锁与反封锁》，《中国井冈山干部学院学报》2014年第2期。
② 《蒋介石关于军法惩处县长不认真执行封锁的电》（1933年9月16日），江西省档案馆藏，档案号J032-1-00671-0407。
③ 《蒋介石关于吉安县封锁任当切实考查及令各县切实办理封锁并与视察员合作的电》（1933年9月6日），江西省档案馆藏，档案号J032-1-00671-0408。
④ 陈赓雅：《赣皖湘鄂视察记》，申报月刊社1934年版，第52页。

在此情况下，江西苏区各地的农产品主要以内部交易为主，同时也尽力克服困难，向外（主要为国统区，兼及国外市场）销售农产品，提升农产品种植的经济效益。从江西苏区各县的销售情况来看，对外销售的农产品种类主要是谷、油、豆等。这与国统区的情况差别不大。从江西苏区的统计来看，赣县、公略县、永丰县、万泰县、宁都县、胜利县、乐安县、瑞金县、寻乌县、兴国县、石城县、南广县、安远县、会昌县、于都县等15个苏区县的农产品出口种类主要包括稻谷、茶油、豆子、麦子、水果等农作物，也包括烟叶、茶叶、夏布等手工产品。显然，这些出口品种主要基于各县的地方出产。例如，赣县的大宗出口品是稻谷，其次是茶油、豆子；宁都县的大宗出口是油、谷、豆、麦；瑞金县的大宗出口是豆、谷，其次是杉木、纸；兴国县的大宗出口是油、谷、豆；石城县的大宗出口是谷，其次是茶油、竹、水果、糖、麦豆；安远县的大宗出口是烟叶、茶叶、油；会昌的大宗出口是油、谷、豆等。①

从江西各地（包括苏区）农产品销售来看，虽然不乏新的市场经济要素，但从整体态势而言，仍然是以传统性市场销售为主导。销售市场主要以约定俗成的集市交易为主，销售范围立足省内，延伸至邻省和国外市场。在战争的严重干扰下，农产品的销售常常无法正常进行，因而突破战争中的经济封锁成为无奈之举。

六、农产品交易价格

以市场为调节机制，近代江西农作物交易价格呈现波浪式的浮线波动。然而在整体价格区间，江西农作物的交易价格虽有丰收、歉收年的差别，但普遍不高。农民的经济收益有限，加上种植成本偏高，使农作物经济呈现萎靡之态。以农业收入为主要经济来源的农民陷入贫苦之中，难以与现代社会的需求接轨。

---

① 《中共江西苏区省委四个月（一月至四月）工作总报告》（1932年5月），中央档案馆、江西省档案馆编：《江西革命历史文件汇集（1932年）》（一），第207页。

第一章 近代江西农作物经济

与销售市场紧密相连的是农产品的价格。农产品销售价格受市场经济的影响甚大。与中国农业经济的衰落趋势一致，近代江西农业经济并不景气，所以农产品的价格也起色不大，价格较低。

以稻谷为例，南昌、东乡、新建、奉新等县在1930—1932年的米谷销售价格颇具代表性。南昌县1930年米的最高价格17元，最低价格8元，谷的最高价格是6元，最低价格2元；1932年米的最低价格8元，谷的最低价格2元。东乡县1930年谷的最高价格为7.5元，最低价格3.4元；1931年谷的最高价格4.8元，最低价格为3元；1932年谷的最高价格4元，最低价格3.4元。新建县1930年米的最高价格19元，最低价格8元，谷的最高价格8元，最低价格2元；1931年米的最高价格10元，最低价格7元，谷的最高价格4元，最低价格3元；1932年米的最高价格9元，最低价格6元，谷的最高价格4元，最低价格2.6元。奉新县1930年米的最高价格19元，最低价格11元，谷的最高价格5元，最低价格4元；1931年米的最高价格6.3元，最低价格5.5元，谷的最高价格2.1元，最低价格1.7元；1932年米的最高价格6.3元，最低价格5.5元，谷的最低价格2.1元，最低价格1.7元。[1] 据调查者所言，新建、奉新等县1931、1932年的米谷最高价格、最低价格之所以都低于1930年，是因为1932年为丰收年。也就是说，丰收、歉收往往会影响米谷的价格。

其他农产品的销售价格也与稻谷的价格类似，在低价格区间浮动。以1936年的市场价格为例，临川县二区所产西瓜最有名，味甘多汁，大者每只三四十斤，销售外路，"每石约三四元上下"；"果之属梨梅桃李橘柚等普遍果实均产，惟无特殊品质，价亦平常"。[2] 显然，瓜果等农产品种植十分普遍，并非稀有品，没有大的市场需求，所以销售价格不高。1933年初，江西省政府经济委员会对南昌市各农业产品进行了调查，基本上符合价格

---

[1] 傅莘耕：《江西财政厅田赋清查处实习金溪"匪区"调查报告》，萧铮主编：《中国地政研究所丛刊：民国二十年代中国大陆土地问题资料》，第86048—86049页。
[2] 周炳文：《江西临川实习调查日记》，萧铮主编：《中国地政研究所丛刊：民国二十年代中国大陆土地问题资料》，第85705页。

不高的评价。(详见表1-8)

表1-8 1933年5月南昌市主要货品行情统计

单位：元

货物名称	单位	市价		货物名称	单位	市价	
早谷	石	最高	2.90	净菜油	百斤	最高	22.80
		最低	2.30			最低	20.40
		平均	2.83			平均	21.08
晚谷	石	最高	3.20	净茶油	百斤	最高	27.00
		最低	3.20			最低	26.60
		平均	3.20			平均	27.38
糯谷	石	最高	3.30	麻油	百斤	最高	21.00
		最低	3.20			最低	21.00
		平均	3.29			平均	21.00
观音仙	石	最高	6.80	精盐	百斤	最高	17.30
		最低	6.80			最低	17.30
		平均	6.80			平均	17.30
双机晚	石	最高	6.50	美孚洋油	一连（两瓶）	最高	7.60
		最低	6.40			最低	7.00
		平均	6.44			平均	7.16
次熟米	石	最高	5.80	四二支人中棉纱	包	最高	256.00
		最低	5.80			最低	246.50
		平均	5.80			平均	252.55
六支铁锚棉纱	包	最高	136.00	二十支织女棉纱	包	最高	214.00
		最低	135.00			最低	212.00
		平均	135.70			平均	212.63

资料来源：《南昌市主要货品行情统计表》，《经济旬刊》第2期，1933年。

应该注意的是，广大贫苦农民在农产品市场交易的时候处于十分弱势的地位，一方面受市场经济（尤其是丰年、歉收年）的直接影响，另一方面还要受商人、政府等层层盘剥。农民每到春季就要购进粮食，在新谷未登场以前，谷的市价每担四五元，购进时均不得不出重价。新谷登场，农民急于销售的时候，市价突然跌落为每担2元左右。早谷和晚谷几乎都是同一情形。然而，农民时常为偿债所迫，不得不忍痛贱卖。

此外，人为因素也很大。收买米谷的粮商所用的量器，从未经政府检验，大小不一。他们每到新谷登场，相率来各地市政，临时设行收买。丰城冈上村村民的农产品交易情况就是如此。在1936年的大豆市场，离村十里的大港口镇每担4—5元，小港口临时粮行的市价表面上为每担5元，但实际上小港口粮行使用的斗量较大，所以相比大港口粮行而言，每担至少要加一斗二升，获利的还是商人。同时，"收谷和收大豆用的量器都不一致，豆斗大于谷斗，每担超过二斗二升，真是层层剥削"。[①] 在商人眼中，一切只有市场利润，最大可能实现利益最大化，因此在农产品的商品交易中，贫苦农民往往要遭受商人的经济剥削。

在抗日战争时期，农产品的价格受到日本帝国主义侵略的直接伤害。九江及其周边县是在1938年被日本占领的，1938—1939年较之于被占领之前的米价明显更高。这是由于日本帝国主义侵略、战争破坏造成的价格波动。

九江县在1936年一石米的价格为8.00圆（按照军票"圆"交易计价），1937年为8.00圆，1938—1939年上涨至9.60圆；黄梅县在1936年一石米的价格为8.00圆，1937年为6.00圆，1938—1939年均为6.40圆；瑞昌县在1936年一石米的价格为5.60圆，1937年价格为6.40圆，1938—1939年均为6.70圆；星子县在1936年一石米的价格为5.60圆，1937—1938年均为6.40圆，1938年上升为12.80圆；德安县在1936年一石米的价格为8.00圆，1937年增至8.32圆，1939年也上升为12.80圆。[②]

实际上，由于日本帝国主义的侵略，九江县的米价上涨还在持续。"1940年，米价上涨。1939年，米价高的时候是18圆，平时是在8圆至13圆之

[①] 秦柳方：《赣中的农村》（1936年），俞庆棠主编：《农村生活丛谈》，申报馆1937年版，第50页。

[②] 这里的1石合80公斤，根据九江特务机关提供的数字。按军票计价，单位为"圆"。资料来源：荒木勇：《关于战时九江的米谷》，冯天瑜、刘柏林、李少军选编：《东亚同文书院中国调查资料选译》中册，第839—840页。

间。但在 1940 年 5 月底是 23 圆，在 6 月底是 28 圆 8 角，最终从 10 月底以后，就必须为食用米的配给做准备了。配给在几个月后废止，米价进一步上涨。"1941 年米价仍然保持上涨势头，1941 年 5 月上旬每石 32 圆，5 月中旬每石 35 圆，6 月上旬每石 43 圆。这是东亚同文书院日本学生荒木勇的调查结果，虽然他反复申明自己保持中立立场，数据可靠，但作为日本人，他肯定存着为日本侵略辩护的意图，其数据有所缩减，实际上米价的涨幅更大。

与周边他县相比，九江的米谷价格相对更高，"这是它并非产地却又是较大的消费地所导致的"，同时也是由于日军的直接侵略，大量米谷被日军无偿征调导致米谷短缺。就连日本人荒木勇在关于九江米价的调查报告中也承认：米价上涨的主要原因是，日军实行经济封锁，江西其他非沦陷区的米谷很难流入九江附近，"加之九江处在长江这一大的运输线上，在东、西受制于上海、汉口两大消费地，这两大消费地的米价较之九江的米价要高得多，大体上是二三十元的差价，于是两地的商人到九江的集散地高价买进，本地的农民也向两地走私输出，致使对九江的供给逐渐减少，市价上涨"。[①] 这就非常直白地说出了日军侵略对九江等地农作物经济的重大负面影响。

农产品的价格直接影响着农民的经济收益，决定着农民的生活品质。并且，农作物的交易价格衡量着农民的投入与收入是否成正比，直接影响农民的生产积极性。每亩田地生产收益是衡量农作物价格的一个重要指标。1936 年，东乡县的农田收益调查提供了一个观察农民经济收入的视角。（详见表 1-9）

[①] ［日］荒木勇：《关于战时九江的米谷》，冯天瑜、刘柏林、李少军选编：《东亚同文书院中国调查资料选译》中册，840—841 页。

表 1-9　20 世纪 30 年代初东乡县每亩收益概数

田别	每亩全年收获	每亩全年耕种费及税额	每亩纯收益
上等田	谷 3 石至 5 石,甘蔗制糖千斤折价 7 元至 20 元	工资 3 元余,肥料五六角,正附税 5 角	2 元至 14 元不等
中等田	谷 2 石或豆 4 石,折价 5 元	工资 3 元余,肥料五六角,正附税 5 角	约 5 角
下等田	谷 5 斗至 1 石余,折价 1 元至 3 元	工资 3 元余,肥料五六角,正附税 5 角	无收益或贴钱和工时及国税

资料来源：萧铮主编《中国地政研究所丛刊：民国二十年代中国大陆土地问题资料》，第 85298 页。

从上列收益表可看出，农田每亩的收获量不大，农民获得经济收入不多，同时又要花费较多的人工费、耕种费，承担较重的税额。这就造成除了上等田的收益尚可之外，中等田、下等田只有微弱收入甚至是没有收益、亏本。这样的收益对农民的经济进益不大，难以改变贫弱的现实生活。

具体言之，仅农作费用一项就已经消耗了农民很多的人力、物力及其金钱。就以东乡县的情况而言，每亩早稻田消耗了 3.2 元的肥料，1.5 元的种子，1.5 元的栽禾苗费，1.4 元割禾工资，加上纳税 0.7 元，成本共计 8.3 元。早稻田每亩收获稻谷平均为 2 石，依市场的早稻每石谷价值 5 元，总计 10 元，与耕种费用及纳税费相抵，盈利 1 元多。就晚稻田而言，东乡县每亩平均产 6 桶。依东乡县量器之大小，以每石 5 桶为多，每桶 4 斗，每斗 5 升，每升 1 斤，若以石为单位，则为 1.4 石，市场折价为 3.3 元，扣除耕种费及税额 4.33 元，亏本 1.03 元。如果不在收获稻谷后再种植一些其他农作物，以弥补消耗，填补亏空，就很难得到微薄的经济收入。

遂川县的农田亩收益调查结果比东乡县稍好。据相关调查资料，遂川县上等田每亩收益约 2 元，中等田约 1 元，下等田约 0.5 元。这与遂川县赋税较低有直接关系。[1] 即便如此，农民的经济收入仍然有限。若系佃农，

---

[1] 孙兆乾：《江西省县实习调查日记》，萧铮主编：《中国地政研究所丛刊：民国二十年代中国大陆土地问题资料》，第 85299 页。

尚须缴租，则全年经营所得不仅为地主掠夺殆尽，且亏本吸及膏脂。各方调查共同指向，农民的经济困境是客观的事实。

如前所述，近代江西农作物的种类以水稻为主。这些农作物的主要种植目的在于农民自足自给，少量有盈余的产品用于出售，以维持家庭的开支。农作物的栽培技术缺乏必要的现代科学元素，是一种传统生产方式的延续。水稻等主要作物的栽种依靠的是祖辈传下来的宝贵经验和个人长年积累的娴熟技能，尚少有科学的灌溉系统、科学的禾苗管理、优质的化肥、先进的收获方法。在低效能的农业栽培技术之外，农民关于农作物的病虫害防治知识和手段也甚为缺乏。这就导致农作物的种植成效很大程度上取决于"天"的庇佑。栽培技术的落后、病虫害防治的无力等因素导致农作物的产量并不固定。从农作物的平均亩产量而言，仍然属于低产量范畴。受制于交通条件的落后、战争的强行遏制、传统思维固化等因素，农产品的销售方式和渠道仍然延续约定俗成的既定模式，以小船或人力推车、肩挑背扛等运输方式为主，以各市镇为集散地，没有有效地加入现代化因素。农产品的价格并不高，且价格的调整较为被动，在丰收年、歉收年，价格波动较大。农民在产品交易中始终处于弱势，他们受到商人、政府等盘剥。这使本就收益不多的农民在农作物经济中处于困顿之境。从总体趋势看，近代江西虽然是中国农业大省之一，但它的农业生产基本是"传统生产方式的缩影"，现代化的科技因素展现得较少。在传统与现代相交替的历史时期，江西在农作物的生产上没有及时跟上时代的步伐。这也是当代江西农业生产始终未能跨入全国先进行列的一大因素。

第二章 近代江西农村传统产业的转型

1840年鸦片战争后,中国开始沦为半殖民地半封建社会。在经济上,这一特征尤其明显。1912年1月中华民国成立后,半殖民地半封建社会的性质仍然没有改变。帝国主义对中国的政治经济压迫日渐加剧。处于半殖民地半封建社会的中国不仅在政治上被推入帝国主义的霸权版图中,而且在经济上也被迫卷入他们的经济市场中。在世界格局和资本主义市场的影响下,中国不得不进行经济现代化的转型。不可否认,这种现代化转型是中国经济发展的内在需求和世界市场经济强势进入中国的双重影响下的一种回应。具体至江西,其产业经济同样面临着这一痛苦的转型,尤其是农村传统产业植根于传统,面临市场经济的挑战,它们的处境艰难,表现出了十分无奈的被动回应。因此,这一时期江西农村传统产业并没有在现代化转型中焕发出新的生机,而是逐渐衰退,丧失了传统优势,导致江西经济地位日渐式微。这与中国农村传统产业的命运并无二致。

一、茶业

茶业是中国极具特色的农产业,也是江西极为重要的农产业。中国茶业在不同的地域展现出不同的历史风貌和民俗沉淀,各具特色,江西茶(简称赣茶)是其中的优秀代表。江西自宋明清以来,一直是中国重要的茶叶产区。近代以来,以茶业为代表的传统产业面临着严峻的国内外形势,不得不经历产业的现代化转型。在这一过程中,茶叶的产量、销售等都发生了较大的变化。赣茶虽然努力融入市场经济中,试图进行产业的现代转型,但因为农民传统思想的桎梏和中国乃至江西政治地位的弱势等因素,它的转型非常艰难,并不成功。故而,近代江西农村的茶业逐渐丧失了引以为豪的优势地位，陷入没落的境地。赣茶在民国的衰败可谓影响极为深远。对江西而言，赣茶的发展严重受挫，至今赣茶仍然未恢复到之前的中国茶地位，赣茶的地理性标识不再显耀。从全国范围而言，江西的茶业发展亦是中国传统产业转型的缩影，极具代表性。

（一）近代江西茶叶的生产

中国是茶叶的原产地，是茶叶生产历史最悠久的国家。作为世界茶叶、茶文化的发源地，我国茶产业的发展在各个不同的历史时期，形成了不同的时代特色。

茶作为中国特产，"产地几遍全国，赣、湘、鄂、皖、闽、浙等省，产量尤多。农村经济以茶产收入为主要挹注，而对外贸易亦以茶叶为出口大宗"[①]。茶业作为中国农村的传统产业，由于受到西方世界的冲击，开始处于明显的弱势，反映了中国传统产业向现代化转型的艰难性。

1. 清末中国茶业和江西茶业的基本情况

中国茶叶自唐宋以来就受到世界各国的青睐，是茶叶市场上首屈一指的国家，并且在比较长的时间内都是世界上唯一的产茶大国。根据中国当时最有名的杂志之一——《东方杂志》记载，中国茶业的辉煌确实值得国人骄傲。该杂志指出："当纪元七八世纪时，中政府已有茶税之征收。至十三世纪时，中国独擅产茶之利益。世界产茶之国，惟一中国而已。"[②] 也就是说，中国茶业具有悠久的光辉历史，是世界上最为重要的产茶国，长久以来在世界贸易中占据霸主之位。这一地位的评价并不是中国内部的自说自话，而是得到他国的承认。[③]

然而，这一地位在清末时开始撼动。随着 1840 年鸦片战争敲开中国大门，中国被迫签订《南京条约》《望厦条约》《黄埔条约》等一系列不平

---

① 颖:《江西茶叶之展望》，江西省政府经济委员会编:《江西经济问题》，江西省政府经济委员会 1934 年初版，第 149 页。
② 罗罗:《中国茶业之改良》，《东方杂志》第 15 卷第 5 号，1918 年 5 月 15 日。
③ 郝祥满:《晚清时期日本对华茶国际市场的侵夺》，《安徽师范大学学报》（人文社会科学版）2019 年第 5 期。

等条约，中国一方面与外商的茶叶贸易有了大幅度增长，另一方面也面临前所未有的剥削和压迫，被迫卷入资本主义市场的竞争中。1894年甲午战争后，茶业的现代化进程带有更多的强迫性。

与此同时，在世界开放的格局中，茶叶受到了越来越多人的关注和喜爱。当时欧美各国对茶叶消费量的增长势头可证明这一点。仅从1903—1907年的统计数据来看，各国人民的年平均用茶量已然不少。（详见表2-1）

表2-1 1903—1907年各国人民喝茶的数量

地区	每人每年用茶量	地区	每人每年用茶量
澳洲	6.089磅	加拿大	4.034磅
纽斯纶岛	6.084磅	荷兰	1.058磅
英伦三岛	6.011磅	纳塔尔	1.044磅
美国	1.016磅	俄国	1.06磅
好望角	1.08磅	德国	0.012磅
法国	0.06磅		

资料来源：《东方杂志》第10卷第4号，1913年10月1日。

如表2-1所示，英伦三岛合计每人每年平均需茶6磅以上，每年消费的茶叶殆不下29500万磅。其属地如澳洲、纽斯纶岛等处，虽以民数之寡，其总销数不多，然以每人每年销用茶叶计之，则竟较其母国——英国为尤甚。[1]

世界各国人民对茶叶消费的增长，加快了各国对茶叶利润的争夺。中国也试图在这场茶叶贸易竞争中获得更多的利益。自鸦片战争后海禁打开，福州、上海、汉口三地逐渐成为主要的茶叶出口地。根据日本方面的调查，1860年中国出口的茶叶占国际市场份额的90%，到1867年中国茶叶贸易约占中国对外贸易的47%，是中国传统产业经济的重要支柱。[2] 但中国茶在世界贸易中所占比例确实在衰退。据中国方面的统计，受鸦片战争开放

---

[1] 曾耀垣：《说茶》，《东方杂志》第10卷第4号，1913年10月1日。
[2] 郝祥满：《晚清时期日本对华茶国际市场的侵夺》，《安徽师范大学学报》（人文社会科学版）2019年第5期。

口岸的影响，中国茶叶贸易有所提升，1868年中国输出茶叶总额1441千担，1886年增至2217千担。然而，甲午战争后日本强势加入竞争队伍，中国茶叶输出明显下降，1906年降低至1405千担。[①]之后，这一趋势不可遏制。以1913年精准的数字统计为依据，冯国福指出：汉口为中国极大之茶镇。一年之中输出共七千四百万两，而茶值约二千万两。居出口土货类第一位。汉口茶埠主要输出红茶，远销俄国为主。1907—1911年的红茶输出价值为1907年13100000两，1908年14900000两，1909年13300000两，1910年15000000两，1911年13400000两。[②]可见，汉口的茶埠地位是极为重要的。虽然红茶保持贸易值的平稳，但是已经失去了中国的独霸地位，日本等国同样参与到红茶的争夺。绿茶等茶类同样如此。

在中国茶中，江西茶的地位十分显耀。虞文霞的《宋代江西茶业经济研究》等论著也高度肯定江西茶在中国乃至世界占有极为重要的经济地位。[③]江西种植茶叶的历史悠久，"茶乃江西主要特产之一"。[④]

这一盛况与江西的自然条件有着重要关系。茶树是热带、亚热带多年生常绿木本植物，适应能力十分强。从品种而言，茶树可分乔木型、半乔木型和灌木型三种。江西栽培的茶树一般是灌木型的。这种灌木型茶树主干矮小，分枝稠密。茶树的栽培受雨量、温度、海拔和日照等自然条件影响较大。从气候条件等而言，江西是中亚热带气候区，属于江南茶区，温暖多雨，十分适合茶树的生长。从土壤条件而言，茶树最适宜砂质壤土和黏质壤土，含有适量腐质物的土壤更优良。江西省的土壤主要是红壤、黄壤。红壤分布面积很广，占全省总面积的一半左右。500米以下山区的红壤自然植被和人工林木较为繁茂，有机含量较高，适合种植茶树。[⑤]因为江西

[①] 许道夫：《中国近代农业生产及贸易统计资料》，上海人民出版社1983年版，第250—251页。

[②] 冯国福：《中国茶与英国贸易沿革》，《东方杂志》第10卷第3号，1913年9月1日。

[③] 虞文霞：《宋代江西茶业经济研究》，《农业考古》2017年第5期。

[④] 《修水红茶与茶业贸易之改进》，江西省政府经济委员会编：《江西经济问题》，第161页。

[⑤] 聂莹：《民国江西茶叶地理》，江西师范大学2010级硕士学位论文，第6、13页。

的土壤、气候等自然条件优厚，江西盛产绿茶、红茶，有享誉全国乃至世界的祁红茶、婺源绿茶、宁红茶、庐山云雾茶等。江西也成为"运销世界各国华茶之重要出产地"。①

据吴宗慈《庐山志》所记载，汉末庐山就有人种植烘焙茶叶。唐朝时期，陆羽《茶经》记载江西是全国八大茶叶产区之一，天下适宜泡茶的20个名泉，其中庐山占据5个，"庐山谷帘泉"有天下第一泉之美称。江西也是"禅茶一味"发源地，白居易更是将"浮梁买茶"记入千古名篇——《琵琶行》。唐德宗开始征收茶税的时候，江西浮梁县已经成为茶叶贸易的重要集散地。自宋以来江西茶占据中国茶市场的中心地位。《宋史·食货志》载，北宋每年茶课2306万斤中有1027万斤来自江南十五个军、州，这其中江西又占10个。南宋绍兴年间江西茶课约占全国的四分之一强。明代就藩江西的宁王朱权作《茶谱》开明代茶书撰著之先河。明末江西宋应星将我国包括江西的制茶技艺之总结记入"中国十七世纪工艺百科全书"——《天工开物》之中。这些都是江西茶的荣耀历史。

清朝时期，江西铅山县河口镇是我国与欧俄茶叶贸易之起点，被称为"万里茶道第一镇"。但是鸦片战争后，江西茶业遭受打击，不得不与其他省市、其他国家竞争市场份额。当时的残酷现实是，因政治腐败、思想顽固、外力冲击等各项复杂因素的影响，江西茶业等传统产业没有实现成功转型，逐渐丧失优势地位。但不可忽视的是，由于通商口岸的增多，江西茶在清末时期的对外输出额并不低。例如，1875年江西茶叶输出数量为249094担，1877年的茶叶输出为245143担，1904年为238649担，1906年为251374担，1907年为279786担，1908年为253079担，1910年为264882担。②江西茶对外输出数量虽然不少，但对越来越大的世界茶叶市场而言，其所占份额与之前相比是下降的。

---

① 《七十年来江西茶叶输出数量统计表》，《经济旬刊》第1卷第4期，1933年。
② 《七十年来江西茶叶输出数量统计表》，《经济旬刊》第1卷第4期，1933年。

2.1912—1927年江西茶业的发展

1912—1927年是北洋政府统治时期。在这一时期，江西省的茶叶生产在既定的轨道上前进。江西茶叶产区在全国的地位仍然较为重要。全省植茶面积百余万亩，广泛分布各县，著名的茶如德兴、玉山之绿茶，修水、河口、浮梁之红茶，其他如万年、安远、吉水、寻乌、铜鼓、武宁等县，产茶量也很大。① 即江西产茶区分布广，产量大，红茶、绿茶兼具。外界的评价极为客观：

江西为我国重要茶产区域。山原土壤，肥沃深厚。雨量湿度，亦较顺适，茶树之生育，茶叶之品质，往昔均极旺盛而优良，一天然宜茶之地理环境也。全省莫不产茶，输茶出境者，达五十余县。植茶面积百余万亩，茶产数量二十余万担，就中以修水，铜鼓，武宁，浮梁，德兴，玉山及铅山等县，较为著名，而旧义宁州辖境之修水，铜鼓以及武宁所产之红茶，具有悠久之历史，产量丰富而品质优美，宁红之名驰誉中外，海外市场上，曾与祁红并驾齐驱，占极优越之地位。②

也就是说，江西种茶环境优良，茶产区广，达到50多个县，种植面积100余万亩，产量较大。江西茶叶的品牌响亮，尤其是宁红茶与祁红茶并驾齐驱，享誉海内外。

具体而言，这一时期江西省茶叶种植大致可分宁州、浮梁、赣东、婺源和赣南等5个区。其中，宁州区域包括修水、武宁、铜鼓、宜丰等数县，这一区域位于赣西北边陲，山多田少，土壤肥沃，排水也较好，并且气候温暖，春夏之间云雾弥漫，加上适量的日照，成为江西最适宜种茶的区域，出产的茶叶统称为"宁红"。20世纪20年代宁州区域的茶产高达10万担以上。浮梁区是赣东北区域，与安徽祁门相邻，与产茶著名的初山南端接壤。浮梁以北的茶宝山地势险峻，土质优越，也很适宜茶的种植。浮梁区所产茶叶一般制作成红茶，统称"浮红"，在国际上享有盛誉。浮红鼎盛

---

① 《江西经济之回顾与展望》，《经济旬刊》第1卷第18期，1933年12月1日。
② 颖:《江西茶叶之展望》，江西省政府经济委员会编:《江西经济问题》，第149—150页。

时期的产量与祁红产量相当。赣东区主要包括上饶、广丰、玉山、铅山四县。此区域地势倾斜,是天然的优良产茶区域。因为上饶、广丰、铅山的茶叶主要集中在河口制作成红茶,所以称为"河红区"。而玉山茶叶则被制成绿茶,也称为"玉绿"。婺源区主要包括祁门、休宁、婺源,位于浙赣皖三大茶区的中心,黄山山脉以南,具有得天独厚的条件。境内怀玉山脉、大鄣山脉层峦叠嶂,且土质为沙质、黄色土壤,气候温和,雨量适中,十分适合种茶。祁门盛产红茶,称为"祁门红",是全国最负盛名的茶品牌;婺源所产茶叶主要制成绿茶,称为"婺源绿"。赣南区主要包括遂川、大余及其周边县,以遂川为中心。该区以遂川的玉山茶较为有名。除了这五大产茶区域外,其他县份也有不同的茶产。[①]

受第一次世界大战的影响,多国竞争的局面更为激烈。中国在世界市场的竞争中明显不力,茶业发展受到重挫。1913年10月1日,曾留学英国的曾耀垣精辟地总结了中国茶业由盛转衰的情况:"茶为中国土产,本商务之大宗。亦即由中国首先输入欧洲市场。然以其近年出口情形论之,则不但所供不足以应所求。且竟为后起各讲求种茶之邦所攘夺。虽气候之美,土地之宜,在华茶得天独厚,而商场角逐,我几无可以立足之区。而印度锡兰缅甸爪哇等处所产之茶,遂取而代之矣。"[②] 显然,中华民国成立后,新政府仍然没有挽回茶业发展的颓势,国外市场逐渐被新兴起的印度、锡兰、日本等国家强势争夺。"一国独大"的局面不复存在。

一战后,中国的弱国地位愈发明显,在政治上、经济上等都受到帝国主义严重的掣肘,处于被动受压的境地。这也导致中国茶业的衰落之势仍然持续:印度茶销路既日益增加,日本茶业亦日益发达。中国茶业一再被挤,遂有江河日下之势。1916—1918年中国茶每年输出,除砖茶为中国所特有未受影响外,其余红茶、绿茶两项输出各国者不过64372吨,尚未及1885年输入英国之数,其退步之速度极快。[③] 这一评论可谓一针见血,即印度、

---

① 聂莹:《民国江西茶叶地理》,第14—16页。
② 曾耀垣:《说茶》,《东方杂志》第10卷第4号,1913年10月1日。
③ 罗罗:《中国茶业之改良》,《东方杂志》第15卷第5号,1918年5月15日。

日本等国挤压了中国茶的市场。

各地的情况虽有差异，但基本反映了中国茶业衰微的总体趋势。江西作为我国产茶重要省份的发展情况，可以证明这一点。尤其以甲午战争为标志，中国茶包括江西茶在世界市场的竞争中日益处于下风，可谓是"茶产一落千丈，销路日见呆滞"。①

江西茶叶的产量基本是持续下降的趋势，期间偶有所浮动。1913—1914年，江西茶的产量约有50万担。②这一产量是非常高的。但是1917年之后茶叶产量减少，其输出数量下降日益明显。1914年江西茶输出数量为325356担；1915年达到高峰，茶叶输出为329798担；1916年为304119担，保持在30万担以上；1917年茶叶输出减少将近10万担，数额为213782担；1918年，输出数额为151501担；1919年为173953担；1920年下降明显，数额为123671担，1921年迅速降至84372担。③由此可见，除了1914—1916年连续三年江西茶叶输出保持在30万担以上之外，在1917—1921年间就迅速下降，1921年的茶叶输出数额与1915年的最高输出数额相比，相差几倍。这种情况的出现是多种因素共同作用的结果，尤其是与第一次世界大战对中国的市场冲击相关。

3.1927—1949年江西茶叶生产情况

南京国民政府统辖江西时期，传统产业的现代化转型已经迫在眉睫。传统产业要维持生存，与其他产业竞争，不得不改变原有的技术手段，提高产品的品质，获得更多的发展机会。茶业作为江西农村传统产业非常重要的一部分，对它进行改造和提升，是救济农村经济必不可少的一环，也是解除农民痛苦的必要路径。④

以著名的江西宁红茶为例，修水等地不仅办理了现代化的茶场，引进西方管理制度，实行现代化的管理，而且发明了较为先进的红茶萎凋机（即

---

① 颖：《江西茶叶之展望》，江西省政府经济委员会编：《江西经济问题》，第149页。
② 《由江西之产业谈到经济政策》，《经济旬刊》第1卷第2期，1933年。
③ 《七十年来江西茶叶输出数量统计表》，《经济旬刊》第1卷第4期，1933年。
④ 汪学富：《怎样救济农村》，《经济旬刊》第1卷第10—11期合刊，1933年。

帮助茶叶吸干水分），解决了"吾国多年以来，天雨不能制造红茶之困难"。实际上，因为原有茶叶"制造不得法，海外市场几全被他人所夺"，为此，1933年4月，实业部农业试验所、上海暨汉口商品检验局在修水合办了一个茶叶改良场。该场"革新茶树之培植，改良红茶之制造，俾以实验所得，开辟斯业之出路。占有茶园一千五百余亩，利用黄色砂壤之斜坡，垦植茶树，计其丛数，前年已达一百七十余万株"，[①] 自开办以来，管理得当，改良技术，"成绩甚佳，该场头茶运沪后，经各大茶号及购茶洋行品评茶之色香味均极佳良"。[②] 由此可见，在传统产业的现代转型中，江西茶业并不是一味固守落后理念，而是有意识地与现代化制度进行对接，在残酷的竞争环境下力求突破。但从全省的茶叶种植、烘焙等技术改良来看，兴办现代化茶场的努力并不显著，其覆盖面积、参与者数量与总量相比都是微乎其微的，并不能阻止茶叶生产的衰落之势。

从茶产量来看，江西产茶的数量自清末以来，一度呈现辉煌之象，但总体趋势是不断下降，到了20世纪30年代下滑的速度更为惊人。江西茶叶生产量的短暂复兴，并未维持很长时间。因销售量的减少，各县的产量也随之减少。到20世纪30年代这一情况尤甚。根据江西省政府的调查统计，20世纪30年代初期江西各县茶产量开始大幅度萎缩，全省茶产量仅25万余担。（详见表2-2）

表2-2　20世纪30年代初江西各县茶叶产量统计

单位：担

县份	茶产估计量	县份	茶产估计量	县份	茶产估计量
丰城	2100	吉水	600	浮梁	15000
永丰	1200	乐安	700	乐平	800
高安	280	宜丰	100	德兴	25500
清江	400	金溪	100	遂川	2000

---

① 《修水红茶与茶业贸易之改进》，江西省政府经济委员会编：《江西经济问题》，第162页。
② 《修水茶场发明制造红茶萎凋机》，《经济旬刊》第1卷第10—11期合刊，1933年。

续表

县份	茶产估计量	县份	茶产估计量	县份	茶产估计量
南城	200	余干	500	南康	3000
万年	200	余江	500	崇义	100
贵溪	300	弋阳	400	大余	4200
铅山	10000	上饶	61000	安远	1000
广丰	15000	玉山	5400	寻乌	500
永修	200	武宁	12000	鄱阳	1200
修水	80000	铜鼓	10200	瑞昌	2000
合计			256680		

资料来源：《江西茶叶之展望》，江西省政府经济委员会编《江西经济问题》，第150—152页。

如表所示，20世纪30年代初，全省茶产量共25万余担，只及茶业1914年鼎盛之时的一半。产量较多的县主要是铅山、广丰、修水、上饶、武宁、铜鼓、浮梁、德兴等，年产量过万。实际上，这一产量与之前相比已经有较大幅度的下降。

这种情况的出现并不是偶然的。它与中国传统产业的现代化转型的艰难形势基本一致。时人的观察可谓入木三分。他们痛惜地指出：

但近数年来，茶业状况，竟发生大变化。海外市场一落千丈，输出数量猛跌锐减，本省产茶区域更遭遇悲惨之恶运。修水武宁之红茶，初因俄销不劲，市价步低，茶业者迭遭亏折，逐年减少，植茶山户，亦因而淡心培植，甚有任其凋萎，或且斫去茶树，易植他物。产量既锐减，品质更见恶劣，于是外帮即或办茶，亦多舍宁红而改就祁红。河口红茶，质味尤逊于修宁，洋庄复提高抑低随意操纵，业务益呈不振，去年河口经营红茶者仅数家而已。经营玉山绿茶者，亦仅二三家。出产总额不过万箱左右。……总之，赣省茶业较他省茶叶，受销滞价跌之打击更为重大，茶商亏折固大，茶业更步狭途。[①]

---

① 颖：《江西茶叶之展望》，江西省政府经济委员会编：《江西经济问题》，第152—153页。

可见到了20世纪30年代，江西的红茶、绿茶的产量、质量、销售等出现了严重下滑的趋势。在残酷的市场竞争中，即便是曾闻名全国乃至世界的修水武宁红茶、玉山绿茶也难逃此境遇，逐渐落下风。

这与中国茶业在世界市场不断下降的经济地位是一致的，并不是江西茶业的个案，一些茶商、茶农颇受打击。1934年，《经济旬刊》称："本年我国茶叶生产，较去岁又有减落，计祁门红茶三万箱，宁州红茶四千箱，徽属各县如婺源屯溪所产绿茶，向称高庄，盛销欧美，亦不过去年之七八折，江西修水各属所产红茶，即昔日素负盛名之宁红，近亦奄奄一息，茶市极为萧条，修铜茶产，蚀收颇大，只及上年十之四五，总产额只及三四千箱。"①显然，不仅是江西茶叶（包括著名的宁红茶、绿茶）产量、销售下滑，而且安徽等其他省份的情况也差不多。在政治、经济等各方面遭受帝国主义压迫的情况下，中国茶业的整体情况不容乐观，在全世界的销售量都在走下坡路。

到了抗战时期直至20世纪40年代，江西茶的产量基本处于萎缩阶段。例如，宁州红茶在1936年生产15000箱，1937年20000箱，1939年降落至13382箱，1941年只有6400箱；浮梁红茶从1936年的年产32000箱下降至1941年的17000箱；河口红茶从1939年的年产13958箱下降至1941年的7500箱；玉山绿茶从1939年的年产11608箱，降至1941年的1000箱。到了解放战争时期，江西茶的产量继续减少。各地由于战争，种茶面积急剧减少。例如，在修水、武宁、铜鼓，因战争直接摧毁的茶园面积达到20%；因无利可图茶农自己砍伐的茶园面积达到30%；放任砍伐也达到20%；即总共缩小面积达到80%。②

从客观上来说，江西茶业一直是传统产业，是江西的特色产业优势。因江西有着天然的自然条件，茶业的产量大，产区广，质量优，品种全。然随着现代化转型升级，江西茶业也陷入其中，虽然有一定程度的自救，

---

① 《国茶前途益形暗淡》，《经济旬刊》第1卷第18期，1933年12月1日。
② 聂莹：《民国江西茶叶地理》，第20—21页（论著）。

但颓败之势明显。

（二）近代江西茶叶的对外贸易

茶叶是中国出口贸易的主要商品之一。江西的茶叶尤其是红茶在中国茶叶出口贸易中占据重要位置，也是本省的主要外销产品之一。虽然，近代江西茶叶产量不断下降，但茶叶的出口是大宗，是江西农村经济的重要部分。从总体情况来看，第一次世界大战后，英国禁止华茶（即中国茶）入口，俄国因国内发生革命使中俄贸易顿挫，江西茶业也遭受打击。之后，赣茶对外贸易基本维持在低迷状态中。

中国茶叶作为传统产业，在国际贸易竞争中逐渐失去优势地位。其出口贸易逐年萎缩。根据当时海关统计，"五十年前输出数量达三万万磅（二百二十余万担），值银约五千万元，居出口总值半数以上。世界市场且为其所独占，欧美诸邦，销路极畅。国际贸易，更著声誉。嗣以日本崛起，种植茶树，奖励输出，而印度，锡兰以及爪哇之红茶，亦先后发展，夺我市场，迫我茶商，茶产一落千丈，销路日见呆滞，美之茶市被夺于日本，英之茶市被夺于印锡，即俄销之红茶，亦见减少。民十八中东铁路事件发生后，苏俄之市场，更非茶叶所得参加。茶市之凋敝，今达极点"[①]。也就是说，中国茶叶出口在清朝达到高峰，在世界市场也是独占鳌头。但是随着日本、印度、锡兰等国家争夺市场，扩大出口，中国茶叶的出口量明显下降，尤其是1929年中东路事件后，苏俄市场也丧失。这就导致整个中国茶市出现了一蹶不振之态。

美国曾是中国茶包括江西茶的主要进口国家。从其走势而言，从通商口岸开放以来，美国对中国茶的进口明显出现不断下降的趋向，而从日本、印度、锡兰等国进口茶叶的数量和比例逐年提升。这与美国市场的对外开放性、扩张性密切相关。这从美国自1860至1931年输入中国茶叶的总体情况得以证明。（详见表2—3）

---

① 颖：《江西茶叶之展望》，江西省政府经济委员会编：《江西经济问题》，第150页。

表2—3　美国输入茶叶数额国别比较

年度	茶叶输入总额(担)	中国茶 数量(担)	中国茶 百分比(%)	日本茶 数量(担)	日本茶 百分比(%)	印度、锡兰等茶 数量(担)	印度、锡兰等茶 百分比(%)
1860年	316960	315580	96.41	250	0.11	11020	3.48
1870年	474080	352020	74.25	88250	18.62	33790	7.13
1880年	721620	361870	50.25	336880	46.68	22870	3.17
1890年	838860	425860	50.77	363630	43.35	49350	5.88
1900年	848450	422830	49.84	339490	40.01	86120	10.15
1910年	856260	280430	32.75	381870	44.60	193950	22.65
1920年	710010	80550	11.35	247490	34.86	381960	53.80
1930年	849260	64670	7.62	209480	24.67	575100	67.72
1931年	867330	82040	9.46	214160	24.69	571120	65.85

资料来源：《如何偿还美国棉麦借款？》，《经济旬刊》第1卷第4期，1933年。

从我国茶叶的对美贸易言之，在数量上，由1890年的42.5万担，降至1930年的6.4万担，减退了85%。我国茶叶份额在美市场之所以衰退，是因为红茶被印度锡兰茶所压倒，绿茶、乌龙茶被日本茶所压倒。中国茶因销售量缩小，生产量也随之减少。生产虽减少，每年所出之茶，仍多剩余，无法销售，致演成价格大跌之惨剧。[①] 显然，海外市场的缩小，导致中国茶销售量下降，茶的价格也遂贬值。基于此，恶性循环开始出现，无奈陷入无法自拔之境地。

与全国茶市的情况类似，江西茶叶的出口同样如此。赣茶曾远销日本、朝鲜、苏俄、欧美等多个国家，是中国茶市对外贸易的主要品种之一。

通商口岸开放之前，江西修水、铜鼓、浮梁等区域所产的茶叶在国际贸易上广受欢迎。这些茶叶溯赣江而上，翻越梅岭，抵达广州市场。1842年，中国被迫开放五口通商，江西所产的祁门红茶一般是取道玉山、常山，经杭州到上海。1862年九江通商口岸被迫开放后，部分赣茶转到九江口岸，但是大部分茶叶仍然是运输到上海。1870年之后，九江的商埠地位增强，

---

① 《如何偿还美国棉麦借款？》，《经济旬刊》第1卷第4期，1933年。

情势发生变动，成为江西绿茶最便捷输入上海的中心，并且宁州红茶也开始运输到九江进行对外贸易。①诚如评论者所言："茶之出产，江西亦占全国最重要之区域。自国际贸易言之，殆有二百余年之历史，当东印度公司，与中国通商之时，义宁州，浮梁，武宁，铅山之茶，恒溯赣河而上，喻梅岭以入广州。自五口通商而后，始改其输出之方向。"②这一时期，因交通等便利条件，江西茶的对外贸易有了一定的发展。

1863 年九江开埠设关后，江西茶叶出口达 19 万担；贸易频繁，数字增长，1883 年增至 27 万担；1886 年一跃而为 307096 担，超过全国茶叶出口的 10%。九江开埠的短暂繁荣刺激了江西制茶生产。江西在保持原有的河红、浮红等出口茶品种之外，还新增了宁红畅销名茶。修水县漫江乡是宁红茶的发祥地，品质优良，1891 年曾在汉口以每箱茶 100 两银子卖给苏俄茶商，被誉为"茶盖中华，价高天下"。

此后江西茶叶出口贸易起落不定，数量稍有增减。但当中国茶叶渐失国际市场的独有地位时，赣茶趋势犹属平稳。在 1914 至 1915 年第一次世界大战期，江西省又突破以往输出纪录，达 32.9 万余担。而一战后茶叶输出数量大为减少，1918 年茶跌势尤甚。赣茶此时确实滞销，降落半数以下，仅 12 万余担。1922 年后，虽略有升起，以江西主要输出之红茶为甚，但颓势已成。1929 年又见锐减，对苏俄出口基本关闭。③

赣茶的海外市场日益萎缩，输出额不断下滑。这与中国茶叶在世界市场的贸易额缩减的情况一致。民国以来赣茶的输出数据统计也表明，赣茶对外贸易曾有的辉煌已不再，出现难以掩盖的颓势。1922 年至 1931 年，江西茶叶输出数量：1922 年为 112059 担，1923 年为 176740 担，1924 年为 147896 担，1925 年为 175242 担，1926 年为 161092 担，1927 年为 146196 担，1928 年为 167677 担，1929 年为 160144 担，1930 年为 109818 担，

---

① 聂莹：《民国江西茶叶地理》，第 4 页。
② 《由江西之产业谈到经济政策》，《经济旬刊》第 1 卷第 2 期，1933 年。
③ 颖：《江西茶叶之展望》，江西省政府经济委员会编：《江西经济问题》，第 153—154 页。

1931年为100820担。① 如上所言，1914年至1916年为赣茶外销极盛时期，其输出额高达32万余担。之后基本是不断下滑，1922—1929年在11万—17万担徘徊，1930年、1931年之输出额，尚不及最盛时期三分之一。

与输出数量下降成正比的是，江西茶的价格也持续走低。1929年汉口茶叶公司称：宁红、祁红，价格惨跌，每担七八十两的优等茶叶，竟然被西方帝国主义压价至三四十两及十六七两。婺源上等绿茶，每百斤由80余两减为40余两。② 九江海关详细统计了1928—1932年江西茶输出的种类，和贸易值的情况。（详见表2-4）

表2-4 五年来江西茶叶输出统计（1928—1932年）

茶类		1928年	1929年	1930年	1931年	1932年
雨前绿茶	担数	22485	26895	17709	14622	2001
	值关平两	1781936	1748175	1204212	584880	493304
熙春绿茶	担数	12387	7664	5993	5318	2328
	值关平两	725225	438020	320626	127632	70142
小珠绿茶	担数	676	1451	977	903	748
	值关平两	35592	27531	72103	19866	19795
其他绿茶	担数	3003	4163	2714	5646	2325
	值关平两	101352	176928	208560	225840	89310
红茶	担数	76189	72701	44584	41323	43257
	值关平两	3523741	3998555	2340661	1652920	3742287
红砖茶	担数	57	—	—	—	—
	值关平两	1625	—	—	—	—
毛茶	担数	14921	13041	17620	14366	7621
	值关平两	261118	208673	202745	172392	107319
茶末	担数	33462	29929	16558	14340	13141
	值关平两	292793	299290	92725	93211	155524

---

① 《七十年来江西茶叶输出数量统计表》，《经济旬刊》第1卷第4期，1933年。
② 许怀林：《江西史稿》，第641—643页。

续表

茶类		1928年	1929年	1930年	1931年	1932年
茶梗	担数	4487	3999	3653	4302	—
	值关平两	29164	27033	26905	36672	—
共计	担数	167677	160144	109818	100820	80421
	值关平两	6752546	7014204	4368537	2913413	4677681

资料来源：《江西茶叶之展望》，江西省政府经济委员会编《江西经济问题》，第154—155页。

从1928—1932年江西茶叶输出统计情况看，"赣茶之出口数量锐减猛跌中，固已明示茶叶之危机；而从其茶之种别比较之，更可知缺乏自卫权之国家，虽有丰富特产，在国际市场上毫无保障"。[①] 就红茶、绿茶两大类观之，红茶之销路，因依赖海外市场，其衰退趋势则较绿茶为甚。1928年，红茶有7万余担输出额，1930年后即减退至近半数；红砖茶之出口，曾一度专门销往苏俄。1929年中东路事件后，因受中苏关系恶化的影响，苏俄对红茶的进口几乎"绝迹"。至于绿茶方面，则熙春绿茶、雨前绿茶，尤见衰退，茶价惨落，产量锐减。他如毛茶，茶末以及各种绿茶，亦同陷于衰落之境。这也说明江西茶叶的出口一方面受经济形势和其他资本主义市场的影响；另一方面也受到战局尤其是世界战争、中外关系的直接影响。

这一情况到了20世纪40年代，江西茶的出口贸易更是衰微，已经不复之前的兴旺景象。受战争影响，江西各地许多著名的茶园摧毁，外销茶的数量不过数千箱。[②]

从赣茶的出口贸易情况看出，赣茶在清末开埠设关以来，曾有比较发达的海外贸易，远销欧美、日本、印度等多个国家，是中国茶叶输出的重要来源。然而，随着中国茶叶在世界市场的萎缩，赣茶的出口也陷入困境。赣茶的出口贸易总体上呈现不断下滑的趋势，海外市场逐步被日本、印度等新兴产茶国家争夺过去，在产量、销量、价格等各方面都有明显下降。

---

① 颖：《江西茶叶之展望》，江西省政府经济委员会编：《江西经济问题》，第155页。
② 聂莹：《民国江西茶叶地理》，第21页。

(三)近代江西茶业的主要困境

近代江西茶叶虽然在中国茶叶市场保持较高的份额,维持了江西传统产业的优势地位,但是从现代化转型和经济发展的角度而言,江西茶业的发展明显遇到了瓶颈,日渐滑入衰落之境地。找出问题,解决问题,是这一时期赣茶发展不得不面对的课题。

江西茶业发展的主要困境主要表现在以下几个方面:

1. 就茶叶生产本身而言,茶叶产量、销量不断减少,工艺技术落后,质量下滑

赣茶产量、销量不断下滑的具体情况上文已有说明,在此不再赘述。与这一情况相一致,茶农因销路不畅,盈利少,无心管理茶场,也无心改良生产技术,造成茶叶品质退步。

传统茶叶生产技术方法的缺点,具体表现:(1)栽培方法过于粗放。植茶者视茶为副产,任其自然生长,多不注意于整理,导致地老山荒,茶质退化。而株丛之整理,亦极罕见,茶树衰老不加更新。株势偏蔽不使均衡,因而地积不经济,产量亦见减少。(2)采摘手艺拙劣。采得之茶,老嫩不齐,且掺和杂物,制造时有就彼失此之困难,成品亦遂优劣错杂,大损信誉。(3)制造方法不科学不经济。红绿茶均为同种之嫩茶所制造,而红茶则须经过发酵手续,绿茶反之,应于短时期内利用高温阻止其发酵。我国制造方法,一贯陈旧,以人手操作,不用科学机器,初制时简陋无比,听凭天气气候的支配,复制手续,又极繁复,费时费工。[①] 从内部审视赣茶的衰落,生产技术落后、陈旧是主要原因之一。

2. 就茶叶贸易而言,出口成本上升,运销方法不良,盈利空间小,导致出口贸易优势地位丧失

赣茶除了内部消费外,主要销往国外市场。为此,海外贸易的萎缩影响赣茶的发展甚大。民国时期,海外贸易颓败的主要原因之一便是出口成本大幅度上升,运销制度滞后,盈利少,在竞争中处于劣势。日本、印度

---

① 颖:《江西茶叶之展望》,江西省政府经济委员会编:《江西经济问题》,第157—158页。

等新兴市场在国际茶业贸易中日益重要,份额越来越多。自 1887 年以后,国外新起之印度、锡兰、日本各产茶地,广植茶园,科学制造,加以政府之保护与奖助,竞争力极大,我国茶叶遂受压迫。到 1934 年,非洲等市场已被日本茶代替,中国茶失去原有地位,几乎绝迹①;甚至茶业的输出数量,"中国近且退列于后起瓜哇(指的是爪哇国——引者注)之下"。②

出口贸易成本上升、运销制度不良已成为赣茶外销发展的致命弱点。一些研究江西经济的人认为,外销减少的一大原因在于"缺乏协同组织,资本周转不灵,且运销方法亦不善,致倍受抑勒操纵之害"。③也就是说,资本周转不灵,运销方法不当,勒索不断,造成外销的不畅通。

这一情况在以外销为主的宁红茶方面表现尤其明显。以修水宁红茶的运销流程为例:

运销外国,其贩卖手续,极为繁重,极为复杂。起初,茶户制成毛茶,即向附近的茶庄出售,或经小贩登门收买,转售于茶庄。茶叶到茶庄时先由司买员于袋中抽取样品,置竹盘内详看其条索之粗细,色泽之鲜暗,嗅其气味之香否(察其形状之整否)然后高谈讲价。成交后,过秤落簿,凭簿付款。茶庄收买毛茶,加工焙制,筛其杂梗,去其湿度,即行装箱。本可任意运销,奈何因贷款关系,受茶栈的束缚,凡有债务的茶庄,所有出品,均须由其债权者之茶栈代理销售。茶栈挟其优势,剥取种种经手费用。但是,茶栈尚非最后历程,它不能直接运销国外。洋商的操纵因之发生。茶栈与洋商之交易,茶栈又处于弱者地位。承转间所耗费用,比如贴磅、补箱、贴现、栈租、回扣、茶样、打包、保险等项目约计二十余项,耗费常占成本 20% 左右。此外,中间商人以不正当手续,任意剥取,以及洋商之利用弱点故意抑价,则无法估量。④

---

① 《国茶前途益形暗淡》,《经济旬刊》第 1 卷第 18 期(论著),1933 年 12 月 1 日。
② 《江西经济之回顾与展望》,《经济旬刊》第 1 卷第 18 期(论著),1933 年 12 月 1 日。
③ 《江西经济之回顾与展望》,《经济旬刊》第 1 卷第 18 期(论著),1933 年 12 月 1 日。
④ 《修水红茶与茶业贸易之改进》,江西省政府经济委员会编:《江西经济问题》,第 165—166 页。

从中可看出，运输困难，贸易损折，税费繁重及洋商、中间商操纵，实为外销的主要弱点。运输上，产于峻岭中之茶，贩运以达于市场，肩挑背扛，已觉费力，再由市场转运他处，沿途又多勒索。各种盘剥，导致茶叶市场售价虽高，而茶号反不能获利①。这就必然使赣茶从业者丧失生产的积极性。

根据20世纪30年代江西省政府有关部门的调查，著名的修水红茶运至上海，运费捐税杂极其繁多，包括本地捐费、九江捐费、民船运费、铁路运费、水脚费、检验费、印花费、保险费、出店费、商律费、公磅费等。（详见表2-5）

表2-5 每百斤（二箱）红茶运沪之运费、捐税及什费

费用种类	具体费用
捐税	（一）本地捐费：1.清匪善后捐1元；2.筑路捐8角；3.公会费2角 （二）九江捐费：1.公所费1分4厘；2.商警十字捐1分
运费及杂用	（一）自修水至涂家埠：1.民船运费1元；2.驳力1角；3.印花2分 （二）自涂家埠至浔：1.铁路运费1元2角6分；2.过力1角；3.箱钉4分；4.燕梳4角；5.水力2角 （三）自浔至沪：1.水脚2元7角6分；2.九九五扣（百斤估洋一百一十元）5角5分；3.打包2角3分；4.修下4角2分；5.力驳3角3分；6.栈租洋9分；7.保险费洋2角；8.检验费1角1分；9.押保6分 10.出店费5分；11.商律费2分；12.补办费3角5分；13.公磅费3分5厘；14.叨用2角1分；15.钉裱9分
合计	每百斤红茶运输上费用合计达12元5角3分5厘 以之与该茶成本（60余元）相比较，则实占有1/5

资料来源：《修水红茶与茶业贸易之改进》，江西省政府经济委员会编《江西经济问题》，第165—167页。

从表2-5中可看出，修水红茶运至上海，就已被征收了20多项税费，势必造成运输成本增高。这一情况必然阻碍销售，降低茶的利润，严重挫伤从业者的积极性。

这一时期，茶叶各种捐税的增多与江西国共两党的战争有着密切关系。在国民党的严密经济封锁之下，江西除了南昌和新建，其余绝大部分县都

---

① 颖：《江西茶叶之展望》，江西省政府经济委员会编：《江西经济问题》，第158页。

设立了封锁关卡。例如，鄱阳湖等重要水域更是国民党军严厉封锁的重点区域，组建水上巡查队，以免茶叶等货物运送出去。① 经济封锁政策严重阻碍了茶叶贸易的流通，且以战争费用增加为借口，各种以茶叶为基础的征税也多起来。② 直至1934年底，国民党才放松对江西的经济封锁，全省茶叶贸易才逐渐恢复到正常态势。③ 但进入全民族抗日战争阶段后，战费的需求又催生了各种捐税增加的问题。茶叶贸易同样如此。

3.就经营思想而言，赣茶从业者思想观念落后，与时代脱轨，难以实现现代化转型

以茶业为代表的传统产业，之所以在产业的现代化转型中如此艰难，出现颓势，重要原因在于赣茶从业者的思想观念比较落后，与不断发展的时代脱节。他们在种茶、采茶、运茶、制茶技术，销售方法等方面没有与时俱进，仍然坚持老办法。

通过对江西茶商的调查研究发现，"茶商知识之幼稚，经商组织既不健全，国际贸易之知识，更茫然所知"。同时，一些茶商由于缺乏国际贸易知识，所以对于海外销售市场，不知道争取，对海外市场的推广也无从着手。这种情况导致外商操纵愈加厉害。④ 贸易知识的严重短缺，必然容易在对外贸易中丧失主动性，也容易流失很多的发展机会。这是赣茶的对外贸易始终走下坡路的重要因素。

当然，赣茶商思想落后的情况是全国茶商的缩影。实际上，在现代化转型中，很多传统茶商都未能华丽转身，实现思想的飞跃。大部分赣商墨守成规，不思改良，对海外市场的动态茫然不知。对海外市场消费者的具

---

① 《据监察员石先莹呈拟定将鄱阳划为封锁区并请组织健全水上巡查队以免偷运等情转令遵照办理由》（1933年7月），江西省档案馆藏，档案号J032-1-00671-0071。
② 《为查政字第七八三号分饬查禁藉名抽往来船费一案迄今事将逾月未据呈复殊属玩延迨行令催仰于文到五日内遵照前今各令迅速查报毋再遭延干咎由》（1933年9月），江西省档案馆藏，档案号J032-1-00671-0393。
③ 《国民政府军事委员会委员长南昌行营赣江封锁督察处关于撤销丰城至三曲滩之间各检查卡的公函》（1934年11月29日），江西省档案馆藏，档案号J032-1-01020-0246。
④ 颖：《江西茶叶之展望》，江西省政府经济委员会编：《江西经济问题》，第158页。

体需求更是不了解，一定程度上造成海外市场被他国占领。

（四）近代江西茶业的救济方略

赣茶的重要地位和传统优势毋庸讳言，但赣茶的困境也成为大家的共识。如何救济赣茶，在艰难中求得先机，获得发展，是各界关心的重要问题。因此，地方政府、经济界人士等立足赣茶的主要困境，提出了自己的主张，并努力落实。这是近代江西茶业在现代化转型中的主动作为。归纳起来，主要为以下几点：

1. 保持赣茶的原有品质，在此基础上进行技术上的改良

赣人对赣茶的品质是相当自信的。为此，一些人非常坚定地认为，赣茶要获得发展，必须在原有良好品质的基础上进行改良。诸如，笔名为"颖"的作者在其《江西茶叶之展望》一文中指出：

> 江西为天然宜茶区域，茶叶之历史光荣而悠久。今日之衰落，特国际经济竞争下，愚昧之商人与纷乱之环境，相互相成之人事的错误也。潜存之希望，并未消失，国外市场与广大销路，亦非无挽回之可能。况且，赣茶品质，特殊优越，所含单宁酸之成分较少，适于卫生，不伤胃肾，非他国出产者所能及。此种天赋之特点，竟以人谋不藏，经营不善，衰落惨败至无以复加，能无痛心。①

可见，赣茶因独特的天然条件，有着享誉国内外的品质保证。这是赣茶复兴的基础性条件，应该很好的把握。在此基础上，作者提出："对内积极研究栽培制造之生产技术，以改善品质且增进产量。"主要办法为，设立制茶工厂，以树立机械制茶的模范及栽培采摘的新法；集中茶园，整理株丛，精严管理，肥料自给；提倡早采，改善采法；改进制茶技术；以及设立茶业改良场，研究栽培制造之技术，培植茶业之专门人才，办理稍有成绩后，再于各生产区设立示范茶园，从而促进茶业的科学化与现代化。②简言之，在保持赣茶原有优良品质的基础上，提高茶的栽种、采茶、制茶、

---

① 颖：《江西茶叶之展望》，江西省政府经济委员会编：《江西经济问题》，第156页。
② 颖：《江西茶叶之展望》，江西省政府经济委员会编：《江西经济问题》，第158—159页。

运茶等生产技术，以实现内部的改良和自我提升；设立现代化茶场，作为茶叶改良的示范区；培养茶业专业人才，为茶业复兴提供人才基础。

2. 降低成本尤其是运输成本，扩大对外贸易

要提高茶业利润，激发茶农、茶商的积极性，必须尽力降低成本，尤其是运输成本。这也是解决赣茶外销困境的应对之策。

关于运销方面，时人提出：(1) 改善运输，务期免除一切陋规及需索；(2) 设置堆栈，以免虚耗栈租及偷漏；(3) 独立贸易，直接输送外国并招徕国外茶商进行采购；(4) 规定品级，以稳定信誉而便利推销。关于金融调节方面，茶商、茶农所苦者，乃资金缺乏，并因贷款关系，备受茶栈之束缚，间接被洋商操纵盘剥。政府如筹措款项，低利放贷，茶商营业将得以周转，茶农经济力量将得以充实。[①] 可见，其对策主要针对运输、金融等容易导致茶农、茶商成本增高的方面，设法进行改进。其核心要点，加强合作，降低税费，提高效能，在融资渠道上政府积极参与。这些观点无疑反映了时人较为活跃的思维，和急于改善赣茶贸易的良好愿望。

3. 实行茶业统制，加强政府管理

由于赣茶的经营多是分散经营，没有形成合力，导致在对外贸易中缺乏竞争力。为此，很多人提出江西茶业要实现大发展，必须加强茶业的统制，由政府统筹管理，使茶业的经营走向规范化、合作化的轨道。

以修水红茶为例，运销过程繁复，盘剥甚多，借贷费高。要减少这一现象，必须推行公营运销。运销公营，则承转手续即见减少，竞争力更可增加。至于公营运销办法，现阶段上应提倡茶商合作，加以政府进行奖励监督。政府提拨巨款，作为基本经费，进而召集商股。在产茶较多之区域，设立运销机关。更在上海设专运所，司理公营贩卖运销等事。政府除保护与提倡外，另加辅助该项机关，从事检查，取缔掺饰作伪等弊。[②] 即政府参与管理、监督，茶商互相合作，尽力减少运销过程的盘剥，降低成本，

[①] 颖：《江西茶叶之展望》，江西省政府经济委员会编：《江西经济问题》，第 158—159 页。
[②] 《修水红茶与茶业贸易之改进》，江西省政府经济委员会编：《江西经济问题》，第 169—170 页。

提高效率等。

茶业统制更是必不可少。赣茶制造无改良进步，一个重要原因在于缺乏统制性之组织。他们认为，欲图茶业贸易之复兴与繁荣，必须实行统制政策，以统制茶叶的产销。"统制之义即政府以政治力量，作有步骤之指导，有计划之辅助，谋整个茶业之改善"。具体为，首先从革除积弊下手，例如打破操纵，剔除剥削，改革买卖习惯，取消一切陋规陋索，以及取缔粗制滥造，着色掺伪等等。其次，即向积极方面进行，逐渐统制贸易，先增进生产，提高品质以恢复已失之市场，再提倡科学栽培，合作经营，集中运销，以减低成本，增厚实力，而扩充国际贸易。最后，加强金融调节与技术研究等工作。[①] 诚然，茶业统制的目的在于，以政府的力量，有步骤、有计划地引导茶业的发展、合作，实现茶业的改善，提高茶业的竞争力尤其在海外市场上可以增加中国茶的竞争力，争取更多的利益。从其统制内容来看，主要是通过政府的力量，尽力减少中间环节的勒索，减少金融借贷之苦，合力改善生产技术等。

4. 迎合消费者需求，扩大广告宣传，促进茶业贸易新发展

以消费者需求为向导，注重广告宣传的效应，多渠道扩大销路，是发展茶业经济的重要手段之一。

产品宣传至关重要。经济界人士提出，政府应速派遣专员作国外需茶各国的宣传，或指定巨款，在欧美各国重要都市之杂志报章中刊登有力广告，或与国际影片公司接洽，请其在各国放映中国茶之实际情形。或于伦敦、纽约等处，约聘专员报告茶市情况；或利用各国举行博览会时，作盛大宣传；或在各地重要都市，开设吃茶店以廉价供其试饮；并编印有价值刊物，分送欧美各国之学术机关，互相探讨，以期代为宣扬。[②]

很多人直言不讳地指出，要拓展海外市场的销路，应该学习印度、锡兰、爪哇、日本等国的做法，不惜巨资于各消费国报章杂志刊登广告力事

---

① 颖：《江西茶叶之展望》，江西省政府经济委员会编：《江西经济问题》，第158—159页。
② 《修水红茶与茶业贸易之改进》，江西省政府经济委员会编：《江西经济问题》，第170页。

宣传，提高顾客的饮茶趣味。同时，应该讲究包装，以精美的样式吸引人，并且加强调查，探求消费国的各项要求。①显然，对广告宣传的重视一定程度上抓住了销售的核心。由此也说明当时不少有识之士的眼光比较锐利，视野较为开阔，能够认识到当时还处于新兴事物的广告宣传对赣茶推广的重要作用。

此外，不同国家的饮食习惯，制茶技术也要相应地改进。诸如，澳洲国人不喜欢绿茶，只喜欢红茶，取其色金黄而香气浓者为上品。为此，须改换方法焙茶，"以投澳人之好者"。②

应该看到，这些对策有一定针对性，但是从实施效果来看，收效不大。从当时的实际举措而言，当局或从事茶业者做了如下努力：一是依托江西省农业院的技术力量，设立茶叶改良场，做改革茶叶技术的示范基地。二是与安徽省合作共同组建皖赣红茶运销委员会，负责茶贷事宜，提升运销能力。自1936年皖赣红茶运销委员会成立伊始，到1939年该委员会结束，将近4年的时间，江西外销茶由2万余箱增长到18万余箱，发挥了一定的作用。皖赣红茶运销委员会结束后，江西省设立茶叶运销委员会与中茶公司订立贷款协约，继续负责办理外销。在其推动下，江西外销茶保持12万箱的数量。三是1940年江西成立了省茶叶管理处，将全省茶叶交由中茶公司统购统销。但是因战事紧张，诸多口岸被封锁，茶叶外销锐减。抗战胜利后，由于茶园大量被摧毁，茶的对外贸易在无形中消失。③造成这一现象并不是偶然的，与当时复杂的社会环境、政府的软弱、从业者思想转变的困难、转型的阵痛等各项因素密切相关。从中也可以看出，以赣茶为代表的传统产业要复兴，实现现代化转型并不那么容易，必须不断摸索出新的方法，方能有所突破。

从近代江西的茶业发展全貌而言，江西茶保持了以往的特色优势，在

---

① 《修水红茶与茶业贸易之改进》，江西省政府经济委员会编：《江西经济问题》，第167—168页。
② 《华茶在澳洲市场之情形》，《经济旬刊》第1卷第2期，1933年。
③ 聂莹：《民国江西茶叶地理》，第20—21页。

中国茶业的贸易中占据重要地位,在江西农村经济中更是独占鳌头。近代是传统产业的现代化转型期,江西以茶业为代表的传统产业同样面临着转型。然而,中国茶业的现代化转型比较艰难,赣茶的情况同样如此。从总的趋势看,赣茶的产量、销量在清末民初曾有短暂的复兴,此后因战争的影响、茶品质下降、运输成本增高等多因素的影响,呈现出不断下滑的趋势。赣茶的对外贸易与之相呼应。这都集中说明了近代江西茶业的总体衰落之状。

二、烟草业

烟草作为外来物种,自明末清初传入中国之后,逐渐成为大众认可的经济作物,在各省得以普遍种植。烟草业由此成为中国农业经济的重要部分,也是农民增加收入的主要来源之一。江西省是中国烟草种植大省之一,烟草业也是江西省农村经济的重要组成之一。在帝国主义的侵略之下,烟草业的发展日益被动。作为传统产业,烟草业在内在需求和外在压迫之下不得不进行现代化转型。从效果来看,近代江西烟草业虽然保持了农村产业的重要地位,但它没有突破旧传统,走向新生,而是呈现萎靡不振之态。

(一)江西烟草的种植与产量

目前学界基本认可,烟草大致于明末由日本传播至中国福建,然后散播至全国。烟草的消费人群广泛,遍布各阶层,各群体。烟草的种植在民国初期达到高峰。中国烟草在世界的地位也较高。中国与美国、印度并称为世界三大烤烟生产国,并且中国烟草的种植面积和产量仅次于美国,位居世界第二。江西作为中国农业大省,种植烟草较早,并在全国烟草业中占据重要地位。

烟草是一种喜温、向阳性的农作物。它对温度、光照、水分、土壤等自然条件有较高的要求。往往因土壤、气候等不同,烟草的品质就有较大的差异。江西的自然条件有着天然的优势,不仅天气温暖、光照足,而且有着南方气候的湿润,土壤肥沃,烟草种植的品质较好。正因为如此,江西烟草早在清朝时期就获得广泛种植,并在全国具有举足轻重的地位。许怀林的《江西史稿》明确指出,烟草到了清中期,已经遍及江西境内三四十个县，以赣南最多，以瑞金、新城（今黎川）最突出。以清末黎川烟草种植为例，可以看出烟草经营的一度兴盛："新城僻处万山中，户口日增，田亩无几。彼栽烟必择腴田。而风俗又惯效尤。一人栽烟则人人栽烟，合千百人栽烟若干亩，便占腴田若干亩。""今皆惟烟是务，妇不知织……"嘉庆十年（1805），针对大量黎川人民放弃种水稻改种烟草的情况，专门向社会颁布了《大荒公禁栽烟约》。[①]这也反映了黎川种植烟草的普遍性。

江西烟草出产量较大。据北洋政府农商部1917年统计，江西每年有198.9825万担，实为中国最大的烟草出产地。[②]20世纪20—40年代，江西烟草的种植仍较为广泛。《经济旬刊》如此评论：江西土地广阔且肥沃，农业生产极为丰富，在长江各省中独占鳌头。除了瓷器、茶叶、木材、纸张、夏布等五大特产之外，烟草亦是农产大宗。[③]可见，烟草在近代江西农业经济中占据重要地位。

江西烟叶不仅种植面积广，而且烟叶的加工业也较为发达。诸如早在清朝时期，江西瑞金具有发达的烟草加工业，不仅锉烟厂规模较大，而且雇佣工人较多，长期以来被史学界作为中国资本主义萌芽的力证。[④]江西烟草始终是江西农村经济的重点，是受农民欢迎的经济作物。尤其与一般农作物相比，烟草种植的利润明显更高。最主要的粮食作物每667平方米的产量价值是，籼粳米36.84斗，9.16元；小麦9.33斗，4.31元；烟草为172.74斗，24.42元。[⑤]在经济利润、大众需求等综合因素下，自清末以来江西烟草的种植非常广泛，抗战后受时局等影响，种植的范围逐渐萎缩。

我国烟草制作的种类主要分为晒烟和烤烟。晒烟用来制作水烟和旱烟，

---

① 许怀林：《江西史稿》，第575—576页。
② 杨新刚、杨光华的《清末民国时期四川烟草业与地域社会经济初论》，《三峡论坛》2016年第1期。
③ 《本年江西烟棉稻之生产概况》，《经济旬刊》第9期，1933年。
④ 许涤新、吴承明主编：《中国资本主义发展史》第1卷，人民出版社2003年版，第347—348页。
⑤ 中国历史第二档案馆编：《中华民国史档案资料汇编 第5辑》（财政经济），江苏古籍出版社1999年版，第527页。

烤烟主要用于做卷烟、纸烟。美中不足的是，江西所产大量烟叶，能用于制造卷烟者，仅广昌、广丰两县少数产品，经济利润相对高。大部分县市所产烟叶，都是属于晒烟，经济利润相对较低。据1930年江西省建设厅调查统计，江西省81县中出产烟草者有22县，占总数的27%。这22县的烟叶产量、用途有所差异，但主要是制造晒烟。（详见表2-6）

表2-6　1930年江西22县产烟草产量、用途等情况

县名	类别	每年产额	用途	单位价格	销路
信丰		5万担	制造条丝烟	每担20元	广东　赣州
广丰		6万余担	卷烟，切烟，雪茄烟	每担约20元	本邑
宜丰		0.5万担	消耗品	每担20元	湖南　湖北
广昌		1.4万担	卷烟及烟丝	每斤1元	上海　广东　上海
宜黄		1万余斤	制烟	每担20元	崇义　丰城
龙南		0.1万担	制烟丝	每担10元	广东　赣县
进贤		0.2万担	不详	每担20元	南昌　上海
安远		2万担	—	每担20元	广东
都昌	黄烟叶	0.1万担	—	每担20元	南昌
高安		0.04万担	不详	每担80元	本邑
瑞金		1万担	不详	每担20元	本邑
黎川		0.7万担	不详	每担20元	—
彭泽		2.5万担	不详	每担40元	—
吉水		0.1万担	不详	每担20元	—
安义		0.05万担	—	每担3元	—
玉山		0.7万担	烟丝	每箱20元	—
大余		1万担	—	每担20元	—
石城	墨烟叶	2万担	—	每担20元	—
鄱阳		4万担	—	每担1.25元	—
赣县		0.1万担	—	每担20元	—
南康		—	—	—	—
奉新		—	—	—	—

资料来源：《江西之烟产与卷烟消耗》，江西省政府经济委员会编《江西经济问题》，第315—316页。

从表 2-6 中看出，江西烟叶的大量种植主要集中在信丰、广丰、广昌、石城、鄱阳、彭泽等县，以赣南、上饶、九江地区为主，与此同时，进贤、奉新、高安等地区也有少量分布。这反映了烟叶种植的地域特色。从烟叶的用途来看，主要是用于制烟丝，少数用于卷烟；从销售范围而言，则主要是省内消费为主，兼及其他邻省。

应该说，20 世纪 30 年代江西的烟叶产量已经大大不如 1917 年北洋政府农商部的统计，烟叶产量有下滑之势。此后，江西烟叶的产量不断下降。而从全国烟叶产量来说，南京国民政府时期的烟叶数据较为庞大。1936 年的数据表明，中国的烟草产量已经位居世界前列，与美国、印度两国位列世界前三，足占当时世界总产量的 10%。[1] 根据 1942 年的统计，中国每年自产烟约 1000 万担。[2] 1946 年，全国烟叶总产量再次提升，达到了 1300 万担。江西的烟叶产量在全国地位不断下降，究其原因，与民国的政治格局变化，尤其抗战后国民政府的农业经济重心向四川、贵州等地区偏移等各种因素有关。江西受经济、政治、战争因素等复杂因素的影响，烟叶的种植和加工逐渐萎缩，被四川、贵州等省超越。

烟叶的价格波动也较大。除了受烟叶品质的影响之外，也与气候变化、丰歉之年、交通条件等因素相关。一般而言，一担烟叶的价格约为 20 元，但是也有个别县的烟叶价格偏高或偏低。以 1932 年江西烟叶的价格为例，产烟要区之鄱阳、信丰、广丰、彭泽等各县烟叶，因湘、鄂、皖、苏以及本省各帮烟庄购买力不强，销路呆滞，鄱阳各行积次存级烟叶达万余担，市价百斤（1 担约 120 斤）跌落至 5 元，犹罕人问津。[3] 也就是说，一担烟叶的价格从 20 元跌至约 5 元，毫无利润可言。可见，烟叶价格缺乏政府的宏观调控，受各项因素的影响甚大。

（二）江西烟草的销售与消费

如上所言，江西烟草种植面积大，产量也大。烟草作为一种奢侈品，

---

[1] 郝钦铭：《作物育种学》下册，商务印书馆 1940 年版，第 890 页。
[2] 《烟草通讯》，1942 年第 1 卷第 2—4 期。
[3] 《本年江西烟棉稻之生产概况》，《经济旬刊》第 9 期，1933 年。

它的消费群体数量多，且受政府财政经济的影响，烟草业一直是农业经济的重点。从近代江西烟草的销售与消费情况看，除本邑自产自销外，大部分运往发达地区或海外。烟草收入不仅是农民农产收入的重要来源，也是江西农业经济的重要支撑。

鸦片战争后，江西烟草的销售受帝国主义的影响极大。《南京条约》签订后，广州、福州、厦门、宁波、上海等5个通商口岸开放。之后，贸易的重心开始向这几个通商口岸偏移。对江西而言，因通商口岸开放而导致广州港在贸易上的逐渐衰退，造成的经济影响很大。原由江西大庾岭过广州港的进出口物资逐渐减少，赣江航运走下坡路，也影响了江西烟草的贸易。《中英天津条约》签订后，汉口、九江、镇江等10处口岸开放。九江口岸正式开埠通商后，江西农产业的对外贸易基本以九江为阵地，兼及邻近的汉口等口岸。但是面临残酷的市场竞争，江西烟草等对外贸易已没有优势。

江西烟草在输出方面，1863年仅1.8万担左右，之后受通商口岸的便利，数量不断增长。1912年、1919年均达21万担以上，是历史输出之最高纪录。但进入20年代末后，江西烟草的输出数量大减，1931年仅有5万余担，只有1912年烟草输出数量之四分之一。1932年输出量略增，亦仅达6万担，不能阻挡整个出口贸易的颓势。（详见表2-7）

表2-7　江西烟草输出数量统计

年次	数量（担）	指数	年次	数量（担）	指数
1863年	18003	14.40	1921年	123977	99.17
1875年	10711	8.57	1922年	155620	124.48
1909年	137150	109.71	1923年	180678	144.53
1912年	215354	172.26	1924年	105674	84.53
1913年	125015	100.00	1925年	130780	104.61
1914年	151872	121.48	1926年	139892	111.90
1915年	167321	133.84	1927年	124398	99.51
1916年	161630	129.29	1928年	136361	109.08

续表

年次	数量（担）	指数	年次	数量（担）	指数
1917年	149723	119.76	1929年	102108	81.68
1918年	176104	140.87	1930年	101389	81.11
1919年	213874	171.08	1931年	53137	42.51
1920年	163035	130.41	1932年	60870	48.51

资料来源:《七十年来江西烟草输出数量统计表》,《经济旬刊》第1卷第9期,1933年。

从表2-7的数据可看出清末江西烟草输出不多,从1914年至1923年之间,江西烟草的输出数量基本在15万担以上,此后不断下降,直至1931年开始降至五六万担。

与烟草输出数量一样,江西烟草的输出价值也有这种趋势。根据20世纪30年代江西省政府经济委员会的调查统计,江西省烟草的出口量与其他各海关烟草出口量相较,实占重要位置,但是从价值而言,有不断下滑之势。以1928—1931年的数据为基础,江西烟叶的出口价值逐年下降。1928年江西烟叶出口价值为3100161海关两,全国烟叶出口总值39410568海关两,占总比7.68%;1929年江西烟叶出口价值为2528214海关两,全国烟叶出口总值35461146海关两,占总比7.13%;1930年江西烟叶出口价值为1821966海关两,全国烟叶出口总值28397618海关两,占总比6.49%;1931年江西烟叶出口价值为928515海关两,全国烟叶出口总值为17975572海关两,占总比5.17%。[①] 由此可知,1930年左右江西烟草的出口,"已成江河日下之势",不仅出口总量,而且出口总值都呈衰落状态。

与江西省烟草出口不断缩减的情况相反,国外或外省卷烟之输入则与年俱增。卷烟受到如此欢迎,除了国外资本市场强势压迫等因素的影响,卷烟质量和口感比传统土烟略胜一等也是重要原因。卷烟作为现代化加工的烤烟,卷烟的口感更为细腻,烟民的体验感更为幸福,因此受到全世界

[①]《江西之烟产与卷烟消耗》,江西省政府经济委员会编:《江西经济问题》,第317页。

包括中国烟民的广泛喜爱。这也是近代江西烟民逐渐青睐卷烟的重要因素之一。

故此，从外地流入江西的卷烟数量也开始增多，挤压了本地土烟的市场份额。以九江海关为例，可以看出江西卷烟进口呈上升趋势。从1928—1931年江西卷烟进口数量来看，江西卷烟进口呈逐年递增之势，并且进口总值的比重逐渐增加。即1928年江西卷烟进口价值1191345海关两，中国进口总值29705383海关两，占总比4.01%；1929年江西卷烟进口价值1600931海关两，进口总值32342970海关两，占总比4.95%；1930年江西卷烟进口价值1578433海关两，中国进口价值为26593558海关两，占总比5.93%；1931年江西卷烟进口价值4718146海关两，中国进口价值为40584842海关两，占总比11.62%。① 显然，江西卷烟进口的价值和比例都在逐渐上升。之后，卷烟作为奢侈品的进口已居九江海关各进口物之第二位，仅次于棉制品之进口总值而已。这充分显示了，在传统与现代制造技术的较量中，现代技术明显具有优势。

比把江西土烟推入更糟糕境地的现象是，英、美、日等帝国主义国家用江西烟叶为原料，加工成为卷烟，反倾销至江西，造成极大的贸易差。根据史料载，1919年，英、美、日各国烟商蜂拥而至江西主要烟叶产地——广丰，争相购买烟叶，其中美国烟商购买6000余担，日本烟商购买1500余担，英国烟商购买3500余担，其他外商也购1000余担共计12000余担。对这些外商而言，他们不过是把这些原材料运送至上海进行卷烟加工，制成卷烟后再运往各地包括江西销售，一转手之间，"其利不止十倍"。② 这是明显的不对等市场竞争。

江西大量进口卷烟的情况引起了有识之士的重视。他们一针见血地指出："本省吸用卷烟之人，在其俯仰嘘吸之间，每年于无意中断送江西一百五十余公里较长于南浔铁路之建筑费。（南浔路仅一二八公里）并二

---

① 《江西之烟产与卷烟消耗》，江西省政府经济委员会编：《江西经济问题》，第318页。
② 许怀林：《江西史稿》，第642页。

倍有余于现有六大干线之公路建筑费也。"①也就是说，江西每年吸食卷烟的费用足以去修建比南浔铁路更长的铁路。②显然，这与江西烟草的销售形成鲜明的对比，足见江西烟草经济的式微。针对这一情况，江西省政府提倡禁烟，但是烟尤其是卷烟的售卖很难禁绝。

《申报》记者陈赓雅1933年在调查江西莲花县时发现："最多者为纸烟店，计一零五家，足见莲民有嗜烟癖者之众多。现驻军六十三师全师官兵暨专员公署、县政府全体办事人员，均一律戒吸纸烟，以为禁烟倡。并自九月一日起，严禁纸烟入境，以期戒除民众之不良嗜好。查纸烟所用烟叶、锡包、纸壳等，多系舶来品，而制造公司，尤多外商经营，一倡百效，予以禁绝，盖不仅民族健康，与有大益已也！"③要言之，莲花大量纸烟店的存在足以证明烟草销售的火爆以及烟民之众。除了提倡禁烟，他们"严禁纸烟入境"的举措也说明了难以抵挡卷烟来袭的无奈之举。

总体来说，江西本地的烟民数量庞大。20世纪30年代初，全省人口2000万，除吸纸烟者外，吸土产之烟草者，约计600万人。每人消费烟草3斤，则本省内消费将为18万担。④这一数据主要是土产烟的数量，还不包括吸食卷烟的数量。江西烟草消费量的暴涨，与全国的趋势是一致的。根据1942年的统计，中国每年自产烟约1000万担，平均入超烟叶约45万担，纸烟成品约为30万担（约合烟叶45万担），共计全年消费约1090万担。以当时4.5亿人口来计算，人均每年消费烟叶约2.5斤。江西以及全国大量烟民的出现，确实引起了有识之士的隐忧。他们指出：

卷烟本为一种奢侈品，其有害卫生，糜费金钱，至为巨大。但本省近年人尚浮糜，舍土烟而竟吸卷烟，输入异常增加。兹据最近调查八月份本市（即南昌——引者注），卷烟销额，连同转口运往外属各县者在内，共计一千五百三十三大箱，赣北各县全部尚在外，因其转运均不经过南昌，故

---

① 《江西之烟产与卷烟消耗》，江西省政府经济委员会编：《江西经济问题》，第318页。
② 《由江西之产业谈到经济政策》，《经济旬刊》第1卷第2期，1933年。
③ 陈赓雅：《赣皖湘鄂视察记》，第54页。
④ 《由江西之产业谈到经济政策》，《经济旬刊》第1卷第2期，1933年。

无从调查其数目也，至其价值高低统扯，每大箱值百元计算，共合国币三十万元以上，其数字之巨，诚可惊人，倘将赣北全部销数并计，每月最低限度，约在五十万元至六十万元之间。①

在他们看来，卷烟作为一种奢侈品，日渐受欢迎，不断压迫了土烟的销售，更是浪费了大量的金钱，使本就贫弱的江西经济遭受打击。

如上所言，随着烟草在江西的普遍种植，烟草出口成为对外贸易重点，并在全国出口物中占有一席之地。从总体趋势而言，近代江西烟草的出口数量和出口价值都在呈现下滑之势。然江西烟草的消费仍很庞大，造成了大量烟民的出现。

（三）烟草业的落寞

烟草业是中国农村的重点产业。但从出口来说，中国本土烟与国外先进的卷烟相比，逐渐落下风。处于现代化转型中的中国，江西烟草业的产业转型并不顺利。

20世纪30年代初，江西烟草业的衰落已经显现，之后这一趋势无法遏制。1933年，江西省政府经济委员会在《经济旬刊》上专门撰文《江西产业衰落之现状》，痛惜烟草业、茶业、纸业等传统产业的没落，逐渐失去全国领先地位。②一些对农村经济抱着救济理念的人士纷纷发出自己的呼声。当时，在江西乐平从事农业调查的汪学富非常感性地说："在农民的命脉上，将何以求生存呢？"他同情农民的苦楚，感叹农村产业的衰落。③传统产业的衰落不仅影响到产业本身的发展，更影响到农民的生计、生存和农村经济的整体态势。

江西烟草业作为农业副产，是农民增加收入的主要来源之一。它的衰落影响甚大。尤其是随着外国香烟（卷烟）的强行输入，并受到广大烟民的欢迎，对中国传统烟草业冲击非常厉害。以江西烟草业重要县份——玉

---

① 《本省卷烟销额之最近统计》，《经济旬刊》第1卷第10—11期，1933年。
② 《江西产业衰落之现状》，《经济旬刊》第1卷第1期，1933年。
③ 乐平农业情况通讯员汪学富：《怎样救济农村》，《经济旬刊》第1卷第10—11期合刊，1933年。

山县为例。烟草业的衰势随着时间的推移越发突出，即"烟作业在清道咸同年间，厂家共有三十余家，制厂人刨三百余架，小刨四百余架，容纳工友数达一万有奇，自香烟盛行及烟酒公卖税颁行以来，厂家与刨架逐年减少，现在所存厂家只剩五家，大刨架二十架，小刨三十架，容纳工友不满千人。但此残余五厂家，亦难维持现状"。[①]即在玉山县，清末从事烟草加工的厂家有30余家，到了30年代初就只剩下了5家。简言之，近代江西的烟草业在外国资本主义经济的侵蚀之下明显处于弱势。并且由于本土烟草业的技术有限，明显滞后于市场的需求、烟民的喜好，更导致这一衰势日益明显。

以烟草业为代表的江西产业的衰落并非偶然，既有帝国主义侵略的因素，也有江西经济结构本身的原因，亦有产业本身的因素。传统产业的衰落使江西经济受到直接影响，逐渐降低了它在全国的经济地位。

（四）江西烟草业的挽救

烟草业的衰落不仅是全国传统产业发展的缩影，更是江西产业转型艰难的代表。政府当局和有识之士提出了各式各样的观点，并采取了相应的措施来挽救烟草业的下滑趋势。他们已经深刻地认识到，"要想救济农村，那末，应当要有一个适应农村的方法与步骤，方能收得美满的效果，否则，不下讨论和研究。随随便便的做过去，结果，总是等于空谈"[②]。即对烟草业等传统农村产业进行救济已是势在必行，并且这种救济应该要适合农村的方法和步骤。但是这些方法和措施因各项因素的影响，效果有限。其挽救方法如下：

1. 加强政府指导，提供各方面支持，扩大对外贸易

政府的调控与支持，对产业的发展具有不可言喻的重要作用。烟草业同样如此。为此，面对近代江西烟草业的没落，农民经济收入的缩减，江西省政府经济委员会提出，省政府应该转变观念，加强政府对产业的指导，

[①]《玉山县各业凋敝近况》，《经济旬刊》第1卷第6—7期合刊，1933年。
[②] 乐平农业情况通讯员汪学富：《怎样救济农村》，《经济旬刊》第1卷第10—11期合刊，1933年。

提供必要的政策、资金等各方面的支持,振兴烟草等产业的对外贸易。它指出:

（农村传统产业）欲谋解救之道,改良生产技术,务使发展为乡村工业之外,于贸易之振兴方面,尤须特为置重。贸易之于物产,犹血脉之于体质,盛衰存亡系之,政府如以行政权力参与经济之发展,则最宜于贸易上寻求救济之方策。将多数散漫无纪之生产人加以统制,减少其中间人之剥削,而使其产物标准化,同时厚集其资本势力,俾可与国外之大量生产者相对抗,诚为切要之图。他如集中出口,如联合运销,如奖励出产,如遏抑外贸,如提倡生产合作,如便利资金融通,亦振兴特产贸易之良策。更有进者,政治能力之运用者,对于生产事业,在制造时倘免除其捐税负担,即等于销售时减低其生产成本,在本省内便利其运输懋迁,即等于省外增加其销路市场。特产之贸易政策,全省经济之兴复,指日可期。愿主管局计划而实施之。①

也就是说,要振兴烟草等传统产业,就必须振兴对外贸易。在这方面,政府的主导和统制具有十分重要的指导作用,包括制定物产标准、集中资本势力与外国资本抗争、实行联合运销减少中间商剥削、提倡生产合作、奖励出口、制定便利资金融通政策、减少捐税等。这些具体意见给予了政府以极大的期待,希望政府能够主动作为,承担相应的指导和帮助职责。

然而从实践来看,江西省政府并没有完全落实上述方法,只是有限度地采取了一些措施来指导烟草业等传统产业的转型和发展。例如,省政府督促各银行设立农村借贷所,为农村产业发展提供支持。以南昌县为例,20世纪30年代初,省立第二职业学校银行（下简称二职银行）在农村分设借贷所,实行低利贷款,以便农民,并试办于南昌县属之小蓝村。此银行宣示:

吾国外受世界经济不景气之影响,内因战乱频仍,匪祸滋蔓,致乡村金融,陷于绝境,农民向所痛恨之高利贷。今且求之而不可得矣,盖原来

---

① 《江西经济之回顾与展望》,《经济旬刊》第 1 卷第 18 期（论著）,1933 年 12 月 1 日。

农村活动之资金，因省市较为安全，而向省市集中，省市资金，亦因此而向大商埠集中，驯至各省市各大商埠之银行，现金充塞，存款激增，国民经济，遂呈畸形发展之现象，设资金流动趋向如此不已，其害诚有不忍言者，挽救之方，是所望于金融界总动员向农村服务，复兴农村，繁荣农村，本行创办伊始，资力绵薄，然服务之心，未敢后人，救济农村，责无旁贷。[①]

也就是说，以二职银行为代表的商业银行在政府的提倡下具有了一定的振兴农村经济的思想觉悟。在农村设立借贷所，提供低利贷款，支持产业发展。但是，从总体情况来看，各银行对在农村设立借贷所支持农村产业发展并不热衷，仅有极少数银行真正落实政府的号召。

2. 改良烟草种植，挽回已失之利权

江西省政府经济委员会在充分调查江西烟产和卷烟消耗的基础上提出，要根除江西烟草业的弊端，必须改良烟草种植，增加农民收入。以山东为例，1915 年，英美烟草公司在山东潍县坊子等处试种英美的烟种，成效大著，遂广泛推广，大力劝服农民自种，并派专员指导烟草种植、收获、焙制、拣选、包装以及评价之责，质量较高，获利颇丰。不久，南洋公司亦效仿英美烟草公司办法，在坊子等处，竭力推广美烟种植，农民同样获利甚厚。烟草业遂变为山东省唯一之农业特种产品。山东卷烟种植面积，约 20 万亩，计可收 4000 万磅之烟草，以每磅烟草售洋 4 角计算，总收入为 1600 万元，除去劳力费用等，则净利亦有 900 余万元之多。与之对比的是，江西的烟草种植面积本为全国第一。据北洋政府农商部 1917 年的统计，江西烟草种植面积有 473768 亩，较山东多一倍有余。假如由政府指导农民改种美国烟草种，当有 3700 万元收入，即净利亦在 2000 万元以上，利润之丰厚，"当不下于出口之米谷，又当与瓷器红茶纸张夏布木材诸产相颉抗，而同为数十或百万人之所资以为养"。[②] 在其看来，只有效仿山东等区域的先进做法，改良烟草的种植，提高加工技术，适应形势的发展需要，

[①]《二职银行开办农村借贷所》，《经济旬刊》第 1 卷第 6—7 期合刊，1933 年。
[②]《江西之烟产与卷烟消耗》，江西省政府经济委员会编：《江西经济问题》，第 318—319 页。

江西的烟草业才能走出低谷，提高经济收入。

这一思想有限度地被江西省政府采纳。为了提高农作物包括烟叶的种植技术，1933年江西省政府制定了主要农作物试验区计划。至于烟草作物试验区，省政府选定理由是"江西产烟草县份以广丰，信丰，鄱阳，彭泽为最。据建设厅1929年之调查，广丰产六万担，信丰五万担，鄱阳四万担，彭泽二万余担。广丰所产除作丝烟外兼可作卷烟及雪茄烟，故拟以广丰为烟草试验区"。① 也就是说，为了提高烟草的种植技术，省政府以广丰作为试验区，来做改良的示范，意图提高全省的烟草技术。不过，这种试验区计划并没有真正带动其他县域的烟叶种植技术改良。

3. 抑制卷烟消费，同时降低本地烟叶的税捐

除了积极地改进技术，加强政府调控等方法之外，当时的经济界人士纷纷提出，应该抑制卷烟消费，教育大众不吸卷烟，降低外国卷烟进口。与此同时，为了扩大烟叶的出口，应该降低烟叶的相关税负，减轻烟草业发展的负担。

有些激进的经济人士指出，要根本救治江西本土的烟草业，根本之计在于裁抑卷烟消费。具体如下：

> 由政府通令严禁二十岁以下之青年吸用卷烟，违者处以罚金，或送青年反省院以警戒之。同时严禁教育人员吸烟，以作表率，并于宾客招待酬酢馈遗，均不得用卷烟作敬礼。由警察负检举之责，违者治罪。昔美国禁酒雷厉风行，而沈湎顿减。卷烟嗜好，有害心身，且损国民经济。当此民穷财尽，百业凋残之时，为振衰救敝，恢复繁荣之计，纵不能如苏俄之艰苦卓绝，摈去一切生活安乐，而节约奋励，则将有妨卫生之卷烟消耗，加以裁抑，绝非过苛，宜为一般国民所共谅者也。②

一言以蔽之，就是通过各种强制手段来严格限制民众吸食卷烟。他们

---

① 《江西之烟产与卷烟消耗》，江西省政府经济委员会编：《江西经济问题》，第319—320页。
② 《江西之烟产与卷烟消耗》，江西省政府经济委员会编：《江西经济问题》，第319—320页。

乐观地认为，禁止卷烟只要到位，自可与美国禁酒一样收到成效，从而复兴国民经济。

与禁卷烟思想相一致的是，烟农、烟商以及不少呼吁经济振兴的人士都提出应该减少附着于烟草上的各种税捐。北洋政府和南京政府有各种各样的附加税。江西物产丰庶，举凡茶、纸、布、麻、烟草、木竹等等，年均有巨量输出，而此种物产为农村的大宗收入。同时也要承担大量的税负，"除省政府征收清匪善后产销税外，而在各县受地方滥税压迫之摧残亦最甚。凡输出者几无物不税，而于征收机关之混乱，税率之无定，又殆甚于以前之厘金"。沉重的税负只能摧垮本就萎靡的烟草业。烟草等主要物产是政府征税的重点对象，承担着各种繁琐的税捐。诸如，宜丰县上等烟叶一百斤缴纳税捐1.2元，中等烟叶1元，次等烟叶8角，由县财务委员会征收，年收7800元；靖安县的烟叶捐为每石（1石相当于120斤）3元；黎川的烟丝烟叶捐为烟丝每箱2元，烟叶每石2元。[①] 可见，同一货物，在各地的捐率是不一样的，甚至连征税机关都不一样。这种怪现象的出现，自然遭到不少人的反对。他们认为烟税过重，应减轻负担，使艰难生存的烟草业获得良性发展。

从实施效果来看，禁烟的良好愿望并未能有效实现。尤其是在抗战和国共内战的背景下，不仅未能禁烟，而且烟草业的税负越来越重，以应付战时的军费支持和各种政府开支。

从江西烟草业的发展而言，因其优厚的自然条件，烟草自传入中国后就在江西得以传播，并逐渐推广，成为江西农村的主要物产之一，一度位居全中国第一，是中国烟草出口贸易的主要省份之一。然随着外国资本主义经济的侵入，尤其是大量卷烟的进口，江西本土的烟草业冲击甚大，出口量日渐减少。全面抗战以后，随着国民政府的经济重心向四川、贵州、云南等地转移，江西的烟草地位日益下降，尤其是技术落后，更使江西烟

[①] 《江西"剿匪"期中各县地方之苛捐杂派》，《经济旬刊》第18期（论著），1933年12月1日。

叶的出口受到严重影响。面对江西烟草业的没落,当时的省政府和经济人士提出了一些积极的观点,并采取了一些措施来改变这种现状,包括加强政府调控、改良技术、禁卷烟、降低税负等。然而从实践来看,这些振兴烟草业的方法成效不大。这也是导致江西烟草业最终衰落的重要原因。

三、夏布业

夏布业是中国的传统产业,也是农村的主要副业之一。江西作为传统农业的典型区域,夏布业是其农村经济的代表。近代江西仍然是中国夏布生产的最重要区域之一,其发展趋势是中国夏布业的缩影。时人曾精准地评价,夏布为中国特产之一,制自苎麻,纤维出以手艺,为著名之家庭工业。中国为产纤维最富之国。其中,江西、广东、湖南、福建、四川均以产夏布出名。[1] 鸦片战争尤其中华民国成立后,中国经济迈入向现代化转型的重要历史阶段,夏布业同样也被迫卷入这一浪潮。近代江西夏布业的发展格局及其变化可以看出农村经济振兴的多重要素,也可以微观考察江西农村传统产业的艰难求生。

(一)苎麻种植

夏布又名苎布,是一种由苎麻加工纺织而成的布料,主要作为夏天的暑衣和帐布,因其质地清凉透气,广泛受到运销地民众的欢迎。[2] 夏布业的发展必须有丰富的原材料,即苎麻的种植极为重要。近代江西的苎麻种植非常普遍,是全国最为重要的苎麻种植地之一。[3]

1840年鸦片战争以后,清政府的统治日益风雨飘摇。江西等地的农村经济也在这种腐败的政治中难以焕发生机。辛亥革命虽然推翻了清政府建立了中华民国,但中国仍受到帝国主义和封建军阀的双重压迫,农村经济在缝隙中艰难生存和发展。1927年南京国民政府成立,对农村采取了一些

---

[1] 谢富兰:《中国之夏布及草帽辫》,《申报》1927年6月30日。
[2] 靳炜伟、欧俊勇:《民国时期揭阳夏布海外贸易初探》,《武汉纺织大学学报》2019年第3期。
[3] 张勘:《种苎麻法》,商务印书馆1934年版,第3页。

有利的政策,如积极推行农村信用、发展运销和供给合作事业,推动以农民集体信用向银行取得低息贷款,避免高利贷。①但这些政策的效果相当有限,农村经济总体处于低迷状态。

江西同样如此。江西农作物产量低,农产品价格跌落,广大的农民"租税要缴纳,最低的生活资料又不能不支出,于是不得不在高利贷之下挣扎"。②尤其在边远地区的农民生活较苦,较其他地方更为落后,受剥削程度较为严重。③

为了缓和经济困境,广大农民努力经营副业,提高家庭收入。种植苎麻就是重要的方式。1917年9月15日,《东方杂志》对中国苎麻种植的情况进行了评述。总体而言,湖南、湖北、江西、四川四省是中国苎麻种植主产地。④这也说明了江西在全国苎麻种植业中的重要地位。

江西可谓得天独厚,几乎无地不产苎麻,而所产质量又特佳。其纤维既细而强韧,富于光泽,且又甚长,可达20至40寸。"有此丰富优良之夏布原料,故夏布业发达最早,成为一种最普遍之农家副业"。当时江西农村常见的情况为"苎麻农夫植之。麻线农妇纺之。夏布工织之,而农有暇亦织之"。⑤

中华民国成立之初,江西的苎麻仍然驰名中国,种植范围进一步扩大。产量较多的县主要有万载、宜春、上高、高安、永修、德安、九江、瑞昌、武宁、宜黄、崇仁、临川、上饶、赣县、吉安、定南等,尤其以万载及其邻近各县为最。这些县的苎麻每年所产均在数万担以上。⑥近代江西

---

① 杨奎松:《中国近代通史·内战与危机(1927—1937)》,江苏人民出版社2013年版,第337页。
② 秦柳方:《赣中的农村》,俞庆棠主编:《农村生活丛谈》,申报馆1937年版,第52页。
③ 杨克敏:《关于湘赣边苏区情况的综合报告》(1929年2月25日),湖南省财政厅编:《湘赣革命根据地财政经济史料摘编》,湖南人民出版社1986版,第231页。
④ 《湖北苎麻产额及输额之调查》,《东方杂志》第14卷第9号,1917年9月15日。
⑤ 《江西夏布业衰落之情形及其救济方法》,《经济旬刊》第1卷第6—7期合刊,1933年。
⑥ 《江西省主要农作物试验区选定计划》,《经济旬刊》第1卷第10—11期合刊,1933。

"全省苎麻产量最大之时,可估为六十万担上下也"。根据江西省政府建设厅的调查,1929年武宁、瑞昌、德安、分宜四县的苎麻产量为33.9万担,而以武宁产量为最大,达21万担。但是1930年后,江西苎麻产量下降。①

苎麻的销售也占据农村经济作物的重要位置。在20世纪初,江西苎麻销售已然有较大规模,九江和汉口为主要集散地。②根据九江海关报告,每年由九江海关输出之苎麻,其数量巨大。1924年曾达到188029担,其中虽有一部分系湖北武穴之苎麻,然十之八九系江西苎麻。到30年代,不仅产量大减,而且从九江输出的苎麻数量也大幅降低,如1930年苎麻输出数量仅43564担,1931年亦只达70970担。③

从1906年到1931年的这段时间里,江西苎麻输出的总体情况也印证了九江海关的报告结论。(详见表2-8)

表2-8 近代江西苎麻输出数量统计

年份	数量(担)	年份	数量(担)	年份	数量(担)
1906年	125889	1915年	124026	1924年	188029
1907年	119089	1916年	135556	1925年	111995
1908年	112461	1917年	163455	1926年	70224
1909年	108885	1918年	167799	1927年	164043
1910年	109346	1919年	140280	1928年	172433
1911年	113534	1920年	156520	1929年	131489
1912年	124342	1921年	146524	1930年	43564
1913年	97362	1922年	138302	1931年	70970
1914年	84742	1923年	123719		

资料来源:《七十年来江西苎麻输出数量统计表》,《经济旬刊》第1卷第6—7期合刊,1933年。

从上表2-8可以看出,1912年之前,苎麻的输出较为稳定,维持在

---

① 《江西夏布业衰落之情形及其救济方法》,《经济旬刊》第1卷第6—7期合刊,1933年。
② 《东方杂志》第14卷第9号,1917年9月15日。
③ 《江西夏布业衰落之情形及其救济方法》,《经济旬刊》第1卷第6—7期合刊,1933年。

11万担左右。接下来的几年，江西苎麻销售呈现蓬勃之势，1916—1917年出口增至十六七万。之后偶有升降，高峰时1924年曾逼近19万担，但进入30年代输出数量非常不乐观。苎麻输出与苎麻种植产量是相互影响的，即苎麻产量大，输出数量也多；同样苎麻销售好，直接刺激苎麻种植业的扩大，产量自然提升。反之亦然。

这一情况与整个江西乃至全国的经济形势是一致的。例如，与苎麻的情况类似，江西其他农村经济作物如纸张、茶叶、柏油、豆子等，在1928年左右输出产值达到高峰，而到1930年之后也开始下降。[①] 以1930年为时间节点，即便在赣南苏区，中国共产党利用各种经济政策振兴农村经济，各种农作物产量有了极大的提高。但受限于中国的总体经济形势，苎麻、米谷、豆子等农村经济作物的销售也遇到极大的困难。在这种情况下，中国共产党因为革命战争和群众生活改善的需要，提倡自力更生。[②]

以上所言，中国是苎麻种植大国，其中，江西又是翘楚，与湖南、湖北、四川三省形成鼎足之势。从农村经济的发展趋势而言，苎麻种植和销售始终在中国经济的总体调控之下。作为夏布的原材料，苎麻种植为夏布织造提供了基础。与苎麻种植大省相呼应，江西又是夏布织造大省。

（二）夏布工艺、产量与价格

因江西苎麻种植普遍，产量多，江西的夏布织造也极为普遍，形成了悠久的传统，工艺源远流长。自明清以来，夏布织造成为江西广大农妇最为常见的经济活动。这一劳动密集型手工业是她们增加家庭收入的重要手段。近代江西夏布生产情况并不是铁板一块，而是呈现弧线型变化，反映了家庭手工业的复杂历史命运。

夏布工艺较为传统。时载夏布的工艺程序如下：先将苎麻茎皮剥下，用水浸湿，并以竹片刮去粗质，温火烘干，谓之"打苎麻"。次用黄牛大

---

① 全国经济委员会：《江西农村经济》，第1卷《经济旬刊》第2卷第1期，1933年。
② 《中央国民经济人民委员部、土地人民委员部布告——为发展农业生产与工业生产》（1933年1月），中国社会科学院经济研究所中国现代经济史组编：《革命根据地经济史料选编》上，江西人民出版社1986年版，第231页。

粪，混入麻内，约浸 3 小时，取出洗净，曝于日光下之青草地上，俟其半干，略洒以水，三四日后，色泽洁白，较漂粉漂白者尤艳，且不损麻之韧性；间有用石灰者，但绝不用漂粉，以免伤麻韧性，此谓"漂苎麻"。后则"续苎麻"，即将麻线根端与尖端，丝丝相续，力求精细匀称，即可预备上织。"女工续麻织麻，每好竞美争巧，虽多费时日精力，亦所不计也"。①

与此同时，因工艺精细度不同，夏布的种类也不同，可分为粗夏布、细夏布、漂白夏布等 3 种。相对而言，漂白夏布、细夏布质地都比较细致、洁白，"宽一尺四寸至一尺七寸，长短不一，普通四丈八尺，重一斤数两"。粗夏布则质地稍逊，"宽一尺至一尺七寸，长短亦不一，普通亦四丈八尺，重一斤十余两"。②由此可见，夏布织造是以苎麻为原料，具有悠久历史的手工艺。

这一传统工艺遍及江西各地。这一情况的出现与近代江西农民希望增加经济收入，改善生活的真切愿望密不可分。根据 1930 年毛泽东对吉水金滩区第九乡大桥村的调查，生活贫苦的农民在粮食短缺、经济收入有限的情况下，往往通过织造夏布来增加收入。大桥村几乎家家妇女都织夏布。每匹布 12 丈多，120 多尺，工钱 400 文，技术纯熟的人耗时 10 天，一人每月共可收入 1200 文。技术生疏一些或被小孩子耽搁织工，10 天不能织匹布。织得不好的，300 钱一匹的有，200 钱一匹的有，要赔布的也有。一匹布，另外赚 2 两纱，这 2 两纱织得 2 尺布，每尺布价 100 至 110 文，农民穿衣就靠这项纱。织工价每月 1200 文做油盐钱。对他们而言，织布可以"补足食用不够之大宗来源"。③

新闻记者的实地考察也证明了毛泽东调查的真实性。1933 年，《申报》记者陈赓雅对江西各地展开了调查，表明夏布是农村的主要副业之一，对农村经济尤其是农民生活的维持极为重要。经济学专业刊物《经济旬刊》

---

① 陈赓雅：《赣皖湘鄂视察记》，第 31 页。
② 《江西夏布业衰落之情形及其救济方法》，《经济旬刊》第 1 卷第 6—7 期合刊，1933 年。
③ 《东塘等处调查》(1930 年 11 月)，《毛泽东农村调查文集》，人民出版社 1982 年版，第 257 页。

也指出，农村破产"实系中国今日之普遍现象"，农民因赋税繁重，经济力衰落，呈现崩溃之势。① 显然，农村经济的衰败和农民的生存困境是夏布业在江西各地农村得以普及化的重要原因。

夏布业虽然散布全省，但还是有重点区域，呈现主次分明的分布格局。1934年，江西省政府经济复兴委员会对此作了细致的分析，指出：

夏布，为江西最普遍之家庭手工业，亦为出口之大宗物品。夏布之原料为苎麻。本省产苎麻既多，而所产又特佳，其纤维细长而强韧，且富有光泽。一般农户视为主要副业，农夫植麻，女绩为缕，机工织之，其有裨于农村经济者至为重要。产地以万载，宜春，崇仁，临川为最巨。宜黄，永丰，上高，袁州，萍乡，宁都，河口，玉山等处次之，就中最著名者，则为宜黄，崇仁，万载与临川之李家渡。②

从其论述看出，夏布最大产地为万载、宜春、崇仁、临川，其次为宜黄、永丰、上高、袁州、萍乡、宁都、河口、玉山等县，其他县则又次之，而最负盛名的夏布产地为宜黄、崇仁、万载与临川。

这一时期江西夏布的产量也是不断变化的。1929年江西省建设厅调查显示：夏布产量主要为上饶20万匹，分宜6万匹，宜黄5万匹，吉水4.8万匹，万载3.2万匹，乐安2.2万匹，广昌1.7万匹，进贤1.5万匹，广丰、崇仁各1万匹，金溪0.2万匹，宜丰0.1万匹，12县共计46.7万匹。1930年，江西全省每年夏布产量，"当不下六百万匹，约合十万担"。③ 这一时期江西夏布产量相当可观。

1933年江西省政府经济委员会主要调查了临川、上高、分宜、乐安、宜春、崇仁等六县夏布产量、批发价格等情况。（详见表2-9）

---

① 《江西之田赋附加税》，《经济旬刊》第1卷第9期，1933年8月21日。
② 《江西经济之回顾与展望》，《经济旬刊》第1卷第18期（论著），1933年12月1日。
③ 《江西夏布业衰落之情形及其救济方法》，《经济旬刊》第1卷第6—7期合刊，1933年。

表 2-9　江西 6 县夏布产量、销售、价格情况（1933 年）

产地	每年产量（匹）	近年产量增或减	每年县内销售额（匹）	每年县外销售额（匹）	主要外销地点	每匹普通批发价格	近年县外销量增减
临川	约 30 万	减	5 万余	24 万余	高丽	4 元	减
上高	约 30 万	减	约 7000	29 万余	芜湖、镇江、上海	4 元	减
分宜	约 10 万	减 7/10	约 2 万	约 8 万	中国上海、烟台，朝鲜	2 元至 30 元	减 9/10
乐安	约 3 万	减	约 6000	2 万余	长江一带	5 元	减
宜春	约 2 万	减 1/3	约 5000	1 万余	中国汉口，朝鲜	5 元	减
崇仁	约 2 万	减	约 6000	1 万余	上海	5 元	减
总计	六县约数为 77 万匹						

资料来源：《江西夏布业衰落之情形及其救济方法》，《经济旬刊》第 6—7 期合刊，1933 年。

表 2-9 数据显示：1933 年比前两年有所降低，但 6 个县的总量相比较 1929 年调查 12 县所得之数，多 20 余万，而且著名产区之万载、宜黄、宁都，尚未计入。不难推知，江西总产量是较大的。

之后，江西夏布的产量开始下降，颓势显现。"各县均报告近年产量已减，而宜春分宜更详报已减少三分之一。其衰落之象，可以见矣。"[①]

夏布并不是奢侈品，而是生活品，因此它的价格始终维持在相对平稳的区间。当然，不同年份之间夏布的价格也是有所浮动，且粗布、细布的价格相差较大。1923—1933 年间的夏布价格呈现了两种不同夏布的价格差异以及相应的市场价格变化：1923—1924 年最高等细夏布平均市价为 35 元，最高等粗夏布平均市价为 6 元；1925 年、1928 年最高等细夏布平均市价为 34 元，最高等粗夏布平均市价为 5 元；1926—1927 年最高等细夏布平均市价为 30 元，最高等粗夏布平均市价为 3 元；1929—1930 年最高等细夏布平均市价为 33 元，最高等粗夏布平均市价为 4 元；1931—1932 年最高等细夏布平均市价为 32 元，最高等粗夏布平均市价为 4 元；1933 年最

---

① 《江西夏布业衰落之情形及其救济方法》，《经济旬刊》第 1 卷第 6—7 期合刊，1933 年。

高等细夏布平均市价为30元,最高等粗夏布平均市价为3元。① 从中看出,一方面不同年份之间两种布匹的销售价格出现了浮动;另一方面细夏布与粗夏布相比,价格高出数倍,每匹价格一般维持在30—35元,而粗夏布的单价主要维持在3—6元。江西夏布以粗布为主,因此其价格与表2-9所显示的价格基本相符。

从夏布业的工艺、分布格局、生产、销售价格等综合情况看,江西夏布业以丰富的原材料为基础,拥有成熟的传统工艺,广泛分布于各地农村。广大农村妇女是这一劳动密集型手工业的参与主体。作为夏布生产大省,近代江西夏布产量较大,但呈现时间线的变化,一度发展蓬勃,但在30年代后逐渐呈现衰势。

（三）夏布对外贸易

江西夏布曾被历代朝廷列位贡布,驰名中外。夏布除了自销,大部分都是用于对外销售。从总体情况而言,清末以来江西夏布输出呈现蓬勃发展之势,30年代尤其抗日战争之后则逐步走向衰弱。

从全省的情况、从长时段的变化来看,1904—1930年,江西夏布输出数量虽有所起落,但基本处于上升的态势。据1928年海关贸易统计报告,江西夏布输出达2万担以上,值关银288万余两。以1931年为界点,江西夏布输出量夏布输出数量明显开始下降。（详见表2-10）

表2-10　1904—1931年江西夏布输出数量统计

单位：担

年份	数量	年份	数量	年份	数量	年份	数量
1904年	11129	1911年	12477	1918年	14974	1925年	23051
1905年	13455	1912年	13841	1919年	20087	1926年	21000
1906年	15302	1913年	14533	1920年	20445	1927年	19761
1907年	18386	1914年	14028	1921年	21409	1928年	20100
1908年	16869	1915年	13535	1922年	23433	1929年	23792
1909年	16762	1916年	13122	1923年	21338	1930年	24061

① 《江西夏布业衰落之情形及其救济方法》,《经济旬刊》第1卷第6—7期合刊,1933年。

续表

年份	数量	年份	数量	年份	数量	年份	数量
1910 年	13823	1917 年	12410	1924 年	18107	1931 年	16077

资料来源:《七十年来江西夏布输出数量统计表》,《经济旬刊》第 1 卷第 2 期,1933 年。

从表 2-10 可知,1912 年江西夏布输出 13841 担,这一数量基本维持到 1918 年;1919 年增至 20087 担,是 1912 年输出量的 1.45 倍,这一增长势头保持到 1923 年;后面几年的夏布输出额起伏不定,到 1931 年则大幅度减少。之后,江西夏布输出很少出现增长的情况。

值得注意的是,各县夏布的对外贸易情况并不一致。1933 年左右的情况为,宜黄的漂白夏布年产额约 20 万元,崇仁产额亦相等,万载与临川,均达七八十万元,销路在省内者颇多,也颇畅销于烟台、宁波、长江一带省份,以及美国、朝鲜等处。[1] 即与各县夏布生产量基本一致,各县夏布的对外贸易额也保持同一水平,宜黄、崇仁、万载、临川等地的夏布生产销售在全省占据优先地位。

江西夏布贸易的情况,既与全国经济形势一致,也与江西的地方性密切相关。20 世纪 20 年代末至 30 年代初,国共两党以"围剿"与反"围剿"的军事作战形式在江西进行斗争。国民党的经济封锁阻碍了苏区与国统区的贸易,更遏制了苏区的贸易输出,也使江西农产业的海内外贸易受到压制。以萍乡为例,战争之前夏布生产颇为客观,畅销省内外,"可远至东三省及朝鲜,每家批货,日在千元以上";1930 年两军在萍乡交战之后夏布商业萧条,"呈不可支持之状",尤其是顾客大为减少,"城内各大商号,存货装璜,尚知力求讲究,无如寥若晨星之街人,每多望望然去,偶有顾客,必为左右店铺所争呼",从而导致很多夏布店铺"日不进一文者,所在多有"。[2]

---

[1] 《江西经济之回顾与展望》,《经济旬刊》第 1 卷第 18 期(论著),1933 年 12 月 1 日。
[2] 陈赓雅:《赣皖湘鄂视察记》,第 32 页。

这一时期夏布的海外贸易可以更为微观地考察这一态势。从中国的整体情况而言，夏布的海外贸易经历了从上升到下降的起伏过程。中国运销国外的夏布，不仅包括江西夏布，蜀、湘、鄂、闽、粤各省均有之，其境外市场主要包括中国香港、朝鲜、日本、新加坡、暹罗及其他各处。（详见表2-11）

表2-11　1922—1932年中国夏布运销境外市场的数量

单位：担

年次		中国香港	新加坡	朝鲜	日本	暹罗及其他	总计
1922		977	990	33186	1023	400	36576
1923		1079	1795	14688	3443	192	21197
1924		970	1065	19652	2779	157	24623
1925		523	74	18684	1296	149	20726
1926		320	96	24237	1870	136	26659
1927		748	38	22845	1527	602	25760
1928	粗夏布	234	16	5322	729	175	6476
	细夏布	385	—	18845	917	—	20147
	合计	619	16	24167	1646	175	26623
1929	粗夏布	111	3	4262	1012	40	5428
	细夏布	233	—	12865	452	5	13555
	合计	344	3	17127	1464	45	18983
1930	粗夏布	142	2	1655	1011	227	3037
	细夏布	127	—	6544	614	1	7286
	合计	269	2	8199	1625	228	10323
1931	粗夏布	162	3	4950	1185	382	6682
	细夏布	162	—	17528	368	1	18059
	合计	324	3	22478	1553	383	24741
1932	粗夏布	1046	—	1799	140	411	3396
	细夏布	256	—	6259	29	11	6555
	合计	1302	—	8058	169	422	9951

资料来源：《江西夏布业衰落之情形及其救济方法》，《经济旬刊》第1卷第6—7期合刊，1933年。

由表 2-11 可知，中国夏布海外贸易，1922 年曾超 3.6 万担，以后各年输出均不及，多则减 7/10 以上，少亦减 3/10。细观各地销路，如中国香港、暹罗及新加坡等处虽时有变迁，并未陡减。唯中国夏布对朝鲜的销售额一直以来较为巨大，对朝鲜的销售额逐渐减少，导致中国夏布对外贸易遭受极大打击。之所以出现这个情况，是因为当时的战局诡谲。当时日本一方面开始大肆侵略，另一方面也加强了对朝鲜的殖民统治，从而影响了朝鲜当局进出口贸易的导向。1930 年、1932 年均陡减至 0.8 万余担，与 1922 年的 3.3 万余担相比，未及 1/4，故而影响当年全国总输出额。并且，1932 年销往我国台湾，以及日本的数额亦大为减退。①

与夏布海外贸易出口数量的升降起伏一样，夏布海外贸易出口值也出现了同样的趋势。例如，1928—1932 年中国夏布近 5 年的海外贸易值为：1928 年总计关银 5794844 两，其中粗夏布为 527052 两，细夏布为 5267792 两；1929 年总计关银 4232100 两，其中粗夏布为 492048 两，细夏布为 3740052 两；1930 年总计关银 2391262 两，其中粗夏布为 264932 两，细夏布为 2126330 两；1931 年总计关银 4943925 两，其中粗夏布为 724097 两，细夏布为 4219828 两；1932 年总计关银 1102477 两，其中粗夏布为 209523 两，细夏布为 892954 两。从 1928—1932 年区间数值变化看出，1928 年的数值最高，以后逐年下降，虽小有起伏，但基本未超出这一峰值。到了 1932 年下降至最低，仅有 1928 年数值的 1/5 左右。②

与全国的总体情况一致，江西夏布的海外贸易同样如此。受全国贸易情势的影响，1930 年后江西夏布的对外贸易也逐渐受限。江西夏布的海外贸易占生产量的"三分之一至二分之一"，主要面向朝鲜、日本，而朝鲜的市场份额整体萎缩，所以江西夏布海外贸易受影响最大。③ 例如，1936

---

① 《江西夏布业衰落之情形及其救济方法》，《经济旬刊》第 1 卷第 6—7 期合刊，1933 年。
② 《如何偿还美国棉麦借款？》，《经济旬刊》第 1 卷第 4 期，1933 年。
③ 《江西夏布业衰落之情形及其救济方法》，《经济旬刊》第 1 卷第 6—7 期合刊，1933 年。

年的《江西年鉴》记载，江西夏布约有近二分之一运销朝鲜。[①]时人专门论述了《夏布推销朝鲜之危机》。文章指出，我国夏布多数均推销朝鲜市场，因为朝鲜人民一年四季均以夏布为主要衣着原料。根据中国海关出口统计，1931年夏布出口总数值为关银4219828两，其中运往朝鲜者，为关银4083260两，约占全数的95%以上。[②]要言之，以朝鲜为主要海外市场的江西夏布贸易进入20世纪30年代，开始明显萎缩。即便中国包括江西农村有着廉价的劳动力，依赖这种劳动密集型手工业增加家庭收入，但是面对消费市场的萎缩，也难以承受压力，只能减少夏布生产。应该说，夏布贸易不断衰落的情况与苎麻、夏布生产量不断减少的情况是紧密相连，也是高度一致的，充分反映了市场的自主调控力。

近代江西夏布的对外贸易表明，夏布业作为中国传统产业和农村主要副业之一，一度受到消费者尤其是外国消费者的热烈欢迎，销售量和产值逐渐攀升；然而它不能脱离中国经济的总体情势和世界市场经济的冲击，到20世纪30年代，江西夏布对外输出逐年下降，全民族抗战以后更是大受影响。

（四）夏布业衰势之隐忧

上述所列关于江西苎麻、夏布产量、销售、价格和全国夏布对外贸易等数据基本证明，近代江西夏布业的发展格局呈现了较大的变化，并与全国夏布业的发展走向保持了基本一致。实际上，这一格局变化是政治、经济、军事等多重因素共同作用的结果，体现了中国产业转型的艰难性，以及在世界市场经济冲击下中国传统产业的命运。从经济层面而言，近代江西夏布业已经逐渐显露出衰败之势。其主要表现在：

1. 中国经济整体低迷

近代以来，在振兴实业的热潮中，中国初步建立了现代经济法制体系，并且因第一次世界大战的爆发，西方列强暂无暇东顾，对中国经济发展形

---

① 吴红卫：《试论传统晋商的夏布经营——以晋商常家为例》，《江苏商论》2019年第4期。
② 《夏布推销朝鲜之危机》，《经济旬刊》第1卷第2期，1933年。

成了相对有利的外部环境,因此民国初年经济水平出现了一定的提升,经济面貌有一定的改观。与此同时,中国政治环境的混乱、列强的经济扩张、资金缺乏等多重因素,始终约束着中国现代经济的成长,"中国在传统经济向现代经济的转型过程中仍是步履艰难","农村经济的发展更为艰难,现代农业几尽阙如,传统耕作方式及生产方式仍然占据着主导地位,广大农村不能成为现代工业的市场并为其提供必要的资源"。[1] 这一情况到 20 世纪 30 年代后变得更为鲜明。1931 年九一八事变后,日本侵略中国的步伐加快,其他列强对中国也是虎视眈眈。在内忧外患中,中国经济只能在艰难中前行,农业经济更是如此。以夏布业而言,到了 1933 年左右,江西、湖南、四川等省的粗夏布、细夏布,销路日渐阻滞,"产大于销",继而发生"剩余之现象"。这一现象不仅可使数省工业愈加凋敝,且将使数省农村愈加破产。[2]

对江西而言,夏布织造仍然未脱离传统产业的范畴,是江西最为普遍的家庭手工业。这种手工业受全国经济的影响甚大。在全国经济发展逐渐艰难的情况下,江西夏布业也难以发展。与此同时,20 世纪 30 年代初国民党以南昌行营为指挥中心,对江西的中央苏区、湘鄂赣、赣东北苏区先后发动 5 次大"围剿"。受战争局势的影响,江西农村经济发展受到极大阻碍,甚至被破坏严重。此外,江西在外经营夏布的商人,也受战争等因素的影响,几乎全归破产,其勉强支撑者,亦奄奄一息,毫无生气。从前由经商所获得之收入已不复得。[3] 在夏布生产者、经营者都受到严重打击的情况下,夏布业的衰落也是势所必然。

2. 工艺落后

夏布工艺虽然源远流长,但相比日新月异的现代工艺就显得落后。江西省政府指出,江西夏布过于墨守成规,不知适应潮流,不知力图改进,

---

[1] 汪朝光:《中国近代通史 民国的初建(1912—1923)》,江苏人民出版社 2013 年版,第 488 页。
[2] 《如何偿还美国棉麦借款?》,《经济旬刊》第 1 卷第 4 期,1933 年。
[3] 《由江西之产业谈到经济政策》,《经济旬刊》第 1 卷第 2 期,1933 年。

以致不断衰落，陷入一蹶不振的境地。①1933年，《经济旬刊》刊载的《江西夏布业衰落之情形及其救济方法》一文对此作了详细阐述。文章指出：

  夏布无论以何种麻织成而性皆坚硬，易起折痕，且其为服之用只宜于夏季。因纺织费工费时而价又昂贵。近年人造丝织品出，价较夏布略贱。在南昌言，缝一件上等夏布长衫，需银十数元至二三十元，中等者七八元，下等者三四元。若缝一件上等人造丝长衫只需银七八元，次等者亦三四元。除夏季以外春末秋初亦可服用。且柔软华丽，行走则荡漾如春波，风吹则飘飘如仙子，是以一般厌故喜新之男女，多弃夏布而用人造丝织品。②

在其看来，以传统工艺织造的夏布相比人造纺丝品，质地过于坚硬，容易起折痕，且费时费力费钱；同时，在美观上也毫无优势，且只适合夏天着装。这些都是夏布发展的局限。

在夏布业的现代转型过程中，农民的守旧以及对夏布传统工艺的墨守表现强烈。江西乡村妇女，多善纺织，"男耕于外，女织于内，持有数千年来农村社会之特征"。但是，自外货倾销以来，本土生产的夏布，突受打击，加上洋纱畅行内地，传统的纺织业务大受影响。所以到1935年，各乡村虽然织机声没有中断，妇女仍以纺织为重要职责，然"已渐被外国商品经济所支配"，所以"以原始式之手工业生产而与其竞争，诚有望尘莫及之概"。由此推知，相较往昔，夏布业"当一落千丈矣"。③从中也可看出，夏布业在现代纺织业的冲击下，已经无力抵抗，其工艺已经明显落后于市场需求。

作为夏布生产主体的广大农村妇女，文化水平极为有限，大部分人都是文盲。她们对新鲜事物的接受力极低。④在现代纺织工艺不断更新的情况下，她们不能够与时俱进，只得被动地迎接挑战。这就造成很多生产出

---

① 《省府组织工业改进委员会》，《经济旬刊》第1卷第6—7期合刊，1933年。
② 《江西夏布业衰落之情形及其救济方法》，《经济旬刊》第1卷第6—7期合刊，1933年。
③ 江西省农业院推广部编：《南昌全县农村调查报告》，第95页。
④ 徐幼之：《第一年担任乡村妇女工作的经验》（1935年），卢广绵等：《农村工作经验谈》，上海青年协会书局1936年版，第35页。

来的夏布不符合消费者口味。根据 1933 年九江商会报告，"近来运沪夏布，竟有原箱退回者，且夏布幅狭，裁剪太不经济，此亦失败之一大原因"。①可见，织造出来的夏布不符合要求，缺乏标准化的规范。九江海关的报告则说明，夏布工艺落后导致产品输出量的下降。它认为，夏布之供给，未能适应时代之需求。例如，之所以美国、南洋一带不购买中国夏布，是因为他们的服装较短，对夏布的需要程度减低。因此，经济界人士强烈建议，夏布织造改变制法，参用机器，以减少人工而降低成本；同时改变织式样，用其特长，以寻求新用途，而广推销。②

3. 帝国主义的压迫和政府软弱无力

在中国传统文化的视域下，"男耕女织"的美好图景是社会稳定、人民幸福的写照。难以数计的文学作品描绘了人民对这一农耕生活的向往。在以农立国的封建社会，"男耕女织"的农村生活确实有极大的吸引力。但是随着帝国主义侵略中国，传统的农村经济已经不能适应时代巨变。即使大部分中国农村都试图维持这一平和生活，例如 1930 年毛泽东在吉安的金滩、同水、阜田等地调查发现"几乎家家女子都是织布的"，但在外货的倾销之下，夏布业不得不与国外的洋布展开竞争。③

帝国主义的压迫和政府的软弱无力也对夏布业包括江西夏布业的发展产生了重要影响。帝国主义的政治压迫与经济掠夺，给中国政府施加了极大的压力，但是当局的软弱无力加剧了这一衰势的恶化。

帝国主义的经济侵略对中国经济的影响很大。鸦片战争后外国资本主义倾销商品尤其对棉纺织品的倾销日益造成中国包括江西夏布销售的低迷。因为他们倾销的棉纺织品比较柔软，价格更便宜，购买的人不断增加。反之，江西夏布生产者处境更为艰难。

日本帝国主义对中国的压迫尤其厉害，南京国民政府无力抗拒，步步退让。自九一八事变后，日本不仅明目张胆地侵略中国领土，而且在经济

---

① 《江西产业衰落之现状》，《经济旬刊》第 1 卷第 1 期，1933 年。
② 《江西经济之回顾与展望》，《经济旬刊》第 1 卷第 18 期（论著），1933 年 12 月 1 日。
③ 《东塘等处调查》（1930 年 11 月），《毛泽东农村调查文集》，第 255 页。

上掠夺中国的资源和财富，抢夺中国的海外市场。朝鲜作为中国夏布的主要外销国，日本通过政治强压争夺过来。软弱的中国政府也无相当措施去进行应对。随着中日关系的交恶，中国夏布滞销朝鲜。[①] 对中华民族而言，朝鲜此时已经沦为日本的殖民地，而日本帝国主义侵占我国领土，"致成不共戴天之仇，输往朝鲜之夏布，因而大减"。并且，此时的世界局势极为动荡，战乱不止。"全世界深陷于经济恐慌之中，无论何人之购买力皆略缩小"。新加坡等处的中国夏布销路，因此也毫无起色。[②]

4. 其他市场主体的竞争

在世界市场经济竞争中，不仅有中国这个贸易国，其他国家同样会参与进来，争夺自己的份额和利益。

其中，日本是中国最大的竞争国。20世纪30年代初中日局部战争时常发生，两国关系日益恶化。日本因日汇低廉之关系，对华贸易或不致受巨大打击，反观"中国对日贸易，就朝鲜方面而论，历来在朝鲜销行之夏布，殆已至衰萎不振之势"。朝鲜对中国夏布之输入税率，为从价25%，但因在朝鲜的日本海关官员的滥自估价，所抽之税实不止此。1933年朝鲜当局对中国夏布，其税率拟再增至百分之三四十。[③]

朝鲜作为中国最大的夏布进口国家，它在20世纪30年代后也在日本的倡导下，开始自种苎麻，织造夏布，减少夏布进口。这就使商业利益逐渐转让给日本。[④]1932年，朝鲜种植苎麻面积达1569町步（一町步合中国一亩六分有奇），生产价额年达538万元。自该年起，朝鲜总督府拟实施亚麻植产计划之议，借以发展生产事业，以便驱逐中国夏布在朝鲜之销行。[⑤]在全民族抗战时期，中国夏布对朝鲜的出口更是阻断，朝鲜转而从日本进口或自产。

---

① 《由江西之产业谈到经济政策》，《经济旬刊》第1卷第2期，1933年。
② 《江西夏布业衰落之情形及其救济方法》，《经济旬刊》第1卷第6—7期合刊，1933年。
③ 《夏布推销朝鲜之危机》，《经济旬刊》第1卷第2期，1933年。
④ 《江西夏布业衰落之情形及其救济方法》，《经济旬刊》第1卷第6—7期合刊，1933年。
⑤ 《夏布推销朝鲜之危机》，《经济旬刊》第1卷第2期，1933年。

应该说，中国夏布到 20 世纪 30 年代后逐步衰落是多种原因共同作用的结果。中国经济的艰难行进、夏布工艺的落后、帝国主义的压迫、政府的弱势、其他国家的竞争等都是不可忽视的因素。江西夏布业的情况同样如此。这充分反映了以江西为代表的夏布传统产业在经济、政治、军事等强压之下的生存现状。

夏布业的发展格局始终与中国乃至世界的政治、经济、军事等形势密切相关。近代江西是中国最大的夏布产地之一，因此江西夏布业的发展趋势基本体现了中国夏布业的特点。从时间阶段而言，清末民初中国夏布业有一定的发展，在 20 世纪 30 年代开始走下坡路，被迫卷入世界资本主义竞争，且处于弱势地位，尤其是日本侵略中国的恶行加剧了这一衰势。江西的夏布业同样如此。从经济上而言，江西夏布业的发展，建立在丰富的原料基础上，并且广大农村经济的乏力和农民生活的窘迫，更加促进了夏布业的普及化，以改善经济困境。从格局分布而言，江西的万载、宜春、崇仁、临川等地是夏布业的核心区域，宜黄、永丰、上高、袁州、萍乡、宁都、河口、玉山等县是次重点区域，其他县也有所分布。中国近代是传统产业向现代产业转型的重要阶段，夏布业作为农村的传统产业同样受到这一转型的重大影响，但从效果来看，中国乃至江西夏布业的现代化经济转型并不成功。

四、其他产业

除了茶业、烟草业、夏布业，近代江西农村的纸业、木材业、棉业等也较为普遍。这些产业与江西农村的经济结构融于一体，与江西作为中国农业大省、强省的地位一致，以纸业为代表的农村产业在全国的地位颇高，凸显了江西的一贯优势。近代以来，尤其是南京国民政府成立后，江西农村经济明显下落。这一时期江西固然保持了全国农业大省的地位，但农村传统产业在资本主义市场的强大冲击和帝国主义经济侵略之下明显力不从心，陷入困局。

（一）纸业等产业的发展概况

江西地理上具有非常优越的条件，各种物产丰足，森林木材亦极充裕，"得天之厚，殊足自豪"，并且"人民又以勤奋精警著，手工业极发达，农村副业极为普遍。茶业，纸张，夏布，染料等均曾驰名中外"。[①] 从历史的角度来看，以茶业、烟草业、夏布业、纸业等为代表的手工业一直是江西农民重要的副业。这与江西文化在封建王朝时期的繁盛情况一致。繁盛之时，江西商人遍布于长江上游各省，远及云、贵、川，下迄淮扬沪埠。无怪乎，时人评价："江西手工业之发达，殆比于十八世纪下半期欧洲之英国。吾民之勤勉坚毅，亦与彼时之英国人民，正相若也。"[②] 近代江西虽然不复宋明清时期的繁荣，但也始终延续着农村经济生产方式，在全国农村经济中保持在第一方阵的地位。

造纸业是近代江西非常重要的农村产业。自东汉发明造纸术以来，造纸业一直是中国传统手工业。宋代以后，因经济重心南移，江西逐渐跻身造纸业大省。明清时期，江西造纸业再次上升为中心地位，处于中国第一方阵的优势地位。近代江西造纸业地位虽有下降，但仍是纸的生产大省，并且纸的产量大，分布广。从全国范围而言，江西与浙江、福建、四川等省的纸业最为发达，是中国闻名的四大造纸大省，且居首位，其次是安徽、湖南、广东、山东等省。

江西具有造纸的先天优势，即纸原料——竹木和水都十分富饶。"江西气候温和，竹林苍翠，产竹之盛为全国冠，而竹为制纸之绝好原料，故其纸业之发达，天然之势也。"此外，雨量丰富，且流淌着许多绵延不绝的河流。并且拥有传统的制造纸张技术。这一优势使江西各地农村基本发展了造纸业，许多农民都积极参与其中。自唐宋以来，江西书院文化教育发达，对纸张需求增多；城乡居民日常生活和宗教祭祀，以及一些商品包装等消耗纸张也较多。由此，江西造纸较为发达。古代社会江西纸张主要

---

① 《江西经济之回顾与展望》，《经济旬刊》第1卷第18期（论著），1933年12月1日。
② 《由江西之产业谈到经济政策》，《经济旬刊》第1卷第2期，1933年。

供给皇室和朝廷使用。近代江西纸张出产与瓷器、红茶、烟草、夏布、木材等出产相并列，具有重要的经济地位。①

从地域分布而言，全省81个县的半数以上县域都有造纸业。清朝时期，江西纸业生产在铅山、万载、修水、铜鼓等地广有分布。北洋政府时期，江西的造纸业"以旧吉安府，南安府，赣州府，宁都府四属为最，旧袁州府，广信府，抚州府，建昌府四属次之"，产额较多的县，如铅山、广丰、贵溪、赣州、吉安、奉新、靖安、新建、石城、宜春、万载、泰和等县。南京政府统辖江西后，产量最大的地区为宜春，包括宜春、宜丰、萍乡、万载、奉新、靖安等地；其次为赣州地区，包括石城、大余、崇义、上犹等地；接着是抚州、上饶、吉安等地。

江西造纸的产量在不同时期有所不同。清朝时期，江西纸业生产仍然维持较高的产量。清朝末年，山区经济得到一定发展，其中造纸业贡献大。例如赣东北的铅山县是著名的纸生产地，乾隆、嘉庆、道光时期铅山县从事造纸的人员约占到30%，槽户约有2300余户，年产纸张价值达到四五十万两。②到了20世纪10年代之后，江西纸张产量仍然较大，但全面抗战之后出现断崖式下降。以产纸大县——万载县为例，1921—1926年期间万载造纸业较为发达，全县有纸槽5000余个，年产表芯纸张为40余万担。土地革命时期，受战争影响和市场经济冲击，产量锐减。这一趋势延续至全面抗战时期，1937年全县只剩下纸槽1200多个，年产量12万担。受抗战的战争的影响，纸的对外输出受阻，产量继续下降。到1947年，全县仅生产4.5万余担。

近代江西所产纸的用途主要是誊写印刷、迷信用纸、制伞、制作灯笼、染色、日用包裹东西、裱糊等。以从业者而言，全省从事制纸业者，北洋政府时期全省"六千九百余户，工人三万余人"，占全国造纸总户数和工人数的10%。③

---

① 《江西之烟产与卷烟消耗》，《经济旬刊》第1卷第1期，1933年。
② 许怀林：《江西史稿》，第585—586页。
③ 《江西经济之回顾与展望》，《经济旬刊》第1卷第18期（论著），1933年12月1日。

近代江西产纸的种类多样，不同纸的产量、产值也有所不同。江西纸可分粗细两种，粗纸、细纸又可再分诸多种类。其中，细纸包括连史、毛边、白关、贡川、奏本、谱纸、宣纸、尽心、皮纸、仿造洋纸等多种。不同种类的细纸产额也有一定的差异。例如，毛边纸的年产额约 100 万元，连史纸的年产额 150 万元，其他各种细纸约 50 万元。大致而言，全省细纸的总产额为 300 余万元。江西以制造粗纸为主。粗纸的种类也不少，包括蓬纸、火纸、花笺和草纸等。其中，蓬纸的年产额约 4 万元，集中于吴城与奉新一带；靖安所产的火纸，年产值约 100 万元。从细纸和粗纸的生产价值总额来看，"每年产额不下数百万元，占全国纸产额之重要位置"。1915 年至 1918 年，"本省产纸之总价值在七百余万元至八百余万元之间"。以 1918 年为例，江西全省纸产额 811.6163 万元，中国纸产总额为 4000 万元，江西占全国纸产总额的 20%。[①] 其产值在全国占据首位。

从地区而言，江西各地纸业的产值也有所差异，呈现区域性的发展格局。从 1930—1936 年的情况看，宜春的造纸业确实处于江西省首位。具体如下：宜春地区 1930 年的纸业产值为 1951500 元，1934 年为 2529125 元，1935 年为 2406490 元，1936 年为 2232736 元；上饶地区 1930 年纸业产值为 1271000 元，1934 年为 854700 元，1935 年为 883150 元，1936 年为 1120840 元；抚州地区 1930 年的纸业产值为 1661000 元，1934 年为 373955 元，1935 年为 395150 元，1936 年为 462420 元；吉安地区 1930 年的纸业产值为 666500 元，1934 年为 335282 元，1935 年为 341754 元，1936 年为 403400 元；赣州地区 1930 年的纸业产值为 902000 元，1934 年为 608652 元，1935 年为 1061952 元，1936 年为 1241262 元。[②] 从中不难看出，除了宜春之外，赣州因所辖范围广大，所以其纸业产值也较大，处于第二位，其次是上饶、抚州、吉安地区。

近代江西纸张的销售，遍布省内外，"就输出数量言，瓷、茶、苎麻、

---

① 《江西经济之回顾与展望》，《经济旬刊》第 1 卷第 18 期（论著），1933 年 12 月 1 日。
② 杨勇：《民国江西造纸业述论》，《江西师范大学学报》（哲学社会科学版）2001 年第 3 期。

纸张，每年经九江关出口者，均共十余万担以上"。① 一般而言，本省内部销售40%，省外销售60%。省外的细纸交易，主要集中在上海、浙江、南京、汉口、广东及其长江流域；粗纸的交易，主要集中在南京、上海、安徽、山东、河南、河北等省。江西纸在省外有很好的声誉，几乎每个省都有江西纸的销售，甚至"每年运销于北方各省者为数甚巨"。

自1840年鸦片战争以来，江西纸张的销售因通商口岸的开放，一定程度上扩大了交易市场。从1863年到1931年的官方数据统计来看，1873年仅2.1万余担，输出最多的年份为1930年，达15.7万余担。两相对比，两者"相差有十三万六千余担，其产量之涨缩性可谓大矣"。（见表2-12）

表2-12 近代江西纸张的对外销售情况

年份	数量（担）	年次	数量（担）	年份	数量（担）
1863年	121815	1884年	125855	1913年	141890
1864年	71363	1889年	93301	1914年	140145
1865年	42885	1890年	119273	1915年	141232
1866年	54818	1891年	118417	1916年	117559
1867年	27181	1892年	126174	1917年	91959
1868年	54004	1893年	113092	1918年	146936
1869年	47619	1894年	103121	1919年	149392
1870年	43678	1895年	85174	1920年	168965
1871年	33451	1896年	130004	1921年	147618
1872年	30667	1897年	116974	1922年	183697
1873年	21929	1898年	161142	1923年	154806
1874年	36132	1899年	117518	1924年	140075
1875年	47806	1900年	75875	1925年	164149
1876年	62474	1904年	143137	1926年	156266
1877年	79692	1905年	156043	1927年	144396
1878年	95675	1906年	123818	1928年	121195
1879年	100528	1907年	123841	1929年	147753
1880年	106244	1909年	114300	1930年	157488

① 《江西经济之回顾与展望》，《经济旬刊》第1卷第18期（论著），1933年12月1日。

续表

年份	数量（担）	年次	数量（担）	年份	数量（担）
1881年	111421	1910年	172381	1931年	88223
1882年	117522	1911年	120102	—	—
1883年	123109	1912年	153827	—	—

资料来源：《七十年来江西纸输出数量统计表》，《经济旬刊》第5期，1933年。

不过，从发展趋势而言，与茶业、烟草业等传统产业的情况一样，江西纸业在1930年之后开始衰落。从调查情况来看，1930年后赣州、奉新、靖安等地的火纸，在华北一带的销售量一落千丈。江西纸的海外市场萎缩厉害，外国纸侵夺中国包括江西市场。据统计，外国纸输入中国的总数量不断上升，1928年已达2900万两，1930年增至3700万两，1931年达4500万两。其中，日本的纸张占重要成分，1930年为1800万两，占中国输入外国纸进口总量的48%强，1931年为1900万两，占中国输入外国纸进口总量的43%强。与之对应，江西纸的海外销售则大幅度缩减，"赣省纸业退化至此，诚极严重之问题也"[①]。这一情况到抗战时期更为恶化。

木材、棉花等其他产业在江西也比较普遍。在一些县域，它们成为农民增收的重要产业。

木材在江西较为丰富，"亦为江西大宗产物"。这与江西的自然环境密切相关。江西的东、西、南三面，均为山脉所分布。与闽浙连接之边境，有仙霞岭山脉；与湖南连接者，有万洋山脉；南方有南岭山脉；东北方又有黄山山脉之支脉。"森林茂盛，木产丰富，自为地理上之天惠"，江西"地处温带，南昌自昔为森林之区，豫章之名，即由于此"。江西著名的木材生产区域：赣南之赣州、崇义、遂川、上犹、瑞金、龙南、兴国、石城均以杉木为大宗；赣东之崇仁、宜黄、乐安；赣西之永新、安福，赣北之修水、铜鼓等地均产松木、樟木、杉木。其中，赣州府属各县所产的杉木驰名全国，因"赣州上游，土地肥沃，气候温和，最宜植木，所产木材，坚细身

---

① 《七十年来江西纸输出数量统计表》，《经济旬刊》第1卷第5期，1933年。

长，经久耐用，不似徽浙木材身短梢细，质松而轻。除常德所产之广木外，可称吾国杉木之良材"。① 这也说明了江西丰厚的木材资源。

江西木材的销售在全国也具声望。从区域而言，在国民政府统治下，江西木材销售"以江苏为大宗，次销本省及皖芜各埠"。江西木材的输出数量也很大，即"江西之木材，输出极多"。近代江西每年出口的木料，为 1600 万立方尺。而本省造船，建屋，制作器具等所用之木，亦将达 800 万立方尺。② 此外尚有专供燃料之柴木，即以景德镇论，每年所需之木柴达四百万担，树枝 250 万担，以供瓷窑之用。每年由沙河轮船运出之木柴可达 4000 吨。而供本省炊火，及制木炭用者，亦达数十万吨。③ 简言之，江西木材丰富，其用途主要为造船、造屋、制作器具和燃料，省内外销售量都较大。

至于木材的贩运，一般而言木材自产地运至鄱阳湖西岸之吴城镇集中，再经鄱阳湖出口，直达南京。1933 年江西省政府经济委员会通过实地调研发现，江西省木材的对外输出已经明显出现"积滞"现象，尤其是"杉木之销路，实陷于不振之境也"。他们承认，"赣省经济之发展，在前一阶段中，较其他各省为优越。产品种类繁多，品质精美，早已驰名中外"，但到 20 世纪 30 年代已经衰落。④

棉花种植在明清时期已是重要传统产业之一。在清朝时期，九江府是棉花生产的主要基地。棉花品种也较为优良，"核小而绒多"。例如，彭泽县棉田广阔，种植面积达到水稻面积的一半。许多农民依靠种棉的收入应付家里的各种开支。⑤ 棉花在近代江西农村广有分布，"各县农民十分之四五，大抵从事种植棉花"，"本省棉花出产，平均数量，约在百余万担以上"。从地域而言，江西产棉区域以沿湖滨江各县为主，彭泽为产棉最多之县份，

---

① 《江西经济之回顾与展望》，《经济旬刊》第 1 卷第 18 期（论著），1933 年 12 月 1 日。
② 1600 万立方尺为 45.31 万立方米，800 万立方尺为 22.65 万立方米。
③ 《由江西之产业谈到经济政策》，《经济旬刊》第 1 卷第 2 期，1933 年。
④ 《江西经济之回顾与展望》，《经济旬刊》第 1 卷第 18 期（论著），1933 年 12 月 1 日。
⑤ 许怀林：《江西史稿》，第 579 页。

次为湖口与九江，糊口流斯县一带，纵横十余里均为棉田，九江产棉之区则在江北孔陇一带，他如鄱阳、永修、都昌、临川、东乡、新淦、进贤等县，亦为产棉之区。进入20世纪30年代，江西的棉花种植不理想。种植面积有限。据1932年的有关调查，全省仅有数十万亩，全年产量亦难达十万担。[①]究其原因，一方面是遭受国内战争的影响，各县许多农民逃亡在外，不能安于农事，"棉作艰于下种"；另一方面也是经常遭受灾荒，几无收获可言。[②]

此外，江西靛青也较为著名。江西靛青为墨蓝及蓼蓝之产物，是一种天然靛，品质较好。它盛产于乐平、鄱阳、德安、万年、临川、德兴诸县，产量较高。1917年输出数量曾达83195担。"江西所产靛青半数输出，半数自用"。据此估计，则江西靛青产额最多之年当在15万担以上。南京国民政府统治期间，"因外洋人造靛之大量输入，江西靛青几将绝产，观最近数年全无输出，仅民国二十年有六十七担"。1933年江西省政府经济委员会的调查，江西原产靛青各县，"未闻有种墨蓝蓼蓝者"，这一产业基本消失。[③]（详见表2-13）

表2-13　近代江西靛青输出数量

单位：担

年次	数量	年次	数量	年次	数量
1888年	1244	1910年	32886	1926年	1407
1889年	14593	1911年	11575	1927年	1099
1896年	18627	1912年	6978	1928年	292
1900年	53886	1916年	68525	1929年	—
1902年	23752	1921年	35448	1930年	
1907年	37427	1924年	2439	1931年	67
1909年	23496	1925年	2217	1932年	—

资料来源：《四十六年来江西靛青输出数量及指数表》，《经济旬刊》第1卷第15期，1933年。

---

① 《本省各县棉产概况调查》，《经济旬刊》第1卷第17期，1933年11月。
② 《本年江西烟棉稻之生产概况》，《经济旬刊》第1卷第9期，1933年。
③ 《四十六年来江西靛青输出数量及指数表》，《经济旬刊》第1卷第15期，1933年。

从表格数据看出，江西靛青的经济贸易曾有过辉煌的历史，但在外国资本主义的市场冲击之下几乎绝迹。

（二）纸业等产业的发展困境

诚如上述所言，江西纸业、木材业等虽然在中国占据重要地位，但其总体发展态势已然出现颓势，不符合时代发展的需要。这一发展困境与全国农村传统产业的整体低迷是一致的，更与国家的经济、政治、军事和世界资本主义市场的冲击等因素密不可分。其主要表现在：

1. 从生产组织形式上而言，绝大部分农村产业还属于手工业，技术较为落后

近代江西的造纸虽然分布广、产量大、输出多，但是绝大部分造纸还是手工的，很少使用现代机器制造。江西作为内陆省份，接受现代化工业的思想较为缓慢。因此，江西的现代工业兴起较晚。以造纸业为例，至抗战前夕，全国的机器造纸厂有79个，江西作为最大的产纸大省仅有3个，所占比例为4%。并且江西仅有的几家造纸厂资本少，规模也小。例如，江西最早的机器纸厂——利昌造纸厂公司，成立于1920年，位于永修涂安埠，资本仅有40万元。故而，江西大部分的纸张都出自手工。[1]

手工制纸，质量难以保障，导致产品档次低。与机器造纸相比，明显处于弱势，在竞争中败下阵来。江西纸张虽然种类繁多，但主要以粗纸为主。这些粗纸主要用于日常包裹东西和各种迷信用纸。与之相对应，因为细纸产量不高，自1924年始，江西每年进口高档纸张的数量开始增加。高档纸主要用于新闻印刷等。其需求的增加与江西新文化的日渐发展密切相关，即很多地方开始创办新闻报刊，出版书籍，导致对高品质的纸张需求扩大。"近年来，赣州，奉新，靖安之火纸，在华北之销路一落千丈，其主因，则为制法不知改良，除供焚化于祭祀用外，无他用途。近日人民逐渐破除迷信，此种需量，大为减少。益以外纸输入逐渐增多，挟其价廉用宏之武器，

---

[1] 杨勇：《民国江西造纸业述论》，《江西师范大学学报》（哲学社会科学版）2001年第3期。

压迫我国纸业。销路既被侵夺,生产难免退化。"①这就道出了在各种内外压力、自身技术落后等多重原因的影响下,近代江西纸业发展受到严重阻碍。

总体而言,粗纸的品质低,且效益不高。五四运动后,中国进入新民主主义革命时期,各种思想在这一时期百花齐放。先进的中国知识分子把对国人进行思想启蒙视为改造中国的极为重要手段,因此以《新青年》为代表的且具有明确革命思想主张的新报刊在全国各地受到追捧。蔓延至地方,地方知识分子也不甘落后,相继自动自觉起来,创办具有地方特色的报刊,以改造地方社会。对江西而言,随着新文化运动的兴起,新式新闻报刊的创办已然成为潮流且符合革命的需求。江西以粗纸为主的造纸业不仅难以满足本地新报刊对高品质纸张的需要;并且江西纸业作为中国第一大纸业,以粗纸为主的纸产品不能满足全国各地对高品质新纸的需要。1933年的相关调查印证了这一判断,江西省的造纸为"手工制品,品质不一,成本亦昂,于是毛边连史销路,又多为沪上纸厂出品所替代"。②因此,江西纸业逐渐没落实为必然。

2. 战争影响和外国资本主义市场的强势侵夺,加速江西农村产业的衰败

自鸦片战争以来,中国逐渐沦为半殖民地半封建社会,遭受帝国主义的政治压迫和经济侵夺。与此同时,除了帝国主义和中华民族的矛盾,封建军阀和人民大众的矛盾也是中国社会的主要矛盾,因此这一时期封建军阀的内部争夺、中国共产党领导人民反对军阀的战争等都构成了国内战争的重要内容。

江西是国民党与中国共产党开展"围剿"战争与反"围剿"战争的主要战场。大部分县域都受到战争的影响。以纸业为代表的农村产业波及较大。1930年前后,江西纸业的衰落与江西的频繁内战有着重要关系。国民党对江西各地尤其是苏区实行严密的经济封锁政策,对农村产业的发展产生极为负面的影响。1933年,《申报》记者陈赓雅在调查采访中发现,在

---

① 《江西经济之回顾与展望》,《经济旬刊》第1卷第18期(论著),1933年12月1日。
② 《江西经济之回顾与展望》,《经济旬刊》第1卷第18期(论著),1933年12月1日。

"围剿"区域，国民党的经济封锁政策被责令严格推行，指出："此间刻正推行封锁政策，条款繁多，一言蔽之，与赤区断绝一切物质上之交与关系而已。"①

外国资本主义市场的侵略也是导致江西纸业等衰落的因素。九一八事变之后，日本帝国主义的侵略野心昭然若揭。他们肆无忌惮地在中国进行经济侵略，包括抢夺农村市场。当时的江西省政当局已经清醒地认识到了这一点："日纸所侵占之市场，概皆本省原有市场，吾赣纸张之销路日益减缩矣。"②

全民族抗日战争后，江西农村产业受日本帝国主义侵略的影响尤其大。很多产业在其侵略下被迫减少产量或停滞。例如，产纸大县——铅山县在抗战爆发后，造纸的成本大幅度上涨，许多造纸的作坊倒闭，产量锐减，每年输出产值不到百万元。宁都县抗战前夕年产2700担，全民族抗战爆发后，外面的机制纸倾销市场，本地的造纸已经无利润空间，大部分造纸的农户被迫放弃造纸业。奉新县在1936年产纸2320万斤，占全县工农业收入的22%，但到抗战时期仅有210万斤，只占全县总收入的6.6%。③

在外国资本主义的侵略下，进入20世纪20年代后，江西纸业不仅输出减少，而且输入开始增加，具体详见表2-14。

表2-14 近代江西纸张进口情况

单位：担

年别	外国进口	年别	外国进口	年别	外国进口
1912年	6789	1919年	—	1926年	15491
1913年	—	1920年	—	1927年	15534
1914年	—	1921年	—	1928年	20179
1915年	—	1922年	—	1929年	23949
1916年	—	1923年	—	1930年	14401

---

① 陈赓雅：《赣皖湘鄂视察记》，第31页。
② 《江西经济之回顾与展望》，《经济旬刊》第1卷第18期（论著），1933年12月1日。
③ 杨勇：《民国江西造纸业述论》，《江西师范大学学报》（哲学社会科学版）2001年第3期。

续表

年别	外国进口	年别	外国进口	年别	外国进口
1917年	—	1924年	14037	1931年	22927
1918年	—	1925年	15134	1932年	36

资料来源：《江西省历年进口大宗货品统计图表》，陈荣华《江西近代贸易史资料》，江西人民出版社1987年版，第138页。

从江西纸张进口情况看出，自1924年到1932年，外国纸张持续输入江西，在较大程度上影响了江西本地纸业的发展。这与国内的经济形势类似。从外国输入中国的纸张产值日渐增加，1930年从国内输入者，值23533两，从国外输入者值176138两，合计20万两以上。1931年则数字更见增加，国内者53693两，国外者359751两，合计40万以上。① 两者相对比，颇令人心寒。

木材业的情况与纸业差不多。江西盛产的樟木、杉木等销售深受战争的影响。1931年九一八事变之后，帝国主义对中国的经济侵略进一步加快。这也影响到江西木材业的发展，"年来洋松进口日增，侵夺国产木材之销路。木产之危机亦与其他特产同"。② 棉花的生产销售同样如此。战争加速了农村经济的衰落，人民的购买力相继下降，加上通商口岸受战局的影响，各地集市交易也较快萎缩。对棉业而言，"九江营出口各花行，存货山积，折本颇巨，兼之内地店庄销场减少，民间迫于经济枯竭，对棉衣不加制置，致棉市趋于狭落。粮食阻于匪患，运售困难，供求不应，市场惨跌，农村经济，受物产之滞塞，俱呈恐慌"。③ 从中可以看出，战争和帝国主义侵略对江西经济的强大破坏力。

对帝国主义阻碍中国包括江西农村产业的发展情况，江西省政府经济委员会有着精准的总体分析：

（制纸业，染料业等）制造方法，虽多如手工业厂或家庭工厂之形式，

---

① 《江西经济之回顾与展望》，《经济旬刊》第1卷第18期（论著），1933年12月1日。
② 《江西经济之回顾与展望》，《经济旬刊》第1卷第18期（论著），1933年12月1日。
③ 《本年江西烟棉稻之生产概况》，《经济旬刊》第1卷第9期，1933年8月21日。

而生产之数量与品质均据有相当重要地位。然此等基础,并未培植经济史发展上应有之工业经济,手工业近固日趋于崩溃,而新式工业之工业革命亦告流产。数千年之自然经济,其崩溃之起点,虽始于鸦片战役,彼时帝国主义之军舰炮弹将中国闭关自守之关门轰溃,工业之产品与巨量之外资源源侵入,资本主义之经济体制逐渐改变原有之手工业与农业为主之自然经济。然此种发展系外来之资本帝国主义侵略之成果,仅成畸形之特质。工业革命无能顺序前进,而工业资本处处表现其附庸性,缓滞性及幼稚性。迄今不特迁缓停滞于初期未成熟状态,且所有民族工业莫不直接间接隶属于帝国主义之大规模工业,听其支配,听其操纵。①

其分析十分到位。在其看来,以纸业为代表的农村手工业难以培育成为新工业经济,这与帝国主义的侵略有着重要的关系。尤为重要的是,帝国主义侵略造成了农村传统产业的畸形发展,使其处于发展的不成熟或停滞状态等。

3. 税捐的繁重使农村产业不堪重负

因战争赔款、战争费用、政府运转常费等大宗开支,清末的封建王朝在财政上存在着严重的入不敷出现象,故而把压力转嫁给地方政府,地方政府又转给农村,其中对农村产业增加征税是重要手段。辛亥革命虽然推翻了统治几千年的封建王朝,随后建立了中华民国,但是在税制上并未彻底改革,减轻农民的负担。尤为重要的是,因为战争的频繁和帝国主义侵略,各种税捐反倒变相增加,其中,农村产业也要承担重要税负。在繁重的税负重压下,江西农村产业的发展更受到掣肘。

对于财政收入有限的江西来说,各种物产的税收也是重要的税收来源。"纸,布,麻,烟草,木竹等等,农业特产是政府的重点征税对象,并且税目繁重。"概言之,基于江西丰富的物产,江西省政府和各地方政府都把茶叶、纸、布等作为重要的征收对象,以扩充自己的财政收入,并且税率具有随机性。(详见表2-15)

---

① 《江西经济之回顾与展望》,《经济旬刊》第1卷第18期(论著),1933年12月1日。

表 2-15 江西各县土产货物捐征收概览（1933 年调查）

县区	税目	税率	征收机关及方法	收入额
星子	油山竹木山捐	按全年产额抽 10%	各区各保收	—
永丰	竹木捐 茶油捐	—	各区各保收	—
吉水	竹木捐	按值抽 5%	各区各保收	—
奉新	补助纸捐 火纸捐	每匹 100 文	—	月收 600 元
武宁	丝茶捐	每箱 8 角	—	—
永修	教育地方捐	各地竹木柴炭米谷油榨渔户每元抽六厘	—	—
德兴	毛茶捐	每百斤 3 元	—	—
彭泽	牛皮捐 公安棉花捐 教育棉花捐	—	公安局收 公安局 教育局	每月约 10 元 月收 10 元 每花行年收 5 元
宜丰	竹木捐 纸块捐 烟叶捐	竹每排 1 角木每排 1.6 角 表芯一担 2.1 角 上等百斤 1.2 元，中等 1 元，次等 8 角	县财务委员会 县财务委员会 县财务委员会	年收 7800 元
崇仁	竹木捐 甜酒捐 老废牛捐 毛边纸捐 夏布捐	每条约 3 角 每缸抽 5 分 每一头老牛抽 1.2 元 每抽 4 角 每匹 1 角	由充作各经费之机关派人征收	年收 1000 元 年收 200 元 年收 200 元 年收 1000 元 年收 600 元
浮梁	水果捐 鱼捐	抽百分之二 每千斤抽 1.5 元	县财政局	—
靖安	烟叶捐 纸捐 竹木捐	每石 3 元 每皮 5 分 每排 2 角	由商包	720 元 360 元
新淦	竹树捐	值百抽十	县财委会	—
德安	麻捐 柴炭捐	每捆 1 角 万把以上 1.5 元，万把以下 1 元	县财委会	—
余江	竹捐 子积 猪积 牛积 校经费	竹木每条 1.5 元 豆麦每值 1 元征收 5 分 大猪 5 角小猪 3 角 每只 1 元 竹木移出	学校会计	—

续表

县区	税目	税率	征收机关及方法	收入额
德兴	养猪捐 牛头捐 毛茶捐	肥猪一只2角小猪1角 大牛4角小牛2角 每百斤3元	保联处征收	—
黎川	烟丝烟叶捐 香瓜捐 竹木纸张捐	烟丝每箱2元烟叶每石2元 每斤1.7分 不详细	—	月收113元 月收16元 月收150元
玉山	土货出口捐	谷每石2角花尖纸每块1.5角牛每头8角油百斤1元大蒜百斤1.5角猪每头5.7角	—	—
萍乡	土煤剿匪捐	每吨抽1.5角	—	8200元
临川	布捐	捐率现由财政局调查	李渡龙津小学	700元
乐平	矿产捐	每元5厘	县财委会	—
赣县	煤捐	每船1元或2元	—	—

资料来源:《江西"剿匪"期中各县地方之苛捐杂派》,《经济旬刊》第18期(论著),1933年12月1日。

可以看出江西土产货物税捐种类繁多,而且各地政府可以随意调整或决定税率,例如以竹木为例,吉水征税为值百抽五,新淦则为值百抽十,宜丰则为从量。更应该注意的是,江西各地政府"课捐物品之杂难,举凡货物之出境无不课捐"。至于征收的机关,同样较为纷杂,例如余江的竹木出境有所谓校经费捐,临川的布捐,"均由充作经费之小学校,直接征收"。正所谓"虽各县地方财政统归财务委员会统核收支,然由各地方机关抽收,而为在财务委员会之统辖外者,仍不乏其例也"。要言之,税率、征税机关都极为混乱,税率重、压迫重是总体趋向。

以江西纸为例,纸张成本高,在与洋纸的竞争中不具备优势。其中,江西纸张的运费较高。连史纸由河口运到南昌,每件运费2元;表芯纸从万载运到南昌,每担要1元运费。江西纸的税负也很高。纸张需要征收一般商品的统税,还要征收特种消费税、五五附税等。具体而言,毛边纸每篓六刀征统税3角,特税3.5角;竹纸每担征收统税4.7角,特税9角;袁表纸每担征收统税1.6元,特税3角;赣州竹笺每担征收统税2.8角,特税 6 角；大油纸千张统税 9.4 角，特税 17.6 角；色纸每篓征收统税 3.2 角，特税 5.9 角；白关纸每块征收 0.9 角，特税 1.8 角；细棉纸每捆征收统税 3.3 角，特税 6.3 角。①

总之，近代江西农村产业在现代化转型中并不顺利。一方面固然是产业本身的技术问题、生产方式问题；另一方面也与中国半殖民地半封建社会的社会性质密切相关，受帝国主义压迫、国内战争等直接影响。

（三）具体改革举措及有限的成效

近代江西纸业等农村产业遇到了发展瓶颈。这是不容忽视的客观现实。面对这一难题，当局和热心于江西经济发展的各界人士都提出了相应的改革措施，并不同程度地付诸实践。不过受制于整体政治、经济环境，这些改革的成效相当有限。

1. 组织工业改进委员会，设法改进工业技术

鉴于农村各产业技术落后，1933 年江西省政府成立了改进江西工业教育委员会。在省政当局看来，"本省工业如瓷器，夏布，爆竹，纸张等，均为本省大宗工业出产品，乃多因墨守旧规，不知适应潮流，力图改进，以致日见衰落，几有一蹶不振之概，实乃工业教育之不发达所致"，因此"为谋解决社会经济及人民生计，亟应设法改进，以图发展，当决定组设改进江西工业教育委员会"。改进江西工业教育委员会以熊式辉为主席，胡嘉诏、程时奎、龚学遂、邵德辉、李舫春、李中襄、李才彬、张浩为委员。该委员会的设想：

窃维教育所以储材，建设所以效用，二者必须联络沟通，使人才与事业相需相成，庶教育方面以学生出路之广，而气象日新，建设方面，以专门人才之多而设施自易，查本省工业要政，办理虽具规模，而联络尚鲜效果，兹为使工业教育与工业建设，互相资助进行起见……商订改进本省工业教育及建设计划大纲，即拟组织改进委员会，关于本省工业教育及建设事宜，

---

① 杨勇：《民国江西造纸业述论》，《江西师范大学学报》（哲学社会科学版）2001 年第 3 期。

由会通盘规划，督促进行，似于本省工业前途，俾益当非浅鲜。①

根据其设想，改进江西工业教育委员会的主要目的是普及工业知识教育，提高省内工业技术水平，推进工业发展。

2.设立江西省政府经济委员会，对江西各项经济工作（包括农村经济）进行调查、设计与研究

为了加强江西省经济统筹工作，1932年11月江西省政府主席熊式辉召开省务委员会，决定建立江西省政府经济委员会。其设立的初衷是"江西省政府为谋本省经济建设以增进富力厚裕民生"，其职责是"专司一切经济调查及设计之意"。该经济委员会以萧纯锦为主任，龚学遂、吴健陶、文群、熊遂、李德钊、欧阳瀚存、吴品今等人为委员。其具体工作为"除文书，会计，庶务不计外，可分经济调查，经济统计，经济问题研究，经济建设设计，及经济画报编纂五大类"②。从这一时期经济委员会的着手工作来看，他们做了大量的农村经济调查，包括茶叶、烟草、夏布、纸张、木材、棉花等各产业的调查，这些调查"以调查本省各种经济状况，以供编制本省统计报告研究本省经济问题，及草拟本省建设方案之用为目的"③。

以棉产情况为例，江西省政府经济委员会的调查非常详细。调查内容包括棉田面积，棉产额，棉花种类，栽培方法以及运销情形等。其中，运销方法调查包括"棉农售于何人……每斤价格若干（元）""有无花贩收买？……花贩之棉花售于何人？""小镇市有无花行？……花行之棉花售于何处？何人？""有掺水掺杂等恶习否""运往外地之棉用何物包扎？""运往何处？……用何方法运输（船，车，人挑）？""由产地至运销地每单位（包，担）约需运输费若干（元）？"等内容。④这些调查极为专业，即在掌握一手的农村经济资料基础上，提出相应的改革措施。有些措施直接转为省政府的决策。

---

① 《省府组织工业改进委员会》，《经济旬刊》第1卷第6—7期合刊，1933年。
② 《本会成立之经过及主要工作》，《经济旬刊》第1卷第1期，1933年。
③ 《江西省经济调查计划纲目》，《经济旬刊》第1卷第18期（特载），1933年12月1日。
④ 《本省各县棉产概况调查》，《经济旬刊》第1卷第17期（调查），1933年11月。

3. 建立各种农作物实验区，发挥示范作用，并逐渐推广农业新技术

与熊式辉领导下的省政府当局重点关注经济发展的情势一致，为了提升和推广农业技术，1933年后江西省开始设立农作物实验区。其设立的缘由"惟以农民墨守成规，罔知改进，遂致各种素为国际贸易上重要商品之农产，竟因他国有计划之竞争而日趋衰微。现为救济振兴计，拟就各主要作物产量较多之县分中，择其最优者以为试验区"。其推进步骤：第一步，详察其气候土壤及现在种植方法与状况；第二步，设立试验场选种栽培，以作实验；第三步，选择产量最大、品质最佳的种子，劝导全省农民栽种。其宏大设想是通过实验，使"各种农作之产量及品级，定可逐渐增高，不惟昔日之盛况可以恢复，即来日之发展亦无限量"。按其步骤，省政府设立了农作物试验区。例如，稻麦杂粮作物实验区"拟以南昌为稻作试验区，丰城为麦作试验区，吉安为各种杂粮作物试验区"；棉作试验区因"湖口已有农业试验场，注重棉作之改良"，所以"拟即以湖口为棉作试验区"；靛青作物试验区因乐平所产多且佳，所以"拟乐平为试验区"，等等。①

虽然当局做出了一定的努力，试图挽救岌岌可危的农村产业，但是毕竟效果有限。农村传统产业的持续没落就是注解。造成这种局面的原因是复杂的。1933年，江西省政府经济委员会发表《江西经济之回顾与展望》一文，对烟草业、烟草业、麻织业、制纸业、染料业等传统产业的变革给予了客观的评价：

> 江西经济之衰落，即全国经济情况之现形也。省内物产丰饶，农林繁盛，矿藏富裕，如江西者，其前此之经济结构以手艺工业为农村之副业，而农产品与特产品又极富足。然以中国今日之处境正如孙中山先生所云"中国是国际资本主义支配下的一个次殖民地"，农村濒于崩溃，内地早告破产，全国国民经济岌岌不可终日。赣省处于腹地，经济上之桎梏与社会上之骚扰，更使其旧经济结构毫无进展，不易改造，不易转变，因而陷于没落之命运。前述之主要物产衰落状况，可为一正确之说明。②

---

① 《江西省主要农作物试验区选定计划》，《经济旬刊》第1卷第10—11期合刊，1933年。
② 《江西经济之回顾与展望》，《经济旬刊》第1卷第18期（论著），1933年12月1日。

这一评价较为中肯，即在半殖民地半封建社会，中国经济包括江西经济的没落是必然的，农村经济的崩溃也同样如此。虽然江西保持着传统的农村产业优势，但对时代变化的要求并不适应，呈现破产之状，在旧的经济结构中沉沦。应该客观承认，传统产业的现代化转型并不容易，因为旧的经济结构"不易改造，不易转变"。这也说明近代江西农村传统产业的转型并非是单一的因素推动，而是多种因素共同作用的结果。尤为重要的是，处于半殖民地半封建社会，帝国主义和资本主义市场对江西农村传统产业的冲击产生了重大的影响。

朝后期田赋的变化，主要是负担的加重，地丁合一的田赋制度基本没有变。负担加重的原因主要是1840年第一次鸦片战争后清政府的战争赔款陡然增加，财政支出急剧增加，入不敷出严重。为了偿还战争赔款和支付政府开支，加上腐败蔓延，清政府想方设法增加税源。因此，清政府加重田赋的名目繁多，主要是附加税的增加。这些农业税和附加税全部摊至地方，强制执行。以后又将其他的支出如洋务费用、新政费用也加派给地方。地方各省无其他收入来源，就把这些摊派重新压在农民头上，造成征税的混乱和农民负担的加重。①

（二）清朝时期江西农业税概况

江西作为清朝主要的农业省份之一，是朝廷农业税的主要来源之一。江西农业税的情况基本反映了清朝农业税的发展趋势，同时又有地方的具体调整。以典型的农业县宜春为例，可窥见这一点。

宜春县农业税的总体变化与清朝农业税的趋向基本一致。清初期仍然沿用明代制度，宜春县田赋税加九厘地亩银总共53093.53两。顺治十一年（1654），清汰浮粮，计减银24847.55两。延续了300年的积困得到了舒缓。正赋之外为丁银，合计1382.73两。全县总共征收地丁银29628.71两以及本色米2427.39石。后荒塞田亩经过垦补稍有变化。雍正间，并丁银于地粮，改称地丁。本色米在道光初期以一部分坐给兵丁月米，后乃全数折银。同治元年，两江总督曾国藩、江西巡抚沈葆桢合疏整顿钱粮，请丁漕两项一律折收制钱，由官易银解兑。每地丁一两加一耗羡，折收足钱2400文，漕米一石折收足钱3000文，除了解部外，留充本省以及各州县办公之费用。同治七年（1868），巡抚刘坤一奏请每米一石改收银一两九钱，仍然以一两三钱解部，二钱七分提充本省捐款、公费，其他由各州县留支。同治十二年（1873），左都御使胡家宝以违例加征上告部，议地丁银一两折收钱2600文，漕米一石折收钱3200文，无须征收实银。光绪二十九年（1903），摊派各国赔款，遂兴亩捐，每正银一两加收钱200文。这样的做法一直延

---

① 北京经济学院财经教研室编：《中国近代税制概述》，第16—19页。

续到清朝末年。①宜春县的农业税政策和做法基本在全省各地实施,具有代表性,是清朝时期江西农业税情况的缩影。

1. 田赋作为主要税种,是农民的主要负担

作为财政收入的大宗项目,田赋的登记与征收尤其受到重视。明朝初期确定下来的农业税税率在清朝得以延续,所以江西农民仍然承担着高税率带来的重税负。以宜春为例,清初期一则田科米1.72斗,全县田的面积为5115.49顷,合计征税数量粮食为75141.25石,折银53093.53两,此外在田赋正税的基础上加九厘地亩银,田地分不同等级,承担不同税率。顺治十一年(1654)清汰浮粮,降低了相关税率,一则田科米0.93斗,合计征税粮39837.08石,折银28245.98两。嘉庆十八年(1813)保持顺治十一年的税率,折银28312.06两;同治年间(1862—1874)税率不变,折银数量也不变。

2. 丁赋作为独立的征收项目,与田赋分开

在江西,田赋与丁税严格分开登记,丁赋仍然作为独立的征收项目。即使在雍正年间实行地丁合一以后仍然没有变化,同时丁税所得上交政府,并作为政府财政收入的重要来源之一。

同样以宜春县为例,可以看出这一情况。清初期,宜春县丁口总数为55332,其中男11377丁,女43256口,优免丁699丁;其税率为男丁每丁编银0.104两,妇女每口编银0.004两,优免丁每丁编银0.055两;合计额编1382.73两,实征1327.29两。康熙七年至五十年(1668—1671),全县共55954丁口,其中增男丁489丁、棚民男丁103丁、棚民女30口;其税率为棚民男丁每丁编银0.144两,棚民女每口编银0.004两,其他不变,仍是男丁每丁编银0.104两,妇女每口编银0.004两;实征银1462.84两。康熙五十二年诏以五十年丁册为常额,续出人丁永不加赋。在康熙五十二年(1713),全县55954丁,税率不变。雍正五年(1727),全县共计55954丁,

---

① 漆能廉、汪从文、谢祖安主修:《宜春县志》卷八《财政志·田赋》,民国版影印本,第14—15页。

其税在地亩屯粮内均匀完纳,因此丁银摊派于地亩,增征银1581.11两。①

3. 本色米与折银共存的征收方式

清初,改南米为兵米。宜春县原额南米15259.16石,改折70%,即有10681.41石进行折银,其余数量则征收本色米。顺治十一年(1654),减少南米2150.36石,计实额编本色米2427.39石,本色米用于改充本省兵粮。乾隆四十七年(1782),奉部文删除公费17名,应减少本色米61.2石,归裁兵米折项下征解,实坐给兵丁月米2072.53石。至咸丰末年,每石折银1.3两,解部,遂改称米折,而征收浮数日益增多。同治光绪之间,改收制钱,迭有增加。②

4. 土贡等其他田赋附加

各类田赋附加税繁琐。以土贡而言,种类繁多让人纷乱无着,折算方式也是无定法。清初,土贡袁州四县岁进荐新茶芽18斤,额编起运项下本色征解,其活野味以及岁办翎毛、杂毛、皮、弓箭、弦各款则入起运项下折色征解。又岁办本色苎布5496匹2丈,在道光年间,已奉停办,总共正垫脚银1264.233两,也入起运项下征解。又根据道光志载,其时宜春县所办本色物料计甲字库:银朱56斤1两3钱7分,总共正垫脚银28.6178两;五棓子5斤8两5钱,垫脚银0.222两;紫草1斤,共正垫脚银0.1419两;苎布2436匹2丈,共正垫脚银560.4324两。丁字库:桐油92斤2两3钱,共正垫脚银2.9862两。以上五款本色物料总共正垫脚银592.4145两。③

从宜春县农业税变化来看,它与清朝农业税制趋势是基本一致的。不过,宜春县的农业税比清政府规定的要复杂。地方政府对各种附加税的变相收受,清政府在后期对地方的各种加派,造成农民的税负始终没有真正地缓解。宜春的农业税可以代表江西农业税的基本情况。

(三)清朝时期江西农业税的历史影响

清朝初期沿袭了明朝的田赋制,赋役册则按照万历册,但万历时期的

---

① 漆能廉、汪从文、谢祖安主修:《宜春县志》卷八《财政志·田赋》,第16—17页。
② 漆能廉、汪从文、谢祖安主修:《宜春县志》卷八《财政志·田赋》,第17—19页。
③ 漆能廉、汪从文、谢祖安主修:《宜春县志》卷八《财政志·田赋》,第17—19页。

各种加派已经存在，因此清初也不可避免地把它继承下来。清朝的摊丁入亩统一了全国赋役制度，但这并未减轻赋役的征收额度。从江西各县的情况看，摊丁入亩后各种杂派加征继续存在。在这一时期，江西是清王朝农业税主要的征收之地，它的田赋政策并未脱离清朝农业税的既定框架，因此其积极性并不显著，传统色彩浓厚，同时对近代江西农业税具有深远的影响。

从积极层面而言，清朝农业税有一些做法具有历史延续性，起着一定的政治稳定作用。尤其是田赋的"蠲缓"政策最为突出。这一政策主要是面对不可抗的自然灾害或为稳定民心、减轻农民负担等情况，而采取减免农业税的做法。清朝时期，不同统治者都程度不一地对江西实行了农业税减免政策。这从宜春县的"蠲缓"情况便可知这一点。（详见表3-1）

表3-1 清朝江西宜春蠲缓农业税情况

朝代	次数	蠲缓内容
顺治朝	1	顺治十一年清汰浮粮
康熙朝	5	康熙十七、二十七年分别蠲免地丁钱粮一次；四十五年蠲免四十三年以前未完地丁钱粮一次；康熙五十一年恩诏江西除漕项外，五十二年应征地亩银查明全免，其历年旧欠银亦免征；康熙五十六年蠲免带征地丁屯卫银一次
雍正朝	1	雍正八年蠲免雍正九年江西额征钱粮银40万两
乾隆朝	10	乾隆十年恩诏应征钱粮蠲免一次；十三年恩诏袁州府当年应征钱粮全免；三十五年豁免应征钱粮一次；三十六年袁州府当年应征钱粮全免；四十二年豁免应征钱粮一次；四十四年袁州府当年应征钱粮全免；四十七年蠲免漕粮一次，屯除租银减三征七；五十五年豁免应征钱粮一次；五十七年袁州府当年应征钱粮全免；六十年豁免应征钱粮一次
嘉庆朝	2	嘉庆二年袁州府当年应征钱粮全免；嘉庆四年蠲免漕粮一次，屯除租银减三征七
道光朝	2	道光十五年豁免十年以前民欠节年钱粮；道光二十五年豁免道光二十年以前民欠节年钱粮
咸丰朝	2	咸丰元年豁免道光二十九年以前民欠钱粮一次；咸丰七年袁州府属被贼扰害村庄，应征新旧钱粮分别蠲缓，造具清册详请具奏，准行袁州府属四县应征咸丰六年的钱粮除了已完纳外并坐支驿站经费以及随漕兵折外，均蠲免十分之六，蠲剩四成缓至咸丰八年秋后分作三年带征

续表

朝代	次数	蠲缓内容
同治朝	1	同治元年豁免咸丰九年以前民欠钱粮以及因灾缓征带征银谷并漕项、学租、杂税一次
光绪朝	2	光绪元年、二十八年豁免民欠钱粮
宣统朝	1	宣统元年豁免民欠钱粮一次

资料来源：漆能廉、汪从文、谢祖安主修《宜春县志》卷八《财政志·田赋》，第22页；骆敏等修纂《袁州府志》，同治十三年版影印本，卷三《食货·田赋·蠲缓》，第626页。

从表3-1可知，宜春县在清朝蠲缓的次数达到了27次，尤其是康熙朝与乾隆朝较多，并且蠲缓的规模、数量较大。从蠲缓的原因来看，主要是战争、天灾或登基初期招揽人心等。蠲缓作为一种安抚稳定地方民众的手段，它的作用不容小视。清朝政府要想稳定政权，对地方必须采取一些温暖人心、符合人心所向的措施，这是必要的路径选择。只有这样才容易得到更多的支持。

另外，政府虽然力求田赋制的稳定，但也进行了一些调整与改革，从而使税制具有了一定的灵活性。即使税额固定，江西在不同时期或不同县域对折纳银的比率不断进行调整。例如，在同治元年，每地丁一两加一耗羡，折收足钱2400文，漕米一石折收足钱3000文。同治七年（1868），巡抚刘坤一奏请每米一石改收银一两九钱。虽然折纳比率很多时候可能提高，但有时也会有所降低。不管变化如何，赋税制度中的稳定性与灵活性的一面也得以体现。

然从总体而言，清朝农业税对中国包括江西的影响，负面作用较为明显，并且这些负面影响一直延续到民国时期。主要表现：

其一，各种附加税既是清朝农业税制也是清朝江西农业税的主要弊端所在。江西在明朝万历年间的赋税非常重，但因为清朝按照明朝万历时期的赋税额征收，这就不可避免地把沉重的赋额也沿袭下来，江西农业税的重负仍然延续下来。即使在顺治朝实行了清汰浮粮的政策，相比其他一些省域，江西还是属于重税额的区域。明朝其他一些农业税弊端在清朝时期的江西也得到了不同程度的反映。《知县王忻奉檄酌议应裁八款》奏疏就提到了清初期宜春县应该废除的八个项目款项。实际上这些项目在明朝征收时候就已经出现了问题。文中列举了派剩、京库苎布、民兵、夫马、府县公费、本府仓米、黄蜡、农桑绢价、弓箭、弦条、胖袄裤鞋、军器民匕等该裁减的项目，其原因是这些征收项目存在着严重不合理性。例如，派剩项目本来就属于额外的征收项目，清初又在其基础上进行加征，绝对是重中加重。京库苎布在明朝久为无益之费，清朝又把它继承下来，再加上残破之余，机户不存，这就使得此项征收非常困难，徒增扰民之害而已。黄蜡又非本县特产，徒增额外负担而已，应该裁减。农桑绢价、弓箭、弦条、胖袄裤鞋、军器民匕等项目的新增银属于一种加征，本来原额就已经难以完纳，加征无疑又是雪上加霜。①

其二，田赋实际征收项目与征收办法存在问题。例如，一些项目根本无法征收。"老荒民屯田亩无地可垦，赋税无征之。耕作无可施，经制徒存，其数从前，拖逋荒粮，虽当屡赦之余而频年灾……"即老荒难垦田赋税、棚民丁税等因无地可垦、棚民杀逐等，实际征收难以完成。但是，分摊的数额难以改变，必然造成地方无穷的负累，增加百姓负担。②此外，在衙役催征钱粮过程中也存在一些不利于民的现象，"所以征比愈严，逋欠愈甚……每月无日可宽，每递无日可免，耕耨废业，老羸毙途，长吏若此，不必其受脏枉法也，即此厉政可劾，杀一邑之老幼男妇而有余矣"③。即使衙役天天催征，也不能保证税的完纳，反而不利于农民生产，扰乱社会秩序。

其三，劳役的变相存在。劳役在一条鞭法后折纳成银，按道理来说已经没有役，但实际却存在各种加派，并且役的征派方法上也存在弊端。《乡绅陈之龙等请复设偃碑文》提到了杂差横行的状况：宜春赋役繁重，江西尤为独苦，鼎革之际，弊政多端，民不堪命。至于征解、经收两事差外，

---

① 漆能廉、汪从文、谢祖安主修：《宜春县志》卷八《财政志·田赋》，第23页。
② 漆能廉、汪从文、谢祖安主修：《宜春县志》卷八《财政志·田赋》，第30页。
③ 漆能廉、汪从文、谢祖安主修：《宜春县志》卷八《财政志·田赋》，第29页。

派差弊中滋弊。近年以来法久政靡,夙弊滋甚,革解差,复追解差,征四差,复派杂差等,种种怪象滋生。①可以看出,江西赋役繁重,反映出役的科派不仅在明朝,而且在清朝也出现了混乱与不合理情况,百姓负担因而加重。显然,役的繁杂只会影响农业生产与人民安定。与此同时,派役操作的不合理性也较为明显。例如,"报充"作为征派役的方法存在很大的弊端,由于操作上的不规范性导致无辜的百姓受累。衙役本应该派一些有此意愿的青年甚至是游闲之辈去充当,但由于征派方法的不合理导致读书之人与良民可能遭到他人的暗报,不得不去充当这种差役,尤其是一些不愿意去服劳役的人只能用贿赂的方法得以幸免。②这样必然造成非常混乱的局面,更有甚者造成穷困之民鬻男卖女、悬梁服毒等极端现象。役的再次征派已经不合理,加上派遣操作上的粗糙,这种状况只能是弊中生弊。

二、近代江西农业税政策与实践

虽然辛亥革命后建立了中华民国,但此时封建残余势力仍然顽固,各项改革面临诸多压力,农业税仍沿用清朝旧制。北洋政府统治时期,因其本身的封建性和军阀特征,根本无意去实行实质意义上的改革,所以它也基本承袭旧制,并因军阀混战,赋役制度在各个地方存在很大差异性。1927年11月,南京国民政府在江西建立省级政权,江西由此成为南京国民政府治下的一个基本省区,直至1949年南京国民政府被中国共产党推翻。其农业税制在江西有着最为充分的体现。

(一)农业税政策与主要税种

近代江西延续了传统优势,是中国一个极为重要的产粮省份,因此它的农业税实施情况从一个侧面反映了中国农业税制的实际执行力度。江西基本执行了政府当局的农业税政策,并进行了地方化的细化或调整。大致而言,这一时期江西农业税的很多方面仍然延续了清代的做法,具有浓厚

---

① 漆能廉、汪从文、谢祖安主修:《宜春县志》卷八《财政志·田赋》,第29页。
② 漆能廉、汪从文、谢祖安主修:《宜春县志》卷八《财政志·田赋》,第35页。

的历史延续性。

1. 农业税征收延续旧制且有日益加重之势

近代江西农业税制沿用清朝旧制。与清朝时的地丁、米折科则以及交纳总数相比，相差不大。北洋政府时期的农业税政策就是如此。农业税采用征收制钱方法，后因钱价日贬，收入缺额太大，于是钱改为元，每两征收银币2元2角，每石征收银币2元9角。1927年国民党在江西开始实行统治后，增加25%的田赋附加（各县稍有不同），这是大幅度提高附加税的开始，以后逐渐沿用，且有不断增多的趋势。在南京国民政府期间，其农业税主要包括田赋正税、附加、预征等项目。至于征收方式，全民族抗战前江西省农业税以租谷为最多，占70%以上，其他为折银；[①] 抗战后，极为混乱，征收本色米或折银同时并存。农业税正税与附税共同构成农业税的总额。

全省实际征收数额：1915—1918年间，实际征收数额在440万至520万元之间；地租比例基本超过50%，1912—1927年间全省68个县中，除萍乡、梓山、铜鼓、分宜、宜春、寻乌6个县的情况不明外，其他62个县中地租占收获量的比率，在50%以下的仅有12个县，占50%的有22个县，55%的有4个县，60%的有26个县，65%的1个县，70%的4个县，75%的2个县。[②] 根据1925年江西省财政厅的报告，1924年全年农业税（包括地丁、米折、租课等项）共计5375460元。[③]

这一时期江西农业税制的突出特点是，在清代田赋科则和税额的基础上，以田赋正税为本体，不断增加附加税，提高农业税收入。

[①] 王世琨：《南昌实习调查日记》，萧铮主编：《中国地政研究所丛刊：民国二十年代中国大陆土地问题资料》，第84986页。
[②] 何友良：《江西通史·民国卷》，第77页。
[③] 何友良：《江西通史·民国卷》，第83页。

表3-2 近代江西宜春县农业税情况

年份	土地总数（顷）	税率	征税项目 本色米（石）	征税项目 折银数（实征数）
1912—1927	5132.35	民田一亩科本色米0.053斗及地丁银0.082两，地一亩科本色米0.016斗及地丁银0.021两，塘一亩科本色米0.023斗及地丁银0.029两，山科地丁银0.001两	2072.53	32136.02两
1927	同	增加25%田赋附加	2072.53再加附加	31944.59两，以此为基再加附加
1928	同	正银每两征收银币3元，米每石征收银币4元	2072.53	95833.8元
1930	同	每两征收法币3元	2072.53	实征95200.5元
1935	同	每正银一两征法币3.26元	2072.53	应征104075.5元
1939	同	按地价数额的1%征地价税	不详	正税159181元，附加81180元，总共240361元
1941	同	按正税带征每元普遍附加1元，另加征战时增益捐2元，列作正税征收。同年7月，田赋改征实物，正税每元折征稻谷2市斗，每赋额1元带征公粮1市斗	征收稻37769石，征购稻谷102290石，共140059石	不详
1942	同	每亩田赋正附税1元，征收稻谷2市斗（1943年改为4市斗），征购稻谷7市斗（1943年改为6市斗），并随赋额带征公粮1市斗	不详	不详
1947	同	每赋1元，征实3斗，征购2斗，带征省、县公粮1斗5升	不详	不详
1948	同	不详	公粮14315石	应征正附税16942.42元

备注：1石=10斗=100升。

资料来源：宜春市地方志编纂委员会编《宜春市志》，第381—382页；漆能廉、汪从文、谢祖安主修《宜春县志》，第36页。

从宜春1912—1948年农业税征收情况看出（详见表3-2），与清朝的农业税类似，近代江西农业税主要为本色米和折银两种方式。这是延续封建传统的做法,体现了农业税制在北洋政府、国民政府时期并没有实现革新。

南昌县的情况与宜春差不多,其农业税的传统延续性较强,体现了明清时期农业税弊端的顽固性。1936年8月18日,地政学院学员叶倍振专门去江西省地政局调研农业税情况。据调查,南昌县的农业税科则基本照旧,因为"变更科则,旧例必须呈准中央政府,始可办理,各县嫌其手续麻烦,实际如有更改,表面皆仍其旧"。显然,地方在具体操作上有所调整,但在规制上基本保持旧制。关于新税与旧赋之比较,调研者提出"原面积土地上应负担之地价税额较旧有之正杂田赋额为轻,至地价税总额之增加,由于田亩之增加,并未加重每亩之税额"①。当然,调研者认为国民党新税比北洋政府、清朝旧赋更轻的观点是明显的官本位。

全民族抗战以后,田赋收入仍然在地方收入中一直占最重要地位。1939年3月南昌被日本帝国主义占领,农民的生活更加困苦艰难。很多农民到外地避难,无法从事生产,"故很多田地的地主不在,同时荒地也很多,以至于粮食相当不足",但是日本帝国主义仍然强迫当局继续征收农业税,甚至制作了清查田赋报告书,让保甲长填报,由股长派股员进行调查监督,以便照旧强行征收。其清查田赋报告书包括业主姓名、佃户姓名、产别、面积、等则、共完赋额等内容,其目的仍然是掌握农业税征收信息。②由此可见,即便遭到帝国主义侵略,农业税仍是当权政府财政收入的主要来源。且因帝国主义压迫、战争摧毁等进一步催生了重税负。

2. 附加税日益繁重

附加税主要指从田赋派生出来的一种税。鸦片战争后,尤其是北洋政府和南京国民政府期间,地方事务越来越多,机构渐多,公费日增,加上无止境的战争费用,因此在正赋税之外,大量征收附加税,尤其全民族抗

---

① 叶倍振:《南昌实习调查日记》,萧铮主编:《中国地政研究所丛刊:民国二十年代中国大陆土地问题资料》,第85877页。
② 尾形明:《南昌县的财政》,冯天瑜、刘柏林、李少军选编:《东亚同文书院中国调查资料选译》中册,第819—820页。

战之后附加税日益繁杂。[①]江西的情况基本反映了这一趋势。

附加税名目繁多，漫无限制。在北洋政府时期，附加税问题就遭到国人的共同声讨和批判。[②]如前表3-2所示，随田赋增加附加税成为常态，且一经确定就会演变成正税。在南京国民政府时期，附加税几乎越过正税，成为政府收入的大宗。宜春县是江西省的农业大县，其农业税的情况是江西省的一个缩影。1933—1939年，宜春县农业税主要为田赋正税累计46.17万元（法币），平均每年7.69万元；附加税累计为91.05万元（法币），平均每年15.17万元，超过正税97.21%。[③]在这7年时间里，南京国民政府忙于"围剿"战争、与日本帝国主义作战，因此战争经费猛涨。为了战争经费需要，各种以农业税为本体的加派多了起来。1941年后，国民党因抗日战争和发动内战的客观需要，宜春县开始大量地增加战争加派。[④]

其中，几项比较主要的附加税：

（1）地亩附加：从1915年起，宜春县等县市地丁每两带征附加税3角，米折每石带征附加税5角5分。1927年8月奉江西省政府命令，附加税不得超过正税15%。这一命令很难执行。实际情况并非如此，附加税超过正税极为普遍。1935年，江西省政府令地丁、米折改为元计算，仍然按照正税每元带征3角，附加税也改为元计算。

（2）保安附加：自从1927年国共展开战争以来，为了维护地方治安，防止平民暴动，地方当局的各类地方武装如警察、保安团等，日渐膨胀。江西省政府开始征保安附加。1931年省政府要求各地，地丁每两带征警察捐以及子弹捐2元4角。次年，它又改警察队为保安团，扩充兵额，入不敷出，导致民生怨言。1934年，保卫团经费改由省统筹统支。遵照规定每两改征保安附加1元2角，缴解省库。1935年又遵照规定改为田赋，每元

---

① 漆能廉、汪从文、谢祖安主修：《宜春县志》卷八《财政志·田赋》，第44—46页。
② 《赣警界筹捐济饷》，《大公报》1923年12月6日。
③ 宜春市地方志编纂委员会编：《宜春市志》卷十八《财税.税务》南海出版公司1990年版，第381—382页。
④ 漆能廉、汪从文、谢祖安主修：《宜春县志》卷八《财政志·田赋》，第36页。

带征 3 角 7 分，次年又增为 4 角。

（3）保甲附加：1934 年 10 月，江西省政府规定，按照四二一之比将全县住户分为甲乙丙三等户，每月收取铜元 120 枚，乙等户收取 60 枚，丙等户收取 30 枚。这一收费号称保甲附捐。1936 年改为由省统筹于田赋项目下，每圆带征 2 角。区分等第的权力操纵在保甲长手中，因此派生出腐败、暴力等诸多弊端。

此外，还有战费征缴等其他税捐。北洋政府、南京国民政府陷入各种战争中，急需以农业税为突破口增加收入，以便满足政府对战争的投入需求，所以有诸如保安附加、保甲附加、"清剿捐"、手敷料等项目的征收。这一情况在南京政府期间表现较为明显。因国民党陷入战争的旋涡，只能一味地扩大经费，大大加重对百姓的剥削，这就造成了百姓不仅要承担农业税，更要承受政府强加给他们的战争开支。[1] 此外，各种支援战争的劳役等也变相增加。[2]

另外当局也增加了对杂税和其他加派的征收。虽然数量无法与地丁附加相比，但毕竟已经为附加税种类的增加打开了缺口，这在以往朝代中并不多见，进一步增加人民负担。对此情形，中国共产党进行了严肃批评："善后会实施了一百多种的苛捐杂税榨取群众的血汗，如烟灶捐、人口捐，户口捐，门牌捐，屠宰税等。连养一只猪，狗，牛，鹅，鸭，鸡，卖一点什么物品，起码要二角至几元的捐税。"[3] 这种苛捐杂税的混乱局面是中国共产党力求彻底废除时弊，实行土地改革，重新制定土地税法的重要现实基础。

南昌农业税附加税的情况就是一个缩影。1933 年征收的农业税主要

---

[1]《曹祖彬关于寄送蒋介石保安团主官姓名兵力枪支与驻地任务表的代电》（1945 年 1 月 31 日），江西省档案馆藏，档案号 J032-1-00344-0294。
[2]《为鉴于时局之严重及妇女责任之重大将组织军事看护训练班经决议南昌各机关之女公务员为第一期听讲之人员请准予所属各女职员请假出席参加》（1935 年 11 月 5 日），江西省档案馆藏，档案号 J023-1-01986-0001。
[3] 朱国治：《公略群众被敌人蹂躏的惨状》，《红色中华》第 240 期，1934 年 10 月 3 日。

包括地丁、漕米2项，其中地丁每年交纳2次，漕米则仅1次，地丁额总计4.8万两，米折为5.78万两。每田一亩正税及附税4项，约为5两。实际上，除了统一命名为"地方附税"的税项外，其他尚有临时之附加若干种，如契税地方附税，保卫团碉堡等数种，未行列入。至征收时，吏差的舞弊等陋规也存在。[1] 这说明，附加税变成地方上增加收入的一种重要手段，征收方式弊端明显，随意专断、营私舞弊等情况迭出。南城的情况也类似。除了缴纳逐年增加的正附税外，宜黄、南城等地且时有公路捐，夫差捐，禾草捐，保甲捐，飞机测量捐等项之征收。[2]

值得注意的是，地方政府有很大的机动性来提高附加税的税率，甚至可以决定征收或废除某项附加。地方政府自由、自主征收或废除附加税的权力，与中国的现实处境、中央政府对地方政府管理的无力、政治体制的缺陷、地方主义等因素相关。尤其是处于战争旋涡的国民政府，财政来源有限而财政支出庞大，对地方的财政拨款力不从心。对地方政府而言，它要搞建设、教育或其他公益事业等，当然也包括官员腐败，就必然要自己想办法。对以农业经济为主的省级、县级经济而言，征收农业税附加成为无奈之举动。某种程度上而言，江西农业附加税的泛滥以及数额的逐渐上涨与中国经济的低迷、政治状况的混乱等因素有非常大的关系。

附加税作为税收十分重要的部分，它在具体执行中各种弊端层出不穷。这一情况也反映在江西省农业税的实施中。附加税繁重是近代江西农业税制的一大特色。这与中国当时还是以农业为主的经济形态密切相关。

（二）全省各县农业税实施

南京国民政府在江西统辖了近23年。在这段时间内，它从第一次国内战争转入抗日战争，继而又进行第二次国内战争。战争不断，税负累积，是这一时期的常态。江西各县农业税执行情况比较客观地反映了江西省国民党政权的农业税政策实施状况，也是近代江西农业税实施情况的一个

---

[1] 江西省农业院推广部编：《南昌全县农村调查报告》，第34页。
[2] 陈赓雅：《赣皖湘鄂视察记》，第9—11页。

缩影。

1. 农业税的实际征收

以宜春县这个农业大县为例，可以看到国民政府持续力争农业税收的增加。它仍保持清朝时的旧额，但交纳的形式已经发生变化，即国民政府通过把银两折纳成银元或是法币，提高折纳比率，以带来实际收入的增加。从实质上而言，这种通过调整折纳比率来增加收入的方法实际也是沿用明清以来的做法。

以宜春县为例，可看出江西县域的农业税实际征收情况。1933年到1938年，宜春县农业税征收情况：1933—1934年应征农业税104123.9元，其税则为正银每两征银币3元，米每石征银币4元，其中1933年实际征收地丁20600两，计银61800元，米折1300石，计银5200元，屯粮74两，计银222元；1934年实征地丁14900两，计银44700元；米折860石，计银3440元，屯粮25两，计银75元。1935—1938年全县应征农业税104075.5元，其税则为正银每两征法币3元2角5分8厘。①

应征数、税则规定与实际征收并不一致。从宜春县1933年至1938年田赋征收看出，虽然县政府因为各种原因增加附加税或通过改变折算比率等手段，提高税收，但征收起来并不容易。以1933年为例，应征104123.9元，当年实际征收67222元，实收比例为64.6%；1934年应征104123.9元，实际征收48215元，实收比例为46.3%。

农业税实际征收比例不高在全省是一个普遍现象，各县的情况差不多。据调查，江西省南昌等地农业税实征数特别低的主要原因："1. 明代浮征并未减尽。2. 水冲沙塞逃亡绝户未能剔除。3. 建筑公路，铁路，飞机场及学校等而征用之田亩，未除赋额。4. 单位面积农地上之收益减少。5. 近年农民离村，群趋都市为劳工，原有之田亩荒弃。6. 官公产之赋额向不完纳。7. 当年财政局裁去架书后，无底册根据。"②由此看出，高额的农业税额是

---

① 漆能廉、汪从文、谢祖安主修：《宜春县志》，第38页。
② 叶倍振：《南昌实习调查日记》，萧铮主编：《中国地政研究所丛刊：民国二十年代中国大陆土地问题资料》，第85875页。

各种原因的累积，包括明代的浮征、逃亡户绝户的空置等。然而，农业税实际征收困难的原因虽然已经非常明确，但是省政府在各种重压之下很少主动作为，各级县级政府根本无力解决，继而导致这些问题始终积压下来。

下沉到乡村，则是活生生的历史画面。具体而言，在赣中丰城县的冈上村，农业税积欠现象长年无法解决。全村有180亩的土地税是有税粮无地，这些要纳税的土地"大半沿河，被水冲毁，尚有少数被筑为公路，但均须按期纳粮，请求免缴亦不准"。这一现象并不是冈上村的特例。从1912年持续到1934年，在22年间丰城全县共欠旧赋108000元，1933年追缴旧赋，"全县一律用随粮摊派的方法清偿"。落实到冈上村，全村共负担80元。①

这个情况在战争胶着的时候，更为突出。1933年《申报》记者对处于"围剿"战线中的南丰的调查显示，"此地钱粮，除所纳正附税银两合元，逐年增加外，且时有公路捐，夫差捐，禾草捐，保甲捐，飞机测量捐等项之征收。公路县道所破坏侵占之田地，应纳粮税，请求豁免，未蒙允许，所受痛苦，尤不堪言"。② 也就是说，农业税不断增加，包括战费不断增加，破坏的田地照征纳税，又没办法得到豁免，农民极为痛苦。

2、以增加战费为目的附加税名目凸显

在20世纪30年代，国民党连续对江西的中央苏区、赣东北苏区、湘赣苏区、湘鄂赣苏区发动了多次"围剿"战争。1937年7月7日卢沟桥事变后，全面抗战爆发。1945年8月日本投降后，国民党撕毁国共两党签订的双十协定和停战协定，发动内战。面对以人民为基础的中国共产党和中国人民解放军的顽强奋斗，国民党反动派一步步走向失败，最终覆亡。在这持续不断的战争中，江西省是国民党"围剿"战争的主战场，也是抗日战争、第二次国内战争的重要战场。因此，江西的战费始终是江西财政开支的重要部分。作为财政收入的大宗，农业税是战费支出的主体。其中，农业税附加是增加江西战费的主要突破口，衍生了许多相关问题。

---

① 秦柳方：《赣中的农村》（1936年），俞庆棠主编：《农村生活丛谈》，第52页。
② 陈赓雅：《赣皖湘鄂视察记》，第9页。

在国民党"围剿"战争时期，江西各地的战争附加税明显增加。以著名药市——樟树县为例，人民所纳捐税，正粮不算，计有21种之多。其名目为长夫捐、飞机测量捐、吉水桥梁捐、保卫捐、铁肩队捐、公路捐、兵差捐、积谷捐、航空捐、碉堡捐、保甲捐、义勇队捐、公安费捐等。"上述各捐，应纳钱数，以及应否全纳，或仅纳数项，恒因时因地而殊。"除了战争名目的捐税之外，还应战争需求向农民征用物品，如禾草、麻袋、锄头、船只等。当时的樟树县长程镇西无奈地感叹："本县人民，疾苦殊甚，匪患未除，创伤未愈，捐税担负，日益奇重。"并强烈申诉"凡兹杂税，甚愿政府财政有着，亟应廓清，以苏民生"。广大百姓更是十分畏惧政府和军队的"捐税征夫"，"视如猛虎"。樟树的情况在江西具有普遍性，"不仅一县为然，凡邻近赤区各县，莫不皆然"。[①]

实际上，宜春县的附加税种类和税率比较形象地说明了民国时期江西对战费附加税名目的倚重。一般而言，保安附加、保甲附加、义勇捐、保甲经费是为了增加战争费用而额定的田赋附加税。从数额来看，保安附加、保甲附加、义勇捐、保甲经费等田赋附加税是附加税的主体。以保安附加为例，1935年额征38525.82元，全年附加税、捐160565.1元，占比24%；1936年额征41649.54元，全年附加税、捐115873.3元，占比36%；1937年41649.54元，全年附加税、捐147110.4元，占比28%；1938年额征41649.54元，全年附加税、捐115873.3元，占比36%。（详见表3-3）

表3-3 宜春县1935—1938年附加税、捐情况

单位：元

项目	税别	1935年		1936年		1937年		1938年	
		税率	额征数	税率	额征数	税率	额征数	税率	额征数
田赋附加	保安附加	0.37	38525.82	0.4	41649.54	同	41649.54	同	41649.54

[①] 陈赓雅：《赣皖湘鄂视察记》，第17、21—22页。

续表

项目	税别	1935年 税率	1935年 额征数	1936年 税率	1936年 额征数	1937年 税率	1937年 额征数	1938年 税率	1938年 额征数
	保甲附加	—	无	20%	20824.77	同	20824.77	同	20824.77
	卫生附加	—	无	—	无	5%	4685.57	同	4685.57
	地方附加	30%	31237.15	同	31237.15	25%	26551.58	同	26551.58
	预收土地登记费	10%	10412.38	同	10412.38	同	10412.38	同	10412.38
	义勇捐	—	无	—	无	30%	31237.15	—	无
	经征费	3%	3123.71	6%	6247.43	同	6247.43	同	6247.43
杂税附加	契税附加	买契2%；典契1%	1500	同	1500	同	1500	同	1500
	屠宰附加	15%	1851	30%	3702	同	3702	同	3702
其他	保甲经费	分甲乙丙三等	73615	—	无	—	无	—	无
	房铺附捐	租银1%	300	同	300	同	300	同	300
总计	—	—	160565.1	—	115873.3	—	147110.4	—	115873.3

备注：1933年、1934年的附加税捐数量分别为229804.3元、150235.3元。

资料来源：漆能廉、汪从文、谢祖安主修《宜春县志》，第46—47页。

实际上，20世纪30年代初处于"围剿"战争中的宜春在征税方面问题频出。宜春捐税频繁，农民"缴纳正粮及附加税后，所余已极有限。此外尚须与佃户等一律同科以筑公路修桥梁等捐费，其不髓尽骨枯者几希！昔人欲求天下太平，卖刀买牛；而今苦于兵区捐税之一般农民，为欲求治，反须卖牛买刀，抚今追昔，不仅感慨系之云"。[1] "髓尽骨枯"之评语十分精辟地评论了以战争费增加为目的的附加税之沉重，对农民生活的负面影响。

同是赣中的丰城县也是如此，除了承担战争费用，还要承担临时各种

---

[1] 陈赓雅：《赣皖湘鄂视察记》，第29—30页。

劳役等。据 1934 年丰城冈上村的调查，"临时由县政府规定随粮摊派款项，每年总有好多次。前年如修堤、筑路、军队过境等共派十四次，每亩约负担一角五分，去年十月为止，已派过九次，每亩约计九分，而本村（冈上村）支出的摊派，尚不在内"。① 这种临时加派让百姓苦不堪言，即农民除了以农业附加税的形式承担战争费用，还要为战争提供劳役服务。

在国民党"围剿"战争的中心——抚州地区的临川，因为战争胶着，临川人民承担着巨大的战争压力。《申报》记者采访了临川县夏县长。夏县长谈道：

"剿匪"军事，倏已五载，地方担负，早已使尽过头之力。即以夫差一项言：除早前已派无数不计外，最近两星期内，又已派去千名。县府罗掘无法，只好悬赏招募，能得夫三十名者，委以分队长职，月薪二十元，得百二十名者，升中队长，月三十元。一般富有领袖欲，且称有军事经验者，因出而号召，勉以将事。禾草，则近城三十里内，早为军用干净，欲寻一株，其可贵有如兰蕙；然每当军队开拨，索需之纸，仍如雪片飞来，不曰待用甚急，仰即遵办，即云事关"剿匪"，毋得延误。他如临时征办之各种捐税，亦多系讨得政府好，失却民众心之事，奉行遵办，尤感棘手。②

县长道出了战争状态下临川县人民的税负繁重，以及各种战争物资征收也超过人民的负荷的情况。"地方担负，早已使尽过头之力"之评价立足客观事实，非常切合当时的实际。

九江作为江西省国民政府的重点管辖区域，农民除了战争费用负担，临时劳役也非常重。1936 年，姜爱群在《九江农村生活》有着生动的描述。他写道："近年来农民除遭遇水旱两灾严重损伤外，最感觉痛苦的要算政府的征工服役了。" 1934—1936 年每保民众服役情形如下：1934 年 1 月筑九星路（九江到星子）征 100 余工，1935 年 6 月补征 30 余工；1934 年 3 月筑飞机场，征 300 余工；同年 10 月筑九瑞路（九江到瑞昌）征 400 余工，

---

① 秦柳方：《赣中的农村》（1936 年），俞庆棠主编：《农村生活丛谈》，第 52 页。
② 陈赓雅：《赣皖湘鄂视察记》，第 4 页。

1935年3月因补修又征100余工，1935年10月筑濂溪路征200余工（有些加上开河填河工程做到1000余工）。1936年1月筑九湖路（九江到湖口）征600余工，以及其他修筑桥梁搬运零工征100余工。总计起来，不下2000余工，平均每家为20个工时。有些农家是请人应征的，必须负担一笔很重的雇工工资；没有能力请人应征的，只得家主亲自出马了。这就出现了一个糟糕的现象，即"往往一家老幼靠他来挑担维持生活的，这时不得不抛下自己一家的衣食问题前去服役"。对此，作者由衷感叹："江西的人民惨遭蹂躏，加以前年大旱为灾，农作物差不多颗粒无收，民间已十室十空，亟须休养生息。这一点政府不能不特别加以注意的。"[①] 毋庸讳言，战争附加税、战争劳役、各种捐税等项目的设立，充分说明了战争年代农民负担之重。

（三）农业税用途

农业税的用途在宏观而言，主要上交上级政府和留地方开支。对省政府而言，农业税收入一部分上交中央政府，一部分留存省开支；对县政府而言，农业税收入一部分上交省政府，一部分留存县开支。至于开支部分，则主要维持政府正常运转和战争费用等。

省政府的具体开支在不同年代有所不同。李烈钧督赣期间，财政权在地方。但因各种机关增多，军费增加等因素，全省的财政开支比清末要大。省财政收入也要上交中央，但采取了缓交策略，财政缺口相对少。1914年至1917年，地方财权收归中央。在袁世凯政府的强压之下，江西省的财权支配主要由中央决定，省农业税的主要收入基本供给中央，"当局竭财赋以供中央，对于地方建设，反多漠视"。即便如此，因为军费过高，如在1917年实际军费开支416万元，占实际收入910.8万元的将近一半，财政亏空较大。至于地方建设开支，农业税主要用于各行政机关薪金及其行政费用、外交费用、教育经费、司法经费、实业经费、债款息金、军费等。之后，江西财政基本在"负债累累"中过活，农业税对中央的上交和地方

---

① 姜爱群：《九江农村生活》（1936年），俞庆棠主编：《农村生活丛谈》，第44页。

建设的开支都力不从心。①

县农业税开支的原理与上述一致。例如，1938年宜春县农业税主要供给省政府和留县开支。当年全县的税收入为232575元，其中农业税正税为65260元，占总数28.0%，这部分收入"解省支用"；附加税110371元，占税收总收入的47.5%，这部分收入"解省或留县开支"；杂税为56944元，占税收总收入的24.5%，这部分收入"解省或留县开支"。②

此外，大部分县对农业税（田赋）正税和附加税的用途进行具体规定，以便按制支出。总体而言，农业税收入一方面是上交上级政府，另一方面留存地方，用于地方政府开支，包括建设事业、临时战费负担、政府工作开支等。

以附加税为例，由于国家经济的不发达以及战争的大消耗，财政收入远远不能满足财政支出，附加税成为这段时期非常重要的收入，一般超过了田赋正税的收入。按规定，附加税在国民政府时期基本用于地方开支。江西省首府——南昌对附加税之用途就做了相关安排。（详见表3-4）

表3-4　1932年南昌县附加税之用途

单位：元

附税名称 附加项目	地丁	米折	总计
党务	871.46	1790.96	2662.22
建设	2352.53	4834.32	7186.85
教育	5489.41	1280.88	6770.29
自治	13059.13	21472.19	34531.32
财政	4356.78	3581.16	7937.94
各项统计	26129.31	42959.51	69088.82

资料来源：江西省农业院推广部编《南昌全县农村调查报告》，第33—34页。

从南昌县附加税的用途来看，它主要用于党务、建设、教育、自治、

---

① 何友良：《江西通史·民国卷》，第81—83页。
② 漆能廉、汪从文、谢祖安主修：《宜春县志》，第51页。

财政等开支，其中战争经费在自治费用中开支占据了附加税支出的主体。

从全省农业税实施的情况来看，农业税征收并不是如文本规定那样，而是有着很大的机动性，出现各级政府层层加码的情况。各级附加税更是应接不暇，不仅有省级政府的统一规定，还有县级政府的自我调整。从征收数额来看，农业税和农业税附加都显示出不断增加的趋势，特别是随着战争的激烈，各种以战争费用为名目的附加税逐渐增多。从其用途来看，省级政府主要提交中央政府和留省开支，而县级政府则提交省政府和留县开支。

（四）农业税制的主要弊端

近代江西农业税积弊既有明清时期遗留下来的，也有其时代本身所具有的。当时经济学界曾评析江西农业税的混乱和繁重：

> 以江西论，过去承军阀之割据，县自为政，即县辖之区，区辖之村，亦复各自独立，在上既以敲剥为能事，在下则益肆其掊克，以致县有税，而区复有捐，甚至小学校长，公安局长亦复可以巧立名目，自由勒派，今日一税，明日一捐，结果则名繁目杂，莫知所向，致成见物即税，无人不捐之现象。税杂则流于苛细，目繁则形为重叠，又加以征无定额，派无定时，叠床架屋，追求无艺。以至今日，各县人民对地方所担负之捐税，不但省政府财政厅无案可稽，即县政府财政局亦不能悉举其目，至于区村地方机关团体之隐瞒擅征，又比比皆是，其庞杂程度，可谓尽租税之奇观。[①]

该评价比较中肯。江西农业税出现了较多的问题，"剥削严重"是其主要特质。总体而言，其农业税弊端主要是征税无定制、税额高、强制征收、征收不统一、附加税苛杂繁重等。

具体而言之，近代江西农业税主要有以下几个问题：

---

① 《江西"剿匪"期中各县地方之苛捐杂派》，《经济旬刊》第 1 卷第 18 期（论著），1933 年 12 月 1 日。

1. 不断变换折纳比率试图提高正税

鸦片战争之后,清王朝仍然采用旧的农业税制,不过变相增加了农业附加税的种类,提升了各种附税额度,来弥补财政亏空。北洋政府、南京政府的赋税额沿袭了清朝的旧额。但是旧额的数据本来也不低,特别是清朝晚期通过提高折纳比率增加了税收,因此参照清晚期的折纳比率来征收农业正税,自然正税变相加重。根据《宜春县志》记载:"民国初相沿清旧制,每正银一两征钱2880文,每米一石征钱3864文。后因钱价日贬,短额甚巨,增为每两征银币3092文,每石征钱5400文。而钱价愈趋低落,弊亦愈多。乃以钱改元,每两征银币二元二角,每石征银币二元九角。民国十七年,江西财政厅厅长黄实令废山钞、鱼油、商税等项,化零为整,正银每两征银币三元,米每石征银币四元。计算虽更加方便,而总额实增,负担额变相加重。"① 从记载来看,虽然登记征收的数额仍然是以清朝时候使用的计算单位两或石合计,数据也基本不变,但折纳比率却不断进行调整。江西在国民党治下同样如此。从调整的方向来看,几乎都是调高,正税额实际上也在不断增加。

2. 附加税杂乱且繁重

清代各省所纳正赋外,其额外非法附加有所谓"平余""耗羡""禄米"等名目。当时农民交纳正赋一两外,附加也不过一两左右。中华民国成立后,此类苛细,业已化零为整,绝未丝毫减除。正税之外,随粮附加有增无减。

有关经济人士曾犀利地批评:"吾国农村经济之崩溃,已成今日举国普遍之现象,其颠覆国民经济,动撼国本,实为目前惟一重大问题。是以迩来复兴农村之声,偏闻遐迩,其奋然兴起,思有以救济之者,纷然杂陈,然去病必求其根,疏流必瀹其源,其所缘虽多,而其为苛捐杂税所累,层层压迫,实为原因之主要者。故以削除苛捐杂税为复兴农村之先决条件,已成为朝野上下一致之主张。"② 在其看来,虽然造成中国农村经济崩溃的

---

① 漆能廉、汪从文、谢祖安主修:《宜春县志》卷八《财政志·田赋》,第36页。
② 《江西"剿匪"期中各县地方之苛捐杂派》,《经济旬刊》第1卷第18期(论著),1933年12月1日。

原因较多较复杂，但苛捐杂税是阻碍农村经济复兴的重要原因，因为税负压迫使农村减弱了崛起的基础。

《时事月报》对国民政府的农业税评论与上述言论不谋而合。该报指出："中国之田赋，制度腐败极矣。有有田而无粮者，有有粮而无田者。且各地之征收方法，亦凌乱无序。有省府征正税后，而县府或地方驻军任意征附税者，亦有因筹款而预征者，如四川人民已将民国五十余年之钱粮，交给官庭。黑暗如此，农民何堪？无怪乎铤而走险！赣匪未清，川祸又炽。现财政部及监察院屡接各省人民诉苦文电。……据云各省名目繁多，有于附加税外，更增地亩捐、保安捐者。种种苛税甚至超过正税十倍以上。如此，不但加重人民负担，且与国令抵触。际此农村破产，群言救济声中，关于田赋之整理，殆亦先决条件之一。"① 其核心含义为中国农业税制腐败，各地有各地的具体表现，各种怪现象竞相上演，令人叹为观止。江西也不可避免地卷入其中。该评价虽然是针对全国农业税的整体情况，但对江西农业税的评价也适用。

各省县虽然不一律，农业税重尤其是附加税繁多是普遍现象。对江西而言，农业附加税的数量基本超过了正税，所谓"母小于子，附重于正"是近代江西农业税的突出特色。"江西田赋附税，多有超过正税者。各县且自为风气，绝不呈报省府。"②

实际上，江西各县自成一体，任意加派的现象十分普遍。以米谷捐税为例，可看出各县的机动性。根据1932年的调查结果，江西各县地方抽收米谷捐，向有禁令，然各县借故抽收者仍有16县，"其违背律令事小，而其妨碍米谷之自由流通，加重米谷之生产成本，所关至大。而其抽收机关大都为地方团队用以直接供其经费，故其税率，各地不同"。（详见表3-5）

---

① 《时事月报》第10卷第2期，1933年2月。转引自陈登原：《中国田赋史》，上海书店1984年版，第9页。
② 陈登原：《中国田赋史》，第10页。

表3-5 江西省各县米谷捐（1932年调查）

县区	税目	税率	征收机关及方法	收入额
吉水	米谷捐	每米一担收2角，每谷一担收1角，他县来者减半	—	300元
玉山	土产出口捐内有米谷捐	谷每石抽出口捐2角	—	未详
德安	米捐	每出口米一包收捐1角	由米商报由地方税捐管理委员会征收，转交保卫团经费委员会经理	年预计5000余元
安义	米谷捐	每月由米谷行认捐22元	—	264元
永丰	米谷出口捐田谷捐	每米一石3角，谷一担1角5分	团队经费维持会征收	5100元
上饶	田谷捐	每年抽收一次每石谷捐一斗	—	年9万元
万载	百货捐内有米谷捐进出口	值百抽一	—	未详
崇仁	进出口百货捐内有米谷	未详	—	未详
南丰	公益捐内有进出之米谷	于进出口货物值百抽一	商会	未详
广丰	租谷捐	每石抽捐2角	由经征处代收	额约17万元，实收七八万元
都昌	米谷捐	每米折一石带征银1元4角9分5厘	由经征处代收	9000元
临川	米捐	每石1分	公团	—
高安	产谷捐	每石粮1元5角	—	—
峡江	粮食营业税	米每石出口征洋2角，谷每石出口征洋1角，在本县内出卖者免收	—	—
宜丰	谷捐	每石2角5分	由田主缴纳	—
萍乡	米捐	每百斤捐1分5厘	公安局派人征收	—

资料来源：《江西"剿匪"期中各县地方之苛捐杂派》，《经济旬刊》第1卷第18期（论著），1933年12月1日。

从江西米谷捐税看出，吉水、玉山、德安、安义、永丰、上饶、万载、崇仁、广丰、都昌、临川、高安、峡江、宜丰、萍乡等16个代表性县市无一不缴纳米谷捐,并且各县市都有自己的规定,不一而足。具体表现:一是,米谷捐的名目五花八门,有的称为米谷捐或米捐,有的称田谷捐,也有的称粮食营业税等;二是,税率并不统一,各县市有较大的机动权。如吉水每米一担收 2 角,永丰每米一石收 3 角,万载则是值百抽一等;三是,征收机关不统一,自成体系。例如德安由地方税捐管理委员会征收,永丰则由团队经费维持会征收,南丰由商会征收等。

此外,在江西,为战争经费而征收的各种农业附加税层出不穷。各县自行其是,腐败滋生,令江西省政府和南昌行营也颇为气恼,斥责他们"抽取团队捐税,加重人民负担"。①

3.临时摊派严重

附加税后更有临时摊派。此种摊派,与随粮附加数量相比,可能多至几倍。而且也不要呈报上级,不受部令限制。常见的情况是县长一纸令文到区,区长召集乡长,名为开会,实为面谕,下强制命令,正所谓"有派款之数目,无讨论的余地"。乡长回村,立即按照被派的款项数额多少,按照各村的土地面积分摊。"一款收毕",往往"一款又至"。一年之中不知道有多少。这种变相的征派实际就是附加税之附加。

这种临时加派在任何朝代都可能出现,但就数量的多少以及征收的频率而言,在近代相对比较突出。这与它所处的战乱年代也有密切关系,科派的用途主要在军事以及地方事业,当然也不排除官员的个人贪污等。宜春县提交的《上省议会请拨还垫款书》陈述:"民国九年六月前暂编第一师师长张宗昌率领全师由湘移驻宜春。当时群情汹汹,莫知所措。经前故知事诸葛延翰电呈省长督军请示办法,旋奉电令张军驻袁,妥为招待,代垫饷项。事竣,报省归垫等谕。……所需银款初派借商铺,不足再派借民间并从各营业家赊贷货物。……计从九年六月十六日起至次年二月十三日止,历时八月,共垫出大洋二十万五千五百五十二元九角六分三厘。……

---

① 《据修水黄县长电呈该县盐斤公卖由民众公筹股款余利充团队经费黄圃仪、徐贞干等冒名破坏请严惩等情令饬不准并饬注定团队的款由》(1933 年 7 月 15 日),江西省档案馆藏,档案号 J032-1-00671-0035。

催陆军部从速拨款,以纾民困。……乃张军经省宪解散已一年矣,其间要求归垫文电旁午顾盼望愈殷,归垫愈渺……"①不难看出,战争是影响中国近代临时摊派费用的一大重要因素。到了国民政府时期,江西陷入各种战争中。在"围剿"战争中,邻近苏区各县一方面遭受战争的破坏,另一方面,"'协剿'责任特别重大"。即以"保"办公费一项论,在新余、分宜等地,"无论男女老幼,每人须按月照纳铜元四枚,否则保长即得任意鱼肉之"。②

4. 农业税交纳形式由征钱向征收实物转变

田赋从明朝的"一条鞭"征银法开始,经过清朝实行地丁合一,征收地丁银,改变了历代交纳实物的做法,采取了以货币交纳为主的方式;只有漕粮征收实物,后来漕粮除少数省份,亦多改征折色。辛亥革命后,江西省农业税改征银元,仍采取货币交纳形式。20世纪40年代初,国民政府实行粮食"三征",从此农业税由货币交纳又改为征收实物。这是农业税制度的一个大变化,而且在新中国成立后的很长一段历史时期内都得到沿用。征收实物加重了征收的难度,带来了农民交纳税粮的不便利,农民因此要承担繁重的运送税粮义务。

不可忽视的是,在现代化进程中,江西农业税制也有一些符合历史进步的变化。其一,农业税收入的归属发生了重要变化,由中央转向地方。历代封建王朝,因无明确的中央税和地方税的划分,农业收入统归国家(即中央政府)。清朝后期和末期,虽因向地方摊派赔款和军饷,农业税的管理权限被下放给地方很多,但从管理体制来讲,并没有明确农业税属于地方财政收入。从北洋政府开始,农业税明定为地方财政收入,并一直沿袭未变。只是在抗战时期,实行农业税征实时,一度将农业税划为中央收入,但为时短暂,很快又改为地方收入,这是农业税制度的变化之一。其二,减免政策延续下来。减免政策一直是封建王朝田赋制的有效补充。国民政府也延续了这一做法。各县都会根据自然灾害或战乱等特殊因素,申请或

---

① 漆能廉、汪从文、谢祖安主修:《宜春县志》卷八《财政志·田赋》,第55—56页。
② 陈赓雅:《赣皖湘鄂视察记》,第22—23页

批准农业税减免。①

（五）农业税的影响

农业税政策在江西的大范围实施，给近代江西农村经济和农民生活带来重大影响。尤其是农业税的诸多弊端加速江西农村经济的衰落，减缓了农村经济现代化转型的速度，同时重税负直接影响了农民的生存，使他们不得不在艰难中求生或者另谋出路，其中走向革命就是最为彻底的路向选择。

1. 加速传统农村经济的没落

弊端明显的农业税制在近代江西的推行，直接加快了以耕作为主的传统农村经济的衰败。延续几千年的耕作传统，近代江西农民仍然坚持种植以水稻、麦子、玉米为主的农作物。但是种植业在重税负之下难以得到较高的经济效益，农业难以发展，农民的生产积极性受到严重损伤。

关于苛捐杂税造成农村经济的崩溃，时人有着敏锐的观察和精致的评析。1933年8月21日，江西省政府经济委员会在其创立的《经济旬刊》上发表《江西之田赋附加税》一文。文章评价：

> 今日农民之凋敝，与农村所以呈崩溃之现象者，则赋税繁重，经济力衰落，实为主要之原因。详考全国赋税之所出，中央所有税源，倘依租税转嫁之原则，则为农民与其他城市工商之所共任其着落。而省与地方之经费，则几为农民一方面所独负担。……窃以为今日谈复兴中国者，与其枝枝节节谋农村救济，远不如撤废若干苛捐杂税，减轻农民负担之为能收实效。②

即农村经济的崩溃、农村生活的艰难与赋税繁重有着紧密的关系。农民几乎全部承担着政府的税收，被迫承接着政府转嫁的财政负担。在其看来，与其细枝末节地改革，不如废除苛捐杂税，这才是挽救农村经济衰落的重要决策。

---

① 宜春市地方志编纂委员会：《宜春市志》卷十八《财税·税务》，第383页。
② 《江西之田赋附加税》，《经济旬刊》第1卷第9期，1933年8月21日。

2.客观促进新的经济方式出现

农村经济的没落已经成为不争的事实。为了改变这一困境，振兴农村经济，在不改变农业税科则、额度等原则之下，各级政府和农民自身都试图做出一定的努力。最为突出的表现：

一是，努力发起合作化运动。试图以政府为引导，联合各方力量，来推动农村经济的复兴。受20世纪二三十年代乡村建设运动的直接影响，江西省政府认为需要以合作化运动为契机来振兴乡村，使处于重负之下的农村能够产生新的经济生机。二三十年代乡村建设运动是当时社会运动的热潮，是中国农村社会发展史上一次十分重要的社会运动。时人尤其是知识分子普遍认为，中国农业生产手段落后，生产水平低下，苛捐杂税之下的农民生活不能温饱，农村已破产。正是在这样的现实背景和普遍认知之下，救济农村、改造农村逐渐汇集成一股强大的时代潮流，提出"农村破产即国家破产，农村复兴即民族复兴"。晏阳初、梁漱溟等人的乡村建设实践给国人思想带来很大的冲击。这一运动思潮也波及江西。20世纪30年代初，在江西省国民政府的倡导下，各县也逐渐兴起合作化运动。（具体详见第六章）

二是，农民积极开拓新的致富路径。"一般农民排除了旧弊，致力于增产，政府也朝着这个方向予以指导。"农民迸发出的奋斗力，一度使外界盲目地对农民"在田赋征收的承受力问题上是可以持乐观态度的"。[1] 然现实并非如此乐观。

根据时人对1936年永修县淳湖村的调查，淳湖村全村人口有1297人，172户，全村占有的耕地约计田958亩，地300多亩。若计人口分田地，每口摊不到一亩田地。其中还有300亩的农户占3%，100亩的农户占2%，这就使一般农户的耕田变得更加少。为了不饿死，村民放弃了经济效益低的水稻种植，而是改种适应市场需要的蔬菜，"蔬菜的利息，以当地的行

---

[1] 尾形明：《南昌县的财政》，冯天瑜、刘柏林、李少军选编：《东亚同文书院中国调查资料选译》中册，第825页。

情计算，较之该村的田的出息可高出五倍"。此外，在空闲时间，一些村民"或是碰碰运气在村内的湖里，摸摸大鱼，网网小鱼，且做物主的也到市面上——涂家埠去，换几个钱，买些粮食回来过活"。也有一些村民去做雇工。这种经济生产方式的改变对农村经济的复兴有限，"村民的生活依然是吃不饱，饿不死，和一般的农村生活差不多"，并"表演着十足的农村破产的穷像"。①

同一时期，丰城县冈上村村民的奋斗情形也大致如此。该村村民也是以自耕农为主，但无地村民和地主也存在。根据调查，使用田亩在30亩以上者，其中三分之一为自耕农，三分之二为自耕农兼佃农，20亩以下虽自耕农较多，但大半租进少量的土地，兼做佃农。总体而言，"完全靠土地，实在无法生活"，村民努力寻求新的致富路径，"其中且有八户的成年男子兼业木匠，六户的成年男子兼业裁缝"。②可见，农民虽然努力去寻找新的经济出路，然在传统的农业社会很难实现幸福生活的愿望。

实际上，为了改善重税负下的生活，很多农民不得不在农业之余，兼职其他副业。以南昌县乡村为例，很多人把纺织作为重要副业，增加收益，此外木匠、石匠等手工业也受到青睐。其中，纺织手工业占农村手工业比例达到92%，从业人员占农民总数的30%，其次是木匠占农业手工业比例为2%，从业人员占农民总数的0.5%，再次为石匠、泥水匠、裁缝等职业占农业手工业比例为1.5%，从业人员占0.3%—0.5%。③

虽然各界人士共同努力，但农村经济的破败之象并没有缓解。例如，九江第三区杨家楂房村在1933年全村居户共560家，但到1936年"现在大半已迁移他处，改营小本生意及劳动工人"。调研者发现"（该村）只见留下来的旧房子，毁败的毁败了，倒塌的倒塌了，充满了一幅肃杀悲惨的气象，使你会感觉到仿佛置身于收复的'匪区'一样。"④应该说，楂房村

---

① 汪锡鹏：《淳湖村村情》，俞庆棠主编：《农村生活丛谈》，第169—170页。
② 秦柳方：《赣中的农村》，俞庆棠主编：《农村生活丛谈》，第47—48页。
③ 江西省农业院推广部编：《南昌全县农村调查报告》，第95页。
④ 姜爱群：《九江农村生活》（1936年），俞庆棠主编：《农村生活丛谈》，第40—41页。

村民的生活是江西村庄生活的显微镜。

3.加重贫苦农民负担

日益增加的农业税尤其是以战争为名的附加税让农民苦不堪言。这从时人的评述、国民党自身的检讨和中国共产党的批判中都可以得到印证。

重税负给农民最直接的影响,莫过于加重了他们生活的穷苦程度,甚至被迫自杀,或走向革命等反抗道路。在20世纪30年代,国民党在全国范围内对共产党发动了"围剿"战争,企图消灭革命力量,为此以农业税附加为名来增加战争费用,以支持这一战争的推进。江西作为"围剿"战争的主战场,蒋介石不仅在南昌设立行营作为"围剿"战争的指挥中心,而且还让江西承担大量的战争费用,导致江西各县的苛捐杂税、劳役大量增加,引起了各界的不满。1933年12月1日,《经济旬刊》刊登的《江西"剿匪"期中各县地方之苛捐杂派》一文把江西各县承担的附加税种类、税率一一列表,以示农民税负之繁重。[1]

很多调研了江西农村生活的人也真切感到"捐税之多,殊属骇人"。例如,南昌县自1934年经省政府厘定后,捐税废除或改办者达123种。"现虽叠经几度整顿,极力避免苛扰,然事关省县财政之收入,大多数之来源,仍不能不取之于田赋,故农民负担,尚感太重之苦",所以"衡以农民收益状况,实难应付,故自耕农之没落,已成为必然趋势"[2]。这一评述与其他调研者的结论相呼应,"无论是地方政权还是中央政府,在其权力所及的范围内,采取了竭泽而渔的收税方针,故即使是承受力比较强的地方,也因受到各种名目的诛求,还进行预征,而导致农民贫困"。在九江各地,一些农民因受不了苛捐杂税带来的穷苦生活,导致"农民离村跟着严重起来"。[3]

---

[1] 《江西"剿匪"期中各县地方之苛捐杂派》,《经济旬刊》第1卷第18期,1933年12月1日。
[2] 王世琨:《南昌实习调查日记》,萧铮主编:《民国二十年代中国大陆土地问题资料》,第84988—84989页。
[3] 姜爱群:《九江农村生活》,俞庆棠主编:《农村生活丛谈》,第40—41页。

显然，各方的一致认识是，江西农业税的繁重是不可忽视的客观事实，农民作为主要负担者已经不堪其重，改变不合理的农业税是迫切的需要。

另外一个值得注意的事实是，税负过重导致不正常卖田等现象层出不穷。1936年8月29日，地政学院学员孙兆乾到南昌地政处做调研。据他的调查，在1936年上半年的6个月中，地权异动有1107次之多。关于土地移转原因，无力完成纳税的原因计69户，占总数的17.71%；日用不敷的原因计221户，占总数的56.81%；偿还债务的原因计12户，占总数的3.08%。[1] 这是重负之下农民为求生存的无奈举动。另外一个地政学院学员王世琨对南昌调查后也表示，出地买卖并不公平，受战争破坏和农业税重的影响，很多农民被迫卖地；但地价一落千丈，地主既不肯买地，佃农又无钱买地，只有自耕农与半自耕农间少数之移转而已，甚至有地主"愿倒贴数元出卖以图避免捐税者"。[2]

（六）农业税问题引发土地改革的思考

与此同时，江西农业税的各种负面问题不断呈现，引起了国共两党、社会各界对土地问题的思考。这是各种思想竞相涌现的历史画面。

各级政府的官员对农业税政策弊端的认识真切、深刻。1934年10月，中央主力红军长征后，国民党相继恢复了对江西苏区的统治。但是，国民党不可能接受中国共产党在江西苏区的土改结果和共产党的农业税政策，而是试图以国民党的农业税政策覆盖之。在推行这一政策的过程中，当局了遇到各种问题。各级政府官员在实践中，思考国民党农业税政策的调整应以符合收复区（国民党称原"匪区"）农民的需求。1936年南昌县政府某邹姓官员就在接受调研中明确表示，土地问题有深入研究的必要性和重要性。他称，对中央红军主力长征后原苏区的佃农，可以不必一味强调分田，而是在金融问题没有办法解决的情况下，应该降低租额；对自耕农，则应

---

[1] 孙兆乾：《江西省县实习调查日记》，萧铮主编：《中国地政研究所丛刊：民国二十年代中国大陆土地问题资料》，第85373—85374页。

[2] 王世琨：《南昌实习调查日记》，萧铮主编：《中国地政研究所丛刊：民国二十年代中国大陆土地问题资料》，第84987—84988页。

该降低他们的土地债务。①

与他的积极思考相呼应,孔绍尧的《从收复匪区土地说到全国土地问题》一文也谈到如何解决经历过土地改革的原苏区农民的土地问题。他肯定了国民党在原苏区的一些改良措施,如组织了慰劳队,发动红十字会赈款百余万,国民政府经济委员会拨赈济费、建设费若干等,一定程度救济抚恤了这一区域的农村经济。但是经历战争伤痛,收复后的农村萧条破产之状仍然明显,很多村民面黄肌瘦,家徒四壁,无耕作农具,"生不顾死,朝不保夕,终日惶惶,不知计之何出"。他批评:"补偏救蔽之法,即层见迭出,其结果等于杯水车薪。"在他看来,"今日大患,在大多数人民与土地分离,已失农业国家之本位,治本之法,当从使人民与土地合一入手,此事千头万绪,不易举办,然原则确定,不难纲举目张"。②这两位官员的观点,变相肯定了中国共产党的土地改革,即彻底分配土地,实现"耕者有其田",这是解决农业税问题的根本之法。

与此同时,许多学者也站在学理的角度来研究中国土地问题,把农业税政策纳入土地问题中解决。著名的历史学者陈登原在其著作《中国田赋史》中非常精准地评价了国民政府农业税的积弊,认为它们延续明清时期田赋弊端,且有进一步激化之势。在各种势力并存、竞争的时代,国民政府在农业税方面的重负导致农民负担沉重,结果造成民心涣散,一些农民只能铤而走险走向革命。③

对马克思主义革命政党——中国共产党而言,批判国民党的农业税政策,确立革命性的农业税政策是土地革命的应有之义。大革命失败后,中国共产党重新调整了革命道路,从国民革命(大革命)转向土地革命。在确立土地革命道路之时,中国共产党就已经明确了"打土豪、分田地"的政策。在江西各根据地的开拓和发展过程中,中国共产党始终注意批判国

---

① 王世琨:《南昌实习调查日记》,萧铮主编:《中国地政研究所丛刊:民国二十年代中国大陆土地问题资料》,第85006—85011页。
② 孔绍尧:《从收复"匪区"土地说到全国土地问题》,《法政月刊》第3期,1935年3月。
③ 陈登原:《中国田赋史》,第9页。

民党的农业税政策，高扬共产党的农业税政策之革命性。

在中国共产党的宣传话语中，两党政策一比较，高下立现，革命与反动色彩鲜明。"在红色割据（即苏区——引者注）的地方，国民政府的一切苛捐杂税不能及，军阀团练的派款更是不能，如吉安县属的延福东固差不多两年未曾缴纳过一切捐税，在不是赤色割据的农村，经济完全破产大有生活不能维持之状况。"①

在中国共产党的理论逻辑中，只有彻底的土地改革，才能真正解决农民的税负，使农民从国民党的苛捐杂税中解脱出来。1930年10月，毛泽东在著名的《兴国调查》一文中指出，在红军未来之前，兴国农民承担繁杂的税捐剥削。然而，中国共产党在该县实行彻底的土地改革及其农业税政策后，农民的税捐负担大大减轻。他无比自豪地说道，该区人民"除钱粮以外，对于农民没有什么直接的税捐"②。

中国共产党的这种话语表述有着现实的依据，它的农业税改革成绩是最有力量的证明。放眼全国，在农村经济的没落中，日益增加的税负无疑加大了农民的生活压力，很多人被迫走向革命。这也是为什么在国民党执政时期中国共产党能够动员农民，领导农民开展土地革命的一大重要原因。穷则思变，在负担难以堪负的情况下，农民更容易生出反抗之意。在战乱的年代，许多农民选择通过革命的方法来解除这个难以承受的税负。早在中国共产党成立初期，一些共产党人就向社会各界呼吁："我想要把中国去消毒，除了'革命'，实在没有别的法子，革命啊！大家起来革命啊！革命才是中国一线生机！"③

经济人士也在调研江西税负的基础之上，由衷地表示："征收频繁，

---

① 《中共吉水县委书记刘作抚关于赣西情形给中央的综合报告》（1929年9月6日），中央档案馆、江西省档案馆编：《江西革命历史文件汇集（1929年）》（二），1987年内部版，第155—156页。
② 《兴国调查》（1930年10月），《毛泽东农村调查文集》，第208—209页。
③ （思顺、君宇答）《读独秀造国论的疑问》（1922年10月1日），《向导》周报第4期，1922年10月4日。

赋税加重，不仅人民本身，感受痛苦；即对政府之信仰心，亦因而减损失。"并且对于江西等地一些农民选择革命的客观原因，也有着清醒的认识，他们认为，高额税负确实压垮了农民，"事实上殊难负担，论者或以为赣南'赤匪'发生之原因，由于耕地太少，生产不足，民生困苦，故'共匪'遂乘机而入"。①虽然对共产党的评价有污蔑之词，但一些社会人士基本认识到国民政府农业税对农民生活的重大负面影响，其中，走向革命是一些农民的被迫选择。

三、江西苏区农业税

大革命失败后，中国革命陷入低潮。国民党大肆抓捕中共党员，破坏中国共产党组织，企图消灭革命领导力量。面对危局，共产党人没有被打倒，而是在人民的支持下以武装反抗的形式勇敢地回应国民党的残暴反动。1927年8月7日，中共中央紧急召开了八七会议。此会议的核心议题便是"纠正过去严重的错误，而找着新的道路"。②中国共产党的革命道路开始由国民革命（亦称大革命）向土地革命转变。以毛泽东为主要代表的共产党人在敌强我弱的武装起义中深刻认识到，应该"上山"，到广袤的农村中去，保存并发展革命力量。之后，到农村去发展革命根据地成为大势所趋的正确方向。1927—1934年，中国共产党在江西建立井冈山、中央、闽浙赣（赣东北）、湘鄂赣、湘赣等5块革命根据地（亦称苏区），江西由此成为土地革命时期全国最大的革命区域。1931年11月中华苏维埃共和国奠都中央革命根据地的瑞金，1933年1月中共中央也从上海迁入瑞金，江西由此成为全国苏区的中心。到1933年第四次反"围剿"胜利时，中央革命根据地（亦称中央苏区）达到鼎盛期，江西省属于中央苏区的面积共约49523平方公里。③

---

① 王世琨：《南昌实习调查日记》，萧铮主编：《中国地政研究所丛刊：民国二十年代中国大陆土地问题资料》，第85013页。
② 《中国共产党中央执行委员会告全党党员书》（1927年8月7日），中央档案馆编：《中共中央文件选集》第3册，中共中央党校出版社1989年版，第290页。
③ 余伯流、何友良主编：《中国苏区史》，江西人民出版社2011年版，第535—536页。

在江西苏区，中国共产党致力于土地改革，实行新的农业税政策。中国共产党的农业税直接关系着中国革命的进展和苏维埃政府财政的基本运转、红军战费的承担等事项。从总的来说，由于实行了革命的农业税等各项政策，江西苏区呈现一派欣欣向荣的景象，创造出一片"光明的新天地"。江西苏区农业税的理论创新和实践具有重大的历史作用和意义，深刻地影响着新中国之后的农业税制建设。

（一）苏区农业税政策的演变

土地革命初期，革命根据地最重要的经济收入来自"打土豪"。这在当时有很大的必要性和客观性。但是这种方法有较大的局限性，它的适用范围较窄，不确定性较大，不能满足继续扩大革命根据地与红军的需求。随着中华苏维埃临时中央政府的成立，打土豪筹款已经不能满足政府的财政支出，也不适合苏维埃共和国各项建设和革命战争的需要。为此，中华苏维埃临时中央政府颁布了一系列决议，把政府财政收入的主要来源放在以农业税为主的税收方面，而筹款任务只在部分革命刚兴起区域实行。江西苏区基本执行了临时中央政府的农业税政策。

江西苏区农业税制的一个重要特征就是灵活实用。它废除了军阀时期各种名目繁多的税目以及各类繁琐的征收细则，减少了税种，简化了征收程序，使地方党政干部易于操作与执行，农民易于理解与掌握。

七一五反革命政变后，国共两党彻底决裂。中国共产党在共产国际、联共（布）的指示下，确立了土地革命（苏维埃革命）道路。自此，轰轰烈烈的土地革命全面拉开。在无产阶级革命的理论架构和武装暴动的实践中，当时中国共产党的领导者——共产国际，确立了中国苏维埃政权建设的基本原则，即消灭地主豪绅力量，巩固工农联盟，维护工农利益。[①] 中国共产党也严格遵守共产国际的这一原则，并落实到农业税制建设中。

《井冈山土地法》是江西苏区最早的一部土地法。1928年12月，毛泽

[①] 《米特凯维奇给共产国际执行委员会的信》（1928年1月），中共中央党史研究室第一研究部编译：《共产国际、联共（布）与中国革命档案资料丛书》第7卷，中央文献出版社2002年版，第287—288页。

东在开拓井冈山革命根据地的过程中,颁布了《井冈山土地法》,具有鲜明的探索性。该土地法把农业税制结构中最基本的部分做了明确规定,如土地税(即农业税)税率、免税的条件与原则及土地税收入的分配。其税率以 15% 为主;遇天灾,或其他特殊情形时,由高级苏维埃政府核准,免纳土地税;土地税由县苏维埃政府征收,交高级苏维埃政府支配。① 从《井冈山土地法》可以看出其特征:构成比较简单;主要实行单一税率;只征收农业税正税,不征收农业税附加以及商业税、工业税等,种类单一;征收便利。这与革命根据地所处的现实环境与经济情形密不可分。以农业为主的自然经济,农业税毫无疑问成为最主要的税源,并且只征收一种税,农民在心理上容易接受,更愿意纳税。

此后,赣东北、湘鄂赣等苏区陆续出台了一些土地税政策与法规,大都与《井冈山土地法》所体现的原则一致,并在此基础上进行完善。1930年2月6日至9日,中国共产党在江西吉安陂头村召开会议(史称二七会议),颁布了《土地法》。此法在《井冈山土地法》《兴国土地法》的基础上有所完善。它进一步丰富了征税的目的与用途、税率和税收分配原则等内容。该土地法规定,征税的目的与用途主要是为了打倒反革命和增加群众利益的需要。实行累进税,每人分田收谷 5 担以上起征,5 担以下免征,6—13 担的税率为 1%—10%,12 担以后每加收谷 1 担,加收税 1.5%。土地税之分配,50% 归乡苏维埃政府,20% 归区苏维埃政府,20% 归省苏维埃政府。② 从历史进程而言,这是江西苏区第一个明确实行累进税的土地法,具有极大的进步性。

以 1931 年 11 月 7 日中华苏维埃共和国临时中央政府成立为标志,农业税制实现统一,走向制度化道路。中华苏维埃共和国临时中央政府的建

---

① 《井冈山土地法》(1928 年 12 月),江西省档案馆等编:《中央革命根据地史料选编》下册,江西人民出版社 1982 年版,第 362 页。
② 其余 10% 未做规定。按照当时的实际做法而言,主要用于战争中的临时开支。《土地法》(1930 年 2 月 7 日),江西省档案馆等编:《中央革命根据地史料选编》下册,第 380—381 页。

立,"这的确是苏维埃运动的伟大胜利和成功"①。对农业税制建设而言,它的意义同样重大。11月28日,临时中央政府立即颁布了《中华苏维埃共和国暂行税则》(下简称《暂行税则》),统一各根据地的农业税。它明确规定苏区实行统一的累进税,农业税只征收主产(稻谷、茶山、棉麻、果园)税,暂不征收副产税;另外还规定了农业税征收的原则、免税减税政策、征收的时间、征收办法与征收形式等。②与临时中央政府成立前各地的农业税制结构相比,《暂行税则》的内容要丰富得多。从制度的完善与实施上来说,《暂行税则》是江西苏区最为完备的农业税则,具有标志性的意义,是农业税制的跨越性进步。

随着革命形势的变化和党的理论与实践水平的提高,农业税制在《暂行税则》的基础上不断调整,因此苏区的农业税制还具备灵活性的一面。《暂行税则》只规定农业税征收的基本原则,各省可依据当地情况定出适当的农业税税率;农业税征收现款或农产品,依据农民的意愿而定。这些政策都充分体现了税制的灵活性。苏维埃政府为了合理地把农民所应交纳的"粮食"折纳成"现金",进一步明确了谷价的计算标准,即由"县苏按照各区某时期市价(江西是按新米上市六天后的最高市价)分别斟酌规定,并由县苏公布之"。③由此可见,临时中央政府在具体问题上给予了地方上一定的主动权,具有一定的机动灵活性。

另外,税率也逐步由低到高。为了增加税收,适应斗争的发展和满足政府不断增加的支出,苏维埃临时中央政府于1932年7月13日修改完善了《暂行税则》,颁布了《土地税征收细则》,细化和调整相关政策。其农业税税率有所提高;减免政策的条件更加严格。④对此中央财政部作出了

---

① 项英:《地方苏维埃的建设问题》,《红色中华》第2期,1931年12月18日。
② 《暂行税则》(1931年11月28日),中国社会科学院经济研究所中国现代经济史组编:《革命根据地经济史料选编》上册,江西人民出版社1986年版,第416—417页。
③ 《中华苏维埃共和国临时中央政府执行委员会命令第7号——关于修改暂行税则问题》(1932年7月13日),《革命根据地经济史料选编》上册,第424页。
④ 《革命根据地经济史料选编》上册,第424—427页。

解释，即"我们的财政工作就必须转变过去依靠红军筹款的路线，而做到政府负责供给红军战费，这是苏区向外发展的必须的前提，也就是整个苏区财政工作路线大转变的开始，自七月以后前后方红军供养已经是中央财政部负责支付了"①。简言之，财政收入已经不再依靠红军筹款，而是依靠以农业税为主的税收，这就必然增加农业税的税率。

（二）苏区农业税的阶级性与革命性

共产国际一再强调，苏区的存在只有"实行阶级路线并依靠劳动人民、贫农和中农的坚定支持"才具有意义。②农业税同样要实行阶级路线。从本质上而言，任何一个国家的税收，是服从于这个国家所代表的特定阶级的阶级利益，是这个阶级在其整个政治斗争中的一条战线。③与此同时，农业税作为土地政策的一部分，具有废除封建剥削的革命性。④这与中国共产党的革命任务与革命目标保持一致。

对农业税本身而言，中国共产党对农业税的征收原则、征收对象、征收标准、减免条件、起征点、累进率以及税收用途等方面的规定，均体现了农业税制的阶级性与革命性，使其在保证苏维埃政府财政收入的基础上，充分保护贫苦大众的利益，压制和削弱剥削者。

1931年11月28日，中央执行委员会通过的《关于颁布暂行税则的决议》指出："征收的原则，除去将纳税的重担放在剥削阶级身上外，依阶级的原则来解决，对于被剥削的阶级与最苦的阶层的群众，免除纳税的义务。"⑤毛泽东在1934年"二苏大"工作报告中指出："苏维埃的财政政策，

---

① 《财政人民委员部一年来工作报告》，《红色中华》第39期，1932年11月7日。
② 《雷利斯基给共产国际执行委员会东方书记处的第4号信》（1929年7月8日于上海），中共中央党史研究室第一研究部编译：《共产国际、联共（布）与中国革命档案资料丛书》第8卷，中央文献出版社2002年版，第141页。
③ 《邓子恢文集》，人民出版社2006年版，第198页。
④ 《中华苏维埃共和国中央执行委员会与人民委员会对第二次全国苏维埃代表大会的报告》（1934年1月），《中央革命根据地史料选编》下册，第319页。
⑤ 《中华苏维埃共和国执行委员会第一次会议关于颁布暂行税则的决议》（1931年11月28日），《革命根据地经济史料选编》上册，第413页。

建筑于阶级的与革命的原则之上……税收的基本原则，同样是重担归于剥削者。"征收的标准为"贫农中农税轻，富农税重，雇农及红军家属免税，被灾区域按灾情轻重减税或免税"。[①] 这就确立了"农业税重负归于剥削者，减轻被剥削者税负"的阶级原则与革命原则。它把长期以来承担不平等税负的贫苦群众解放出来，把长时期凌驾于贫民之上的地主豪绅打倒，并进一步削弱富农。这也体现了土地革命的"废除封建剥削性"的任务要求。

农业税的减免政策表明了党"保护贫农、联络中农、打击富农"的原则，例如红军家属、雇农以及分得田地的工人免税等。[②] 它很好地维护了红军家属、雇贫农的利益，确保他们的生活及生产顺利进行，使他们更加愿意支持党与红军。

税的起征点直接关系到税的具体负担。推至不同阶层，共产党人以阶级观点来判定农业税的不同起征点，并以累进率的方式使之确立一系列不同的政策。《暂行税则》规定了起征点和累进税原则，虽然没有制定统一的税率，但附有江西省税率，供各地参考，参照执行（如表3-6所示）。

表3-6 苏区江西省农业税率

调整前税率（1931年11月28日）				调整后税率（1932年7月13日）			
贫农、中农		富农		贫农、中农		富农	
人均收入干谷担数	税率（%）	人均收入干谷担数	税率（%）	人均收入干谷担数	税率（%）	人均收入干谷担数	税率（%）
4担	1	2担	1	3担	4	1担	4
5担	2	3担	2	4担	5	2担	5
6担	3	4担	3	5担	6	3担	6
7担	4	5担	4	6担	7	4担	7
8担	5	6担	5	7担	8	5担	8

---

① 《中华苏维埃共和国中央执行委员会与人民委员会对第二次全国苏维埃代表大会的报告》（1934年1月），《中央革命根据地史料选编》下册，第322页。
② 《暂行税则》（1931年11月28日），《革命根据地经济史料选编》上册，第416页。

续表

调整前税率（1931年11月28日）				调整后税率（1932年7月13日）			
贫农、中农		富农		贫农、中农		富农	
人均收入干谷担数	税率（%）	人均收入干谷担数	税率（%）	人均收入干谷担数	税率（%）	人均收入干谷担数	税率（%）
9担	6.5	7担	6	8担	9	6担	9
10担	8	8担	7	9担	10	7担	10
11担	9.5	9担	8	10担	11	8担	11
12担	11	10担	9	11担	12	9担	12.5
13担	12.5	11担	10	12担	13.5	10担	14
14担	14.5	12担	11	13担	15	11担	15.5
15担	16.5	—	—	14担	16.5	12担	17
—	—	—	—	15担	18	13担	18.5

资料来源：《革命根据地经济史料选编》上册，第417、430—431页。

如表3-6所示，税率的起征点与累进率均体现了农业税制的阶级性与革命性，也贯彻了土地革命的阶级路线。1931年的税则规定，富农从2担起征，一般贫农中农从4担起征；1932年的税则，贫农中农3担起征，富农1担起征。明显的，富农起征点要比贫农中农低得多，适用的税率也比贫农中农高，由此产生的税负也比贫农中农重得多。因贫农的起征点高，低于免征点的贫农就可以免税，这就很好地保护了一部分贫苦农民的利益，进而从根本上颠覆了地主富农阶级在传统社会享受的纳税特权，极具革命性。

农业税的征税目的与用途。苏维埃临时中央政府的土地法明确规定了征税目的与税收用途：一是革命和苏维埃政权的需要，如维持并扩大红军、赤卫队，维持政权机关运行等；二是社会建设和群众利益的需要，如设立学校，建立看病所，救济残废老幼，修理道路河坝等。① 毫无疑问，革命战争和政权运行费用是中央苏区农业税的主要支出。在其财政规划中，苏维埃税收，是国家财政主要收入的来源，是中国共产党领导红军作战的大

---

① 《土地法》（1930年2月7日），《中央革命根据地史料选编》下册，第380页。

批战争经费来源的主要部分。①同时,服务于群众的社会建设也是其应有之义。早在苏维埃临时中央政府成立之前,共产国际就指示中国共产党,苏维埃政府只要有可能就应该进行各项社会建设,如改良灌溉、栽种树林、建筑道路、造桥修桥、创办学校和农村读书馆等。而要实现这些目标,就应该"根据显明的容易了解的通俗的原则制定统一的农业税。捐税的标准是进款。捐税应该是累进的"。②在中国共产党人看来,革命战争是群众的战争,革命要取得胜利,对于广大群众的切身利益问题,群众的生活问题,就一点也不能忽视。③这就把为什么征税和税收的用途两个重要问题解释清楚了,阐释了农业税制的价值取向与阶级性。

虽然苏区的农业税制具有鲜明的阶级性与革命性,但在"左"倾革命环境之下,也呈现出"左"倾特质。共产国际、联共(布)也发挥了重大影响。早在1930年4月15日,共产国际就提出,因为富农和豪绅利用苏区斗争和建设中的许多缺点来获取好处,所以必须时刻警惕他们的革命投机行为。④不久又通过《关于中国问题议决案》,提出土地革命"应当不是富农的,而是贫农中农的",应该"在工人阶级的领导作用之下,必须坚决打击富农"。⑤在共产国际、联共(布)和中共中央"左"倾思想的指导下,农业税不可避免地打上了"左"的烙印。主要表现在:其一,对富农的农业税政策过"左"。1931年12月31日,江西省苏维埃政府专门出台了由中央政府批准的《没收和分配土地条例》。该条例明确指出,不仅地主豪绅大私有者的土地要一律没收,富农的土地也应该没收,并且富农主

---

① 伯钊:《关于征收税收问题的意见》,《红色中华》第27期,1932年7月14日。
② 《共产国际东方部关于中国苏维埃区域土地农民问题议决草案》(1930年8月),中共中央党史研究室第一研究部编译:《共产国际、联共(布)与中国革命档案资料丛书》第12卷,中央文献出版社2002年版,第294—300页。
③ 《毛泽东选集》第1卷,人民出版社1991年版,第136页。
④ 《马马耶夫在共产国际执行委员会东方书记处处务委员扩大会议上的报告》(1930年4月15日),《共产国际、联共(布)与中国革命档案资料丛书》第9卷,第118页。
⑤ 《共产国际执委政治秘书处关于中国问题议决案》(1930年7月23日),《共产国际、联共(布)与中国革命档案资料丛书》第12卷,第212页。

要按照劳动力标准分坏田。①在分得坏田的情况下，富农还应该继续承担比贫农更高的农业税率。其二，对贫中农征税存在一些过激做法。为了取得反"围剿"的胜利，苏区大力扩军，某种程度上造成农村青壮劳动力缺乏。例如，江西的长冈乡，16岁至45岁的全部青年成年男子407人中，出外当红军做工作的有320人，留在乡间的有87人，去留比例为80%与20%。福建的才溪乡，全部青年成年男子554人中，出外当红军做工作的有485人，留在乡间的只有67人，去留比例为88%与12%。②男性劳动力的大量缺失，使传统农业生产遇到很大的困难甚至使生产无法正常进行。

（三）与国民政府农业税的根本区别

井冈山革命根据地、中央革命根据地、赣东北革命根据地等颁布的一系列土地法，逐步使中国共产党的农业税步入法制化的轨道。它自成体系，成为当时中国的一大新税制，完全区别于国民政府的税制，是中国税制历史上的一大进步。其中，先进性、创新性是其区别于国民政府农业税的最明显特征，集中体现了苏维埃政府在农业税制建设方面所做的贡献。

中国共产党领导的中华苏维埃共和国与国民党领导的中华民国具有根本差异。中华苏维埃共和国一成立就旗帜鲜明地宣示，"中华苏维埃共和国，是广大被剥削被压迫的工农兵士劳苦群众的国家。他的旗帜是打倒帝国主义，消灭地主阶级，推翻国民党军阀政府，建立苏维埃政府于全中国，为数万万被压迫被剥削的工农兵士及其他被压迫群众的利益而奋斗，为全国真正的和平统一而奋斗"，与之相反，"所谓中华民国，他是帝国主义的工具，是军阀官僚地主资产阶级，用以压迫工农兵士劳苦群众的国家，蒋介石汪精卫等的国民政府，就是这个国家的反革命机关"。③国体的不同决定了苏

---

① 《江西省苏维埃政府没收和分配土地条例——临时中央政府批准》（1931年12月31日），中央档案馆、江西省档案馆编：《江西革命历史文件汇集（1931年）》，1988年内部版，第227—228页。
② 《中华苏维埃共和国中央执行委员会与人民委员会对第二次全国苏维埃代表大会的报告》（1934年1月），《中央革命根据地史料选编》下册，第303—304页。
③ 《中华苏维埃共和国中央执行委员会布告（第一号）》，《红色中华》创刊号1931年12月11日。

维埃政府农业税制与国民政府农业税制的根本差别。具体言之：

1. 在废除附加税、减轻税负等方面，苏维埃临时中央政府比国民政府更加先进

国民政府的农业税制积弊很多，包含税制结构凌乱、征收不统一、正税重、附加税多且重、实行预征等。中国共产党人也注意到国民政府因税制混乱而造成的财政问题，认为国民政府"到了绝境"，必将无法补救，最后破产。① 尤其附加税是国民党农业税制的突出问题。地方每办一事，莫不从田赋附加筹措经费。各省县虽不完全相同，一般而言，附加税的数额都超过了正赋，是民国农业税的一大特色。② 例如，1932年水田的附加税与正税之百分比为江西省103%，福建省97%，广东省143%。在军阀混战的区域，这一现象更为突出，如四川军阀在1932年就临时增派战费五六次，各县农业税已经提前预征了30年。③

与国民党不同，中国共产党的农业税制以减轻贫苦农民税负为原则，更为先进。共产国际、联共（布）时刻不忘提醒中国共产党"苏区的政策应反映出苏区工人和农民的生活条件与国统区的根本差别"，应该"让农民看到苏维埃政权比国民党政权的优越"，使他们真心拥护红军和苏维埃政权。④ 因此，苏维埃临时中央政府一成立，就在苏区废除国民政府的一切田赋丁粮厘金、苛捐杂税等，⑤ 以实际行动表明了革除国民党农业税制弊端的决心。更为重要的是，废除"一切田赋丁粮厘金、苛捐杂税"就截断了以农业税为根源的各种附加税，从而根本上解决了农民长期以来难以负荷的附加税过多过重问题。

---

① 项英：《苏区群众和红军大大的向外发展积极的进行革命战争》，《红色中华》第7期，1932年1月27日。
② 陈登原：《中国田赋史》，第10页。
③ 《四川军阀混战中的大搜括》，《红色中华》第49期，1933年2月4日。
④ 《共产国际执行委员会政治书记处给中共中央的电报》（1933年3月19日—22日），中共中央党史研究室第一研究部编译：《共产国际、联共（布）与中国革命档案资料丛书》第13卷，中共党史出版社2007年版，第355页。
⑤ 《暂行税则》（1931年11月28日），《革命根据地经济史料选编》上册，第416页。

在税负承担方面,税负从被剥削者转移到剥削者身上,使有产者承担更大的责任。比如,对以富农为代表的有产者,中国共产党坚持"站在阶级的观点上给他严厉的打击"①。因此向富农征税的起征点低、税率高,与贫农相比,其负担重得多,这就一定程度上缓解了贫农的负担。"富裕者税重,贫困者税轻"也是比较符合当时社会的价值原则,即以其财力的多寡来承担税负,分担社会责任与义务。"这就是苏维埃政权下与国民党政权下农村状态下的根本区别。"②

2. 在以税促生产方面,苏维埃临时中央政府比国民政府更具创新意识,从而保障了税源的稳定性

与国民政府过于强调"取之于民"的农业税思想相比,苏维埃临时中央政府更加重视"发展农业生产"来保障税源的稳定性。对中国共产党而言,以发展国民经济来增加财政收入,是财政政策的基本方针。③

在中国共产党的领导下,苏维埃临时中央政府国民经济部、土地部发布的相关命令指出,为了革命战争和群众生活改善的需要,必须努力发展农业生产。④在政府的大力支持下,苏区的农业发展加快。中央苏区1933年的农产品产量较1932年增加了15%;赣东北苏区则增加20%。

其中,开垦荒田、增加粮食产量更是成为党的重要决策。在中共的有力动员之下,江西苏区人民积极行动起来,努力发展农业生产,提高农业生产技术,消灭荒田,他们激发出由内而外的生产热情。⑤1933年,中国共产党高度评价"推广耕种面积""改良土质和增进肥料""组织犁牛站"

---

① 会文:《土地革命中的富农》,《红色中华》第15期,1932年3月23日。
② 《中华苏维埃共和国中央执行委员会与人民委员会对第二次全国苏维埃代表大会的报告》(1934年1月),《中央革命根据地史料选编》下册,第319页。
③ 《毛泽东选集》第1卷,第134页。
④ 《中央国民经济人民委员部、土地人民委员部布告——为发展农业生产与工业生产》(1933年1月),《革命根据地经济史料选编》上册,第231页。
⑤ 《要完全消灭荒田》,《红色中华》第65期,1933年3月30日。

等方法促进了农村经济的振兴。①

共产党人的高度评价和苏区人民自身的生产动力都表明了土地革命后共产党与农民团结一致的伟大成就。在农村经济发展的基础上，推行农业税，才有利于取得成效，真正符合中国共产党所提倡的"鼓励生产，合理负担"的目标，展示其先进性的一面。

3. 在采用累进税法、以收获量计算农业税率方面，苏维埃临时中央政府比国民政府的农业税制更具先进性

在采用累进税法和以收获量计税两方面，与国民政府的农业税制相比，苏维埃临时中央政府的农业税制更具先进性。

与国民政府农业税的单一税率相比，苏维埃临时中央政府农业税的累进税法无疑是一种创新，更加先进，符合时代与现代税制的发展要求。中国共产党对此进行了阐释，指出："苏维埃的税收则是阶级原则来决定一种统一的累进税，纳税的重担是放在剥削阶级和富裕者身上。而对于被剥削的阶级则减轻甚至免除他们纳税的义务。"②

显然，累进税法把贫者与富者的税率定在不同的标准线上，越贫者所适用的税率越低，越富者所适用的税率越高。按其税制的发展要求来看，累进税目前仍然被普遍采用，且被公认为比较好的税法，能够体现负担的公平性。相对而言，贫者与富者适用同一税率，富者的税负轻，贫者的税负反而重，没有起到调节作用，导致税负不平衡。特别在贫富差距明显的中国近代，富裕阶层往往有各种减免农业税的特权与手段，造成的税负担不均现象尤其突出。因此，采用累进税是苏维埃政权的创举。③

另外，苏维埃临时中央政府采取以人均收入干谷担数（即收获量）核算农业税税率的方法，与国民政府以田亩面积计算税率的方法相比，更为

---

① 中共中央党史研究室第一研究部编译：《共产国际、联共（布）与中国革命档案资料丛书》第 16 卷，中共党史出版社 2007 年版，第 361—362 页。
② 伯钊：《关于征收税收问题的意见》，《红色中华》第 27 期，1932 年 7 月 14 日，第 7 版。
③ 《土地委员会扩大会决议案》（1931 年 4 月 16 日），《中央革命根据地史料选编》下册，第 441 页。

合理。当时的常见情况是,地主富农一般占有农村中极大比例的中上等田,土地肥沃,不仅地理位置好,而且产量有时甚至比下等田高出数倍。一般贫农、自耕农多耕种一些贫瘠的田地。以田亩数来计算农业税,因不考虑土地的肥瘠,这就大大有利于地主富农,而不利于贫农、自耕农。以收获量来计算税率,就比较客观公正,并且能够根据当年的具体情况实行调整,如碰到灾荒,收获量少,承担的税率也低,不至于进一步加重农民负担。另外,这种方法使得富农、贫农、中农基本上处于同一标准线上,富农收获多,相对应的税率就高,贫农收获少,相对应的税率就低,使其税负公平分摊。[1]

(四)苏区农业税的主要作用与影响

江西苏区农业税制是在土地革命的基础上逐步完善起来的。农民在获得土地、从事农业生产的同时,向苏维埃政府缴纳农业税。以农业税为主要来源的财政收入,是革命战争、苏维埃政权运行、苏区社会建设的最重要物质保障,发挥着重大的历史作用。

其一,提供了军需费用。通过土地革命,广大的贫苦农民在经济上实现翻身,对中国共产党领导的革命战争十分拥护。这为革命战争费用由打土豪筹款向财政支出的制度转型提供了重要的支持。他们热烈拥护苏维埃政府和中国共产党,主动纳税就是其重要表现。为了在经济上最大限度地支持第五次反"围剿"战争,一些乡苏维埃政府还主动地要求中央政府增加农业税的累进税率,认为以前的农业税率过轻,在战争时期,苏区的经费必须准备充足,"才能使红军完成目前紧急任务,及工农群众所得的胜利从此保障起来"[2]。除了发动群众参与"节省运动",购买公债,苏维埃临时中央政府把农业税征收作为保障财政收入的重要任务。[3]农民也充分

---

[1] 《土地委员会扩大会决议案》(1931年4月16日),《中央革命根据地史料选编》下册,第441页。
[2] 《各级政府及群众团体赤卫军等要求中央政府增加税则充裕发展革命战争军费请求书》,《红色中华》第29期,1932年7月28日。
[3] 《在新的胜利的面前——财政经济问题》,《红色中华》第37期,1932年10月23日。

表达了革命热忱，积极缴纳农业税，展示了"在经济战线上伟大的力量"，从而保障了革命战争的顺利进行。①

其二，支持了苏维埃政权的运转。农业税的重要用途之一就是苏维埃政权运行开销。从这一时期的情况看，由于农民积极纳税，各级苏维埃政府的运行都较为平稳。在"厉行节约"的口号下，廉洁高效的苏维埃政府形象基本树立。1934年9月1日，共产国际在关于中国问题的决议中高度评价："苏维埃政府是真正人民的政府、廉洁的政府。红军是真正的人民的军队，是英勇而光荣的军队。这样的政府和这样的军队，千百年来一直是中国人民大众所梦寐以求的。"②中国共产党对此也极为自豪，宣告苏维埃政府是"空前的真正的廉洁政府"③。贫苦农民也高度认可苏维埃政府，认为在其领导下"生活好，言论也自由，一切权利都能享受，真真快乐呵！"④

其三，社会建设广泛开展。社会建设的支出是农业税的社会服务功能。各级苏维埃政府在征得农业税后，反哺给农民，建设了许多符合其利益需求的社会事业。尤其在苏维埃临时中央政府成立后，苏维埃建设不断取得新成绩。例如，颁布了一系列经济政策如合作社条例、借贷条例、土地买卖条例等，振兴了农业经济；组织了修堤、造桥、建坝等惠民工程；发展了集体工商业，便利了苏区人民的生活；大力推进了文化教育事业，使广大的贫农子弟、妇女接受新式教育等，这是"是中国历史上空前未有过的现象"。⑤

与此同时，虽然江西各苏区农业税制尚不十分完备，但已经基本具备了现代农业税制的雏形。它对新中国现代农业税制的形成产生了重要影响，奠定了良好的基础。主要体现：

---

① 《大家来热烈缴纳农业税》，《红色中华》第138期，1933年12月26日。
② 中共中央党史研究室第一研究部编译：《共产国际、联共（布）与中国革命档案资料丛书》第14卷，中共党史出版社2007年版，第215页。
③ 《中央审计委员会关于四个月节省运动总结》，《红色中华》232期，1934年9月11日。
④ 《从白区回来——寻乌难民自述》，《红色中华》第68期，1933年4月11日。
⑤ 《共产国际、联共（布）与中国革命档案资料丛书》第16卷，第138—140页。

首先，累进税与免征点政策。苏区时期，政府实行统一的累进税，对低于起征点的农户实行免征农业税。累进税与免征点政策在中华人民共和国建立后，仍然被采用，足见在革命实践中已经证明了这些政策的实用性和优越性。抗战时期，部分敌后抗日根据地也颁布了《统一累进税暂行税则》，进行了统一累进税的试点工作。①

1949年中华人民共和国成立后，政府规定实行免征点的、税率差异较大的全额累进税制。人均稻谷不满150斤免征；150斤以上的，贫农征收5%至8%，中农征收12%至18%，富农征收20%至30%，地主一般征收30%至40%，最高不超过50%。1951年，农业税税率以全额累进税率为20级计算。②

其次，征收办法与农业税形式。1932年7月13日，苏维埃临时中央政府颁布的《土地税征收细则》（下简称《细则》）关于征收方法做了更为明确的规定。《细则》指出，"农民缴税前，由乡代表发给纳税证明书，替他填好，如有免税者应填好免税证明书，农民即按证明书带款送交各该税收委员会，取得收据为凭"，强调"未收税前，委员会一定要动员各区及各乡苏召集乡代表会议，及农民大会等报告税收之意义和手续，要乡代表详细向群众解释"。③实际上，这种征收办法就是"依率计征、依法减免"。政府发放纳税证明书，同时注意宣传税收政策，动员农民踊跃纳税，明确纳税者与征税者的义务与责任。

新中国成立后，政府按照"鼓励生产、合理负担""依率计征、依法减免"的政策，分夏秋两季征税，与苏区时期的征收方法一脉相承。在一定程度上说，中央苏区发放"纳税证明书"的征收方法与改革开放时期采用发放"负担卡"的征收方法实质上是相同的。在改革开放时期，大多数地方征

---

① 王志峰：《数目字、民主与动员：从合理负担到统一累进税——以太行抗日根据地为中心的考察》，《苏区研究》2020年第3期，第101页。
② 宜春市地方志编纂委员会编：《宜春市志》卷十八财税·税务，第382页。
③ 《土地税征收细则》（1932年7月13日），《革命根据地经济史料选编》上册，第428页。

收农业税,都是采取发放"负担卡"的政策,也就是政府(一般是乡级政府)按照对应的税率把每家每户所应交纳的农业税计算出来,登记在每户的纳税小本子上,一户一本,名为"负担卡",在交税前发放,农民按照其"负担卡"规定的纳税数量交税。这与苏区采用"纳税证明书"的方法基本原理类似。

最后,减免税政策。苏维埃临时中央政府坚持"合理负担"原则,规定了减免税政策,如红军家属、雇农以及分得田地的工人免税;遇有水旱等灾或遭受国民党摧残的区域,按照灾情轻重免税或减税等。[①] 减免税政策在革命时期不仅能够在经济上减轻农民负担,使农民的生活生产得以维持,而且在政治上争取了主动,能够获得更多群众的革命支持,使更多的群众拥护中国共产党。因此税收减免政策起到了经济、政治、军事上多方面的积极作用。

正因为减免政策具有客观性及良好的社会作用,新中国成立后仍然实行较人性化的农业税减免政策。例如,1949年9月起,除全家人均收稻谷不足150斤的免征农业税外,开生荒免征5年,开熟荒免征3年;凡因不可抗拒的自然灾害造成歉收3成以上的,经调查核实,可依法减免;对贫困无劳力的老弱孤寡,其负担可经民主评议酌情减免15%至30%。[②] 这些规定不同程度地受到江西苏区农业税制的影响。

江西苏区农业税制具有特定历史时期的独有特征。这一时期的农业税制是中国共产党对农业税制的探索和初步实践,具有重大的历史意义。它具有鲜明的特点,即浓厚的阶级性、革命性、创新性,并与战时的环境相适应,具有极大的灵活性。农业税制的阶级性、革命性与中国共产党对土地革命的定性和革命目标追求是一致的,其创新性与中国共产党立足于改革的大局,推动农业税制的公平性、现代性之努力密不可分,灵活性则与频繁革命斗争的特殊环境相连。总体而言,江西苏区的农业税制是党在革

---

① 《暂行税则》(1931年11月28日),《革命根据地经济史料选编》上册,第416页。
② 宜春市地方志编纂委员会编:《宜春市志》卷十八《财税·税务》,第383页。

命时期对农业税所做出的探索，充分体现了党对法制建设的创新思维和解决革命年代经济困境问题的应对能力。也应该理性地看到，在"左"倾思想的影响下，苏区农业税制不可避免地具有一定的"左"倾特质。从历史进程而言，江西苏区农业税制对新中国现代农业税制的形成产生了重大影响。

第四章　近代江西农村借贷

在农村经济不断衰落的形势下，苛捐杂税、政府和地方势力的重压、战争的摧毁等各方面的综合作用，使农民的生活十分窘迫。对许多农民而言，要维持日常生活的运转，不得不通过借贷来缓和经济窘迫之境。江西向来是中国农业大省，是典型的农业社会，所以农村借贷方式基本维持了比较传统的借贷方式。与此同时，它又在现代化金融的刺激下有了新的借贷方式。然而，高额的借贷利率使得农民日益丧失了还债能力，即便当局为改善这一情况做出了一定的努力，但终究是沧海一粟，许多农民只能在贫穷的旋涡中无法自拔。

一、农村借贷的产生

进入近代，除了上海、浙江、广东等地区有一定的工业经济，在以江西为代表的传统农业区域，农村经济占绝对的主导。近代中国是一个政局不稳、内战频发和不断遭受帝国主义侵略的时期。在世界市场经济的强势冲击和影响下，中国经历着从传统向现代的艰难转型。在这种大的时代背景下，江西的现代化转型尤其艰难，不仅现代工业没有得到很好地发展，传统农业经济也逐渐衰落。深陷其中的农民不得不通过借贷维持生活的正常运转。从某种层面上而言，民间借贷业的繁盛恰好是农村经济破落的有力证明，也是农民生活贫苦的写照。社会各界、政党站在不同的立场，想说明的问题也相异，但他们关于江西农村问题的认识却殊途同归，共同指向江西农村经济的破败、各方势力的压迫、农民生活的艰难等共同催生借贷的畸形发展。

（一）农村经济衰落

李大钊在五四时期就曾振聋发聩地指出："凡一时代，经济上若发生了变动，思想上也必发生变动。换句话说，就是经济的变动是思想变动的重要原因。"这一解释与中国的农村生活相照映，因为数千年来中国农村一直"停滞在静止的状态中，呈出一种死寂的现象"。然而鸦片战争以后，随着帝国主义以强势霸道的姿态侵略中国，中国经济包括农村经济显现为半殖民地半封建经济的特性。这一经济特性为五四运动后中国人民的革命觉醒提供了客观可能，同时也是江西农村经济衰落的根本原因。

关于近代江西农村经济的破败现实，各方的意见并无分歧，充分说明这一事实的客观性、真实性。在广大农村，农民吃不饱穿不暖，没有钱上学，失学儿童、失学妇女比例极高。[1]因此，社会各界关于"救济农村""振兴农村"等呼声始终不灭。

学者、记者等人的调查因没有强烈的政治色彩，偏向于学术探讨、揭露事实，因此其调查结果相对公正、准确。诸如，1935年冬《申报》专门开辟《农村生活丛谈》栏目，"搜集全国各地农村生活之实录，披载报端，藉以引起国人对于农村问题之注意，提供学者以翔实可靠之材料"，其主要目的在于"或许可以引起许多人的同情，同时可以供研究农村问题者和从事农村工作者参考"。[2]从其立意来说，其调查目的相对单纯，不似政党具有明确的政治目的，预设的政策导向。在《申报》授意下，秦柳方、汪锡鹏等对江西丰城县第一区冈上村、永修县淳湖村等地进行了调查，对了解当时江西农村经济的状况有着重要的参考价值。

不妨以秦柳芳对丰城县冈上村的调查作为例证，近距离观察农村经济的衰落、农民生活的艰难与农村借贷的相生相依。1936年，秦柳芳在赣中地区丰城县冈上村进行调研。他发现这个交通便利、未受战争之祸的村庄呈现一幅破败景象，贫农与离村人数急速增加。其重要原因之一，就是这

---

[1] 《为呈送所在学区失学民众调查表暨妇女班、成人班学生入学姓名表乞鉴核由》（1948年6月21日），江西省档案馆藏，档案号J046-3-01388-0031。
[2] 俞庆棠主编：《农村生活丛谈》，"弁言"第1—2页。

些农民没有多少土地，根本不能满足生活需要，只能到处借贷，生活越来越贫苦，更有甚者被迫走上逃离之路。全村 125 户，共 1130 亩土地，平均每户约占 9 亩土地，但实际上不足 5 亩的农户达到全村农户的近一半。（详见表 4-1）

表 4-1　丰城冈上村土地情况（1936 年调查）

亩数（全村共 1130 亩）	户数	对全村总户之百分比（%）（全村 125 户）
0	21	16.80
1—5	32	25.60
5—10	24	19.20
10—15	22	17.60
15—20	9	7.20
20—25	4	3.20
25—30	7	5.60
30—35	3	2.40
35—40	1	0.80
60 以上	1	0.80
90 以上	1	0.80

纠正了原表的部分错误。秦柳方《赣中的农村》，俞庆棠主编《农村生活丛谈》，第 45—46 页。

从表 4-1 可见，毫无耕地者有 21 户，占全村总户数 16.80%，而有地在 10 亩以下者，共 56 户，占全村总户数的 44.80%，如与无耕地者合计，达全村 66.60%。在秦柳芳看来，这种现象"很显明的一方面表示着地权的集中，一方面表示着百分之六十以上之贫农手中只有极少量的土地"[1]。

土地产量的低下、耕地面积的稀少导致超过半数农户生活收入有限，生活需要难以满足。没有耕地者只能外出做雇工，耕地面积少者也只能多兼职做点零工，否则全家将食不果腹。然而，农村雇工的机会并不多。每到农忙季节只有一星期至十天的时间可以被雇，且当时赣河西岸常有几百

---

[1] 秦柳方：《赣中的农村》，俞庆棠主编：《农村生活丛谈》，第 45—46 页。

雇工来竞争。在冈上村，长期在外谋生者有60人，他们远至广西、湖南、湖北、福建等地，少数在南昌谋生。其中一半的人已几年没有回过冈上村，只能常年在外谋生。租税的繁重更加重了这一趋势。本村佃农除了给地主纳一半的租，还要承担地价税。此外，临时由县政府规定的随粮摊派款项，每年总有好多次。1934年，如修堤、筑路、军队过境等共派14次，每亩约负担1角5分；1935年截至10月，当年已派过9次，每亩约计9分，而本村支出的摊派，尚不在内。1935春季，全村无需购买米粮的只有13户，也就是说仅10%的农家能够自给自足。预计在1936春也只会有30户的粮食不生恐慌。春荒以高价买进，比卖谷时的价格约高一倍有零——购买食米。这种价格的剪刀差，只能使农民的贫穷加剧。大部分农民完全要靠临时告贷，维持基本生存。① 简言之，耕地少，粮食产量低，租税重，生活支出多，使得借贷成为农民不可避免的选择。

同一时期，汪锡鹏对赣北永修县农村的调查在某种层面印证了秦柳芳的上述考察。永修县淳湖村交通便利，是南浔火车线路上的一个站点，但是农民耕地少，每人摊不到一亩地。这些人在生活无以为继的情况下，只有向富户借贷，才能勉强维持摇摇欲坠的家庭。② 经济生活的艰难是借贷产生的最重要因素。

地政学院学员对南昌、临川、南丰等地的调查也呼应了上述观点。1936年，王世琨在调研中谈到高租税对农民生活的重大压力，指出"江西省的租额以赣南赣西为最重，最多者每亩纳租谷五石，赣东北次之，窃以为赣西南佃农本较多，对此高额田租，事实上殊难负担……总观江西省，佃农既占绝对多数，而一般租率，平均占总收获量百分之五十左右，租佃问题之严重可知"。③ 虽然王世琨是从佃农租税问题入手，但也反映出以佃农为代表的贫苦农民的生活实态。

---

① 秦柳方：《赣中的农村》，俞庆棠主编：《农村生活丛谈》，第48、51—52页。
② 汪锡鹏：《淳湖村村情》，俞庆棠主编：《农村生活丛谈》，第169—170页。
③ 王世琨：《南昌实习调查日记》，萧铮主编：《中国地政研究所丛刊：民国二十年代中国大陆土地问题资料》，第85012—85013页。

对农民而言，土地是他们赖以生存的主要基础，也是他们经济收入的主要来源。但从全省而言，近代江西土地基本维持在三四千万亩。因为各县人口不同、土地数量不同，全省各地人均拥有耕地数量有一定差异，但基本不超过3亩，一般都在1亩左右。以当时的低产量而言，每亩年均稻谷产量不超过6石[①]（参见第一章，每一季水稻产3石左右，双季稻收获6石），价格以5元每石计，一年稻谷的收入仅约为30元左右。实际上收获的稻谷除了用来缴纳租税外，大部分被农民自己食用，少量余粮用来出售。这就使农民的经济收入变得更加艰难。对农民而言，拥有耕地已是一种幸运，大量的佃农、雇农没有自己的土地。在这些土地上，辛勤的农民播种希望。依靠水稻、麦子、豆子以及各种菜蔬，他们艰难度日。并且随着人均土地面积的缩减，养活人口的压力倍增。[②]

具体到各县，往往出现异曲同工之情形。在东乡县，向称"地瘠民贫"，民间流传"东乡样样无，单出萝卜、芋头、薯"。即便农村经济如此不景气，以种田而谋生活的农民，受到的剥削仍相当惨重。在20世纪20年代，一般佃户种地主一亩田，收谷300斤，交租就要150—200斤，甚至是全租，碰到天灾歉收，租谷颗粒不能少。很多农民辛辛苦苦劳动一年，大部分收成被地主夺去了，自己得到的粮食不够吃半年，甚至出现刚收获完谷子就已经没饭吃的情形。许多农民挣扎在饥饿线上，只有多种萝卜、芋头、薯，来代替稻谷充饥。实际上这种最低生存要求也未必能够达到，为了活命，他们只得忍受高利贷的盘剥，向地主求借。[③]

在余干县，土地也是农村经济中的主要问题。但大多数贫苦农民很难靠土地养活自己。很多人被迫到地主家出卖贱价的劳动力，充当雇工。一般而言，雇工有长工、月工、短工之别。以长工为例，他们到地主家种田，所收的粮食除得少数的工资谷外，其余概归地主剥削。在耕种旺季，农民

[①] 江西省农业院推广部编:《南昌全县农村调查报告》，第78—79页。
[②] 姜爱群:《九江农村生活》，俞庆棠主编:《农村生活丛谈》，第41页。
[③] 中共东乡县委革命斗争史编纂组:《东乡县革命斗争史（初稿）》，1959年内部版，第4—5页。

到地主家做月工，每月地主只付1石2斗5升至1石5斗工资谷（即以稻谷品支付工资）。农忙时，农民到地主家打短工，每天工资谷3到4升。然而，到结算工钱时，地主又玩弄手段，开赌场，叫雇工来赌，一年累到头的血汗钱，输得一干二净，落得双手空空回家。①

北洋政府时期，弋阳九区一带农民要交纳70多种捐税。同一时期，在横峰县，地主剥削同样十分严重。葛源镇地主周尚达父亲曾任湖南省衡阳府知府、浙江省衢州府知府等职务。依赖这样的官宦身份，他祖辈几代都没有务农，而是把大量的土地出租出去，过着优越的生活。大革命前夕周父已故，但周家封建势力还是浓厚，保持几十里的土地，占有茶山林75亩。黄丁桥村地主丁思田地租剥削年达8000多担。莲荷村地主滕金收租谷年达7530担。下坊村李家店地主李发继、李长兴、李长生三兄弟收租谷年达16300余担。

此类情况不胜枚举。与地主优厚的生活相对应，大多数农民的生活则非常苦。许多农民一年要缺三至五个月的粮食，只好弄些蔬菜、南瓜糊口。碰上荒年，连瓜菜吃不上。很多地方的农民只好吃树叶和猪吃的野菜，有些农民遇天灾人祸没有办法，只能向地主借债。②

（二）农民入不敷出

经济收入低，入不敷出，是农民借贷的直接原因。虽然农民的生活要求低，但微薄的经济收入常常难以支持家庭运转。

学员孙兆乾对东乡、遂川等县农村耕地收益的调查，形象地说明了以农业为主要收入来源的农民在经济收入上的微薄，使得借贷成为生存的必然选择。（详见表4-2）

---

① 余干县革命史、县志编纂办公室编：《余干县人民革命斗争史（初稿）》，1959年内部版，第9页。
② 中共横峰县委革命斗争史编纂组：《横峰县人民革命斗争史（初稿）》，1959年内部版，第6页。

表 4-2 东乡、遂川县耕地每亩收益概况（1936 年调查）

田别		每亩全年收获	每亩全年耕种费及税额	每亩纯收益
上等田	东乡	谷3石至5石，甘蔗制糖千斤，折价7元至20元	工资3元余，肥料五六角，正附税5角	2元至14元不等
	遂川	谷2石，折价4元2角	工资6角，肥料1元2角，正附税2角4分5厘	2元1角5分5厘
中等田	东乡	谷2石或豆4石，折价5元	工资3元余，肥料五六角，正附税5角	约5角
	遂川	谷1石5斗，折价3元1角5分	同，税1角7分5厘	1元1角7分5厘
下等田	东乡	谷5斗至石余，折价1元至3元	同	无收益或贴工程及国税
	遂川	谷1石，折价2元1角	工资4角，肥料1元，税1角4分	5角6分

资料来源：孙兆乾《江西省县实习调查日记》，萧铮主编《中国地政研究所丛刊：民国二十年代中国大陆土地问题资料》，第85298—85299页。

由耕地收益表观之，耕地每亩全年收获扣除耕种费用、税额，所余无几。若系佃农，尚须缴租，则全年经营所得不仅为地主掠夺殆尽，且亏本吸及膏脂。这样的经济收入自然难以维持家庭的庞大开支。

即使把其他收入包括在内，农民的生活依然艰难。借贷成为维持家庭开支的无奈之举。作为政府专门培养地方干部的江西省地方行政干部训练团于1940年全面调查了赣县七鲤乡，以便认识与改造基层社会。

其结果表明，农民的经济状况较差，收支不平衡，入不敷出的现象较严重。七鲤乡收入情况（按1940年市价）：500家（有效调查户数）的农地盈余中，以农正副产收入为最多，共计139439元；其他各种副业收入如房租、生意、小贩、挑脚、打柴等，共计32811元，总计全年一切收入为172250元，每家平均344.5元，平均每人全年收入75.7元，每月平均6.3元，平均每等成年男子全年收入为85.5元，每月收入为7.1元。支出则较为庞杂，基本以生活支出为主。（详见表4-3）

由赣县七鲤乡500家农户全年各项支出可知，500家全年内一切支出款额总计为197102.30元，平均每家全年支出为394.20元。各项支出内最多者为食品费共计152016.4元，占总支出数77.15%；吃饭的费用竟约达生活费全部之 3/4，从这里可窥见农民生活程度之低。每人全年度支出为 86.63 元，等成年男子平均支出 97.91 元。收入与支出相抵，收入尚亏 24852.30 元，每家平均亏空 49.7 元。这一数据未必精确，但与当时江西农村的总体情况是基本一致的。

表 4-3　赣县七鲤乡 500 家农户全年各项支出概况（1940 年调查）

各种出款	500家支出总数（元）	每家平均支出数（元）	百分比	每人平均支出数（元）	等成年男子平均支出数（元）
食品	152016.4	304.03	77.15%	66.82	75.52
米红薯杂粮	103288.2	206.57	—	—	—
菜蔬	16818.0	33.63	—	—	—
调和	13104.6	26.21	—	—	—
肉类	8363.0	16.72	—	—	—
水果	1149.3	2.29	—	—	—
其他	9293.3	16.58	—	—	—
燃料：	18911.6	37.82	6.59%	8.31	9.39
柴炭	16455.4	329.1	—	—	—
灯油	2456.2	49.1	—	—	—
衣服：	2916.9	5.83	1.47%	1.28	1.45
男人衣服	824.3	1.64	—	—	—
女人衣服	797.1	1.59	—	—	—
小孩衣服	165.2	0.33	—	—	—
其他	1130.3	2.26	—	—	—
房租	456.0	0.91	0.23%	0.20	0.23
杂费：	22801.4	45.60	11.56%	10.02	11.32
总合	197102.30	394.20	100.00%	86.63	97.91

资料来源：李柳溪编著《赣县七鲤乡社会调查》，李文海主编《民国时期社会调查丛编（二编）》（乡村社会卷），第 674—675 页。

关于借贷的原因，江西省地方行政干部训练团的调查分析，认为有 5 种：(1) 人口多，种田少，而未从事其他生产者；(2) 人口多，遇天灾虫害，收获减少；(3) 人口多，入不敷出者。(4) 婚丧疾病，而无储蓄者。(5)

农民兼营小贩而无资本者。综合各种原因，以人口多，而借贷者占最多数，其他次之。①调研者虽然罗列了5种原因，归根结底还是在于农民生活贫苦，入不敷出。

赣县七鲤乡农户的生活支出情况具有普遍性。即便在省会城市南昌的周边村庄，这里的农民同样一年到头在清苦生活中挣扎。南昌农民的饮食习惯，春秋冬三季大都一日三餐，早晨多吃稀饭，午饭与晚餐均食米饭。"一般农民所食之菜，多系蔬菜及豆制品，肉类每月仅三四次，且乡间非遇附近市镇当墟之日，即集期或开市日期，肉类无从购买。至于鸡鸭及畜产等类，用以自奉者则甚少。衣料多用自织之土布及外来之洋布二种。殷实之家，虽有绸衣羔裘，非遇喜庆不穿。盖其在衣住上均极俭朴。"②这样清苦的生活，一旦遇到特别重大的事件如婚嫁、白事、大病、造房等需要经济支撑，就不得不东挪西借。

在这种经济困境中，农民选择借贷也有必然性。面对这一境况，新闻舆论评析江西农民"入出不敷，多以牛打滚式之借贷及典当，苟延残喘"。③

（三）政治压迫、帝国主义侵略与战争破坏

此外，各种政治压迫、帝国主义侵略、战争破坏等也加重了农民生活的窘迫，更使农民不得不向地主豪绅、银行等各方借债，得以短暂纾解经济压力，以获得艰难中的求生。

自1840年鸦片战争以后，中国逐步沦为半殖民地半封建社会，国家蒙辱、人民蒙难、文明蒙尘，中华民族遭受了前所未有的劫难。近代江西的情况同样如此，地主、豪绅、封建官吏统治着广大农村和城市，政治、经济、社会受到压制，人民生活在水深火热中。在帝国主义侵略和封建军阀混战的双重压迫之下，帝国主义和中华民族的矛盾、封建军阀与人民大众的矛盾逐渐成为中国的主要矛盾，并在江西充分体现出来。在这样的政

---

① 李柳溪编著：《赣县七鲤乡社会调查》，李文海主编：《民国时期社会调查丛编（二编）》（乡村社会卷），福建教育出版社2009年，第654页。
② 《南昌墨山村土地利用调查》，《经济旬刊》第3卷第6期，1934年。
③ 陈赓雅：《赣皖湘鄂视察记》，第6页。

治压迫和帝国主义侵略之下,农民在经济上更加被动,加重了他们对借贷的依赖。

在封建势力、反动政府的压迫和帝国主义侵略之下,广袤的农村打破了一贯的"农耕女织"的美好想象,呈现了传统与现代相互交织,且传统经济明显破败的景象,农民的经济收入微薄。在此情况下,借贷成为迫不得已的选择。

清末政府、北洋政府、南京国民政府财政入不敷出的情况就不断遭到国人诟病。江西财政极其困乏的情况始于清朝末年。《辛丑条约》签订后,江西被摊派的赔款达到140万两。江西全省的年收入仅有700余万两,但每年负担的中央指拨协饷、摊派洋赔款等项目,累计竟然达到500万两(其中洋赔款295万余两,京调银99万余两,协饷银60万两,共计450多万两。)这种情况,"在民国建立后并未改变,以致都督李烈钧因财政负债累累,多次向财政部呼请减轻江西负担"。根据1925年江西省财政厅的报告,1924年全年田赋(包括地丁、米折、租课等项)共计5375460元,加上其他收入,共计9488456元,而年开支达到19606090元(其中军费达到12720000元)。从收支两项来看,即使全年收入全部充任军费,尚且有300余万元差额。[①]

江西省政府财政缺口大,负债累累。尤其是第一次世界大战后,赣省财政吃紧,地方政府和地方军阀不断借债,如向银行借款、发行公债,积欠军政各项费用,尤其是大行暴敛政策,以应对财政危机。大量借外债来弥补财政亏空的做法遭到江西籍地方人士的集体申讨。[②] 自1921年,天津《大公报》连续刊登了《赣省之宦潮与民政》《赣人反对浔路借款之激昂》《赣省财政之危机》《赣督贪脏之真相》《江西教职员已罢课》等文章来反映江西省因财政问题而引发的一系列负面社会影响。[③]

[①] 何友良:《江西通史·民国卷》,第81、83页。
[②] 《赣人反对陈杨借外债》,《大公报》1921年11月4日。
[③] 《赣人反对浔路借款之激昂》,《大公报》1921年12月13日;《赣省财政之危机》,《大公报》1921年12月22日等。

反动政府、地方军阀等通过借外债、增加苛捐杂税等来增加财政收入，然这些额外开支的最后负担者仍然是广大的农民。时人严肃地批评：自中华民国成立以来，特别是1927年以来，赋税随着新政一天一天地增加。例如办党要钱，办自治要钱，修路修衙门要钱，甚至复兴农村也要钱，这些钱只好尽先向农民要。到了1931年，厘金税裁撤了，有许多经费向来依靠厘金或厘金附加的，现在也要在田赋附加上面想法，于是从前一部分工商的负担，现在也放在农民的肩上。农民生活更加贫苦。①简言之，政府的开支庞大，财政收入有限，导致亏空，因此反动政府不得不向农民伸手要钱。政治敏锐性高的知识青年纷纷谴责政府为了增加财政收入而做出的种种不当行为以及派生的官员腐败现象："中国现在的政象，确是腐败极了。什么国会的召集，开会，什么制定宪法，什么借债整理财政。这都是表面上的时髦调子。究实没有从根本上着想，须知现在的政象，无一不是破坏中国的元气。"②

时人的调查结论更加论证了江西农民受困于反动政府、军阀的暴敛之策，生活极为困难。他们指出：

在这个军阀猖狂，频年内乱，和外国强权压迫之下的中国，走遍中华，哪里有一块干净土，伤心惨目，又何独是我们的江西？不过江西人被压迫的程度，二千万人民所受的痛苦，在长江一带，恐怕要算是第一了。"江西实在是一个最可怜被军阀政府的榜样呵！"在他们看来，北洋政府之后，江西百业凋敝，民生困苦。然军阀蔡成勋的亲朋好友，个个都是道尹知事局长等官员，搜刮民膏，不遗余力。他的土匪军队，到处劫掠奸掳，杀人放火，是他们的唯一的本领。蔡氏设官钱号于省城，发行四五百万的纸票，现在江西市面上，尽是这种票子，现洋差不多是被蔡氏搜刮尽了，军队带到各处去用，商店不要就用强力压迫；积欠十余月的教育费，被人家闹得没法了，也发一两月经费的纸票。蔡氏在赣，市面上还可以勉强用得去，

---

① 何会源：《论田赋附加》，《独立评论》第89号，1934年2月25日。
② 《读独秀造国论的疑问》，《向导》周报第4期，1922年10月4日。

蔡氏一去，那简直是一张废纸，一文不值了。"现在蔡氏地位危险，还肆其最后手段，向各银行提取现款，以官票买金银，连日运回本籍。哎，江西的金融将来何堪设想呵！"①

上述所言极为客观。其中心观点是，中华民国建立后，江西在李纯如、陈光远等军阀政府的领导之下，各种乱象丛生。反动政府腐败贪婪，极力压榨剥削农民，导致江西经济低落、金融秩序紊乱，而且他们把财政压力转嫁至农民身上，导致江西农民被压迫的程度达到高峰。

这一情况在国民党统治时期更加明显。江西省各级政府为了支出国内战争、抗日战争等费用，财政缺口更大。全民族抗日战争前江西省的财政地位"从民国二十二年财政部主管全国赋税收入各省所占比例来看，只是2.01%，较之江苏省所占的50.81%是何等之低，一目了然"；抗战后江西财政的情况更为糟糕。以省会南昌为例，1939年3月被日军占领后，财政亏空厉害，发行公债成为当务之急，并"仰赖于军方及湖北省政府的补助款来支撑收支"。②为了改善这一财政困境，各级政府向农民伸手要钱成为必然之举。

向农民征收苛捐杂税是反动政府搜刮民财的一个重要手段，直逼得人民叫苦连天。反动政府向农民征收的税目愈来愈多，税额愈加愈重，诸如"地丁税""人丁税""田赋""什赋""房屋税""债契税""锅灶税""差役捐""门牌捐""营业税""屠宰税"等等，巧立名目，花样多端。除了"正规"捐税以外，还有无穷无尽的附加税。当时的团总、保总都可以任意征收附加税，从而贪污中饱私囊。③许多官差到乡下来要钱要粮，巧言花语，敲诈勒索。除了"正当"的捐税之外，还要补助他跑路的"鞋袜钱"，更甚者还须宰猪宰羊杀鸡招待。群众见他们一来，交不起钱粮就到别的地方

---

① 叶时修：《伤心惨目的江西》，《醒狮周报》第10号，1924年12月13日。
② 尾形明：《南昌县的财政》，冯天瑜、刘柏林、李少军选编：《东亚同文书院中国调查资料选译》中册，社会科学文献出版社2012年版，第813、826页。
③ 中共东乡县委革命斗争史编纂组：《东乡县革命斗争史（初稿）》，1959年内部版，第5页。

躲起来。①面对重压，农民只有不停向地主豪绅等借债才能勉强度日，负债人口比例基本超过半数以上。

与此同时，扎根在乡村的土豪劣绅、土匪等反动势力在政治、经济上压迫农民。例如，东乡县豪绅地主王殿元、王燮元两兄弟利用势力独霸一方，并和官府勾结，历来的新任县长在到任之前，先要去拜访他。他们在黎圩当"土皇帝"，私设法庭、土牢，如有触犯其"族法"者，必然抓去庭审，打入土牢。他豢养着大批流氓、赌棍作为自己的爪牙，伸进每一个角落，加强对农民的经济剥削，镇压人民的反抗。②

在各种反动势力压迫和帝国主义侵略下，农民生活压抑，在经济上极为困苦。时人在观察九江农民的生活后，直言不讳地批评："当这帝国主义及封建残余势力双重压迫之下，一般农村受到摧毁时，九江农村也难免这一环攻，或者鞭挞的伤痕要益发深刻些吧！"③1933年8月，地政学院贺明缨对金溪庄上村傅姓家的调查发现，该村青壮年多已逃亡，现所存人口不过数十个，而任耕作之劳者则仅20人而已。这些农民的家庭情况，除了最简单的农具，及日用器具外，别无其他重要物品。④这种破败之象在全省各地比较普遍。借贷成为救济农民生活、维持农民基本生存的不得已选择。

二、农村借贷的方式

借贷一直是传统社会经济运行的重要枢纽，是农村金融交流的主要方式，也是农民生活不可分割的一部分。近代江西农村经济基本沿着传统轨道运行，为此它的借贷不可避免地带有浓厚的"传统"性，现代化色彩较

---

① 中共横峰县委革命斗争史编纂组：《横峰县人民革命斗争史（初稿）》，第7页。
② 中共东乡县委革命斗争史编纂组：《东乡县革命斗争史（初稿）》，1959年内部版，第2—3。
③ 姜爱群：《九江农村生活》，俞庆棠主编：《农村生活丛谈》，第40页。
④ 贺明缨：《江西省田赋清查处实习报告书》，萧铮主编：《中国地政研究所丛刊：民国二十年代中国大陆土地问题资料》，第85086—85087页。

为淡薄。这一特质相对客观地反映了近代农村金融的实况。与此同时，受现代金融趋势的影响，银行、信用合作等新方式也开始波浪式地影响了农村的借贷方式。总体而言，农村借贷方式基本延续了传统习惯模式，现代化的金融借贷在农村还属于零星的初期阶段。

（一）占主导地位的传统借贷

农村借贷源远流长，是传统农村社会在经济流通上的重要体现。江西是典型的农耕社会，其农村借贷具有深厚的历史根基，基本形成习惯性的、约定俗成的金融交流方式。从历史发展脉络而言，延续至近代，传统农村借贷方式仍然具有根深蒂固的影响。从性质上而言，江西农村的借贷在主体上仍属于传统范畴，信用合作社、银行等现代化的金融方式尚少存在。传统借贷的特征十分明显，即在借款协议中"借方被动，债主主动"，债主对借方的要求较为苛刻，带有明显的高利贷性质。

从种类而言，传统借贷主要有借钱、借谷、典当、合会等。这些方式弥漫在全省农村，成为农民金融交流方式的主体。具体如下：

1. 借钱

借钱是指现钱借贷，在限期上有年借、月借之别。借钱季节，以农历年关为最盛，因"此时为各业往来账项结算之期，农家趁此借得现金，一以开支全年之积欠，一以筹备次年之用度"[①]。这种方式遵从了农民的生活习惯和节日传统。在农村，利息基本由债主定夺，债主除了是亲戚、朋友之外，通常为富户，即地主、富农或豪绅。借方大部分是贫苦的农民。贫农不仅经济贫苦，而且政治地位低。在借贷中，他们没有多少与债主讨价还价的余地。简言之，借方要么接受高额的利息，要么挨饿等死。在一般情况下，借方只能无奈接受一些不合理条件。

从全省范围而言，各县农村的借贷普遍存在，是农民经济生活的重要组成，反映了农民贫弱经济生活的维系方式。著名革命领导人、赣东北根据地主要创始人方志敏也谈到他的家乡弋阳湖塘村村民的借债情形：湖塘

---

① 江西省农业院推广部编：《南昌全县农村调查报告》，第34页。

村共有80余户,其中欠债欠租,朝夕不能自给的,就有70余户的;负累不多,弄到有饭有吃有衣穿,基本能自给的,只有七八户;比较富有的只有2户。①足见,农村借贷在江西具有极大的普遍性。

利息是借贷中非常重要的方面。近代江西农村借钱利息较高,体现了高利贷的特质。1936年,江西省政府的调查显示:江西各县的利息虽有所差异,但基本处于较高的利息水平。(详见表4-4)

表4-4 20世纪30年代初江西各县农民借贷利息概况

县名	利息(分)最高	最低	普通	县名	利息(分)最高	最低	普通	县名	利息(分)最高	最低	普通	县名	利息(分)最高	最低	普通
修水	3	1	2	奉新	2.5	0.6	1.5	宜丰	4.8	1.5	2	莲花	4	1.8	2
武宁	3	2	2.4	南昌	3.6	1.2	2	铜鼓	4	1	2	永新	3	1	2.4
瑞昌	3	2	2.5	新建	5	1	2	萍乡	3	2	2.5	吉安	2	1	1.6
九江	5	2	2.5	余干	2.5	1.2	1.8	万载	2	1	1.2	吉水	5	1	2
湖口	5	1.2	3	万年	2.5	1.8	2	分宜	5	1.2	2	永丰	5	0.9	2
浮梁	3	1	2	余江	2	1	1.8	清江	2.4	1.2	2	乐安	2.5	1	2
德兴	3	1.5	2	弋阳	2.5	1	2	丰城	5	1.5	2	南丰			
乐平	3	1	2	玉山	2.5	1.8	2	临川	2.5	1	1.5	广昌	2.8	1.2	1.6
鄱阳	3	1.5	2	广丰	2	1.2	1.6	南城			1.6	石城			
都昌	3	1.2	2	铅山	2	1.2	1.7	黎川	2	1.2	1.6	宁都	3	0.9	1.2
星子	3	1.5	2	贵溪	2	1.2	1.6	宜黄	5	1.6	2	兴国	3	1	2
永修	5	2	3	资溪	2	1	2	峡江	2	1.6	1.8	泰和	6	1	2
安义	3	1	2.4	进贤	3	1.2	2	安福	2	0.5	1.6	万安	3	1.5	2
靖安	2.4	1.5	1.5	上高	2.4	1	2	宜春	3.6	1.2	1.8	宁冈	4	3	3.5
崇义	6	1	2.5	大余	4.8	1.5	2.5	南康	3	1.5	2.8	赣县	5	2	3
于都	2	1.2	1.5	瑞金	3	1.2	2	信丰	6	1.4	2	龙南	2.4	1.5	2
光泽	4	1	2	婺源	2	0.6	1.5								

资料来源:孙兆乾《江西省县实习调查日记》,萧铮主编《中国地政研究所丛刊:民国二十年代中国大陆土地问题资料》,第85305—85307页。

---

① 《我从事革命斗争的略述》(1935年3月),《方志敏文集》,人民出版社1985年版,第10页。

从全省农村借贷的利息情况来看，各县在最高利息、最低利息、普通利息方面有所不同，尤其在最高利息方面差异更大，有的县最高利息高达 6 分，有的县最高利息才 2 分。总体上而言，普通利息一般维持在 2 分上下。值得注意的是，高利息是其明显特征。从上表 4-4 有统计数据的 63 个县来分析，最高利息的利率达 16%—20% 的有 12 县，占总比例的 19.0%；达 21%—25% 的有 11 县，占总比例的 17.5%；达 26%—30% 的有 18 县，占总比例的 28.6%；达 36%—40% 的有 6 县，占总比例的 9.5%；达 46%—50% 的有 13 县，占总比例的 20.6%；达 56%—60% 的有 3 县，占总比例的 4.8%。简言之，最高利息在 26%—30% 以上的县城达到了 60% 以上。以 64 个县的普通利息而言，达到 11%—15% 利率的县城有 7 个，16%—20% 利率的县城有 44 个，21%—25% 利率的县城有 8 个，26%—30% 利率的县城有 4 个，31%—35% 利率的县城有 1 个。其中利率达到 21%—25% 以上的县城达到 13 个，占总比例的 20.3%，普通利息以 16%—20% 最多有 44 县，占总数的 68.8%。虽然没有普通农户承受最高利息、最低利息、普通利息的准确比例，但从最高利息、普通利息的情况来看，农村借贷的高利率是无法否认的。况且一般贫苦农户都是在万般无奈的情况下借款，需用较急迫，因普通农家无钱可借，富户愿意借钱者不多，所以债主乘机提高利率的现象较为突出。

高利贷是农村借贷的普遍现象。1930 年，毛泽东的兴国调查可与上述情况相互印证。据其调查，赣南兴国县农村的借款利息为 3 分，"但不是每个人都能借到的，有田有山有屋作抵才可借到"。一般而言，中农不要借钱，雇农不能借钱，要借钱而又有抵押品能借钱的，只有贫农。另一方面，把钱出借的主要是富农。① 显然，在借款中，贫农是借方，富户是债方，两者在经济地位、利益上的不平衡决定了借款的"非公平性"特征，即高利贷无法避免。

同样，在赣东北，高利贷的利息很重。"农民借钱，月利息加二或加三"

---

① 毛泽东：《兴国调查》（1930 年 10 月），《毛泽东农村调查文集》，第 201—202 页。

是普遍的，四分五分的利息的情况亦复不少，有的竟高至七八分，尤其是到青黄不接或银根紧急的时候，一般大地主及拥有资财的富人，提高利息到一倍以上，即所谓的"印字钱"，借一块还两块，春借五升，秋还一斗。[①]例如，在余干县，"农民借光洋，月息加二，在青黄不接的时候，地主或高利贷者，放债时，每块光洋只能买五斗谷，到割禾后收回时，每块光洋可买一石，加上利息，两三个月，一倍归还三倍"[②]。江西各地借钱利息的具体情况，已然说明了高利贷的普遍性。

从毛泽东的调查到各地实际情况，共同指向农村借贷基本是经济窘迫之下的贫苦农民为了缓和经济危机的无奈之举。在这一借贷行为中，贫苦农民是借方，除了亲戚朋友之外，地主、富户是主要债方。这种政治地位和经济地位的严重不对等，基本决定了借贷行为的不公平性。

即便如此，债方为了在借款中取得主动地位，往往订立契约，以证明借贷行为的公开性、公平性。很多地方借款的手续，系先由借款人求中间人向富户接洽妥当，然后出一借据给贷款人。普通借据中载明借贷款额、期限、利率，并签名盖章或画押，方算手续完备，而后钱、契约两交。借据格式一般如下：

借字式

立借字人〇〇〇今借到

〇〇名下手内银元〇〇元，当日三面言定每月每元行息〇分〇厘算还，其边（边即银元）限制〇年〇月本利交还，不敢短少分厘，今若有凭，立借字一纸为据。

民国〇〇年〇月〇日立　借字人〇〇〇押
　　　　　　　　　　　　中保人〇〇〇押

---

① 中共东乡县委革命斗争史编纂组：《东乡县革命斗争史（初稿）》，第5页。
② 余干县革命史、县志编纂办公室编：《余干县人民革命斗争史（初稿）》，1959年内部版，第10页。

代笔人〇〇〇 押①

上述的借据格式主要包括借者、被借者、中保者姓名，借钱的数额，利息的比率，还钱的期限等。这一借据十分直白地说明，贷款人为了自己的借款利益，用契约的方式约束借款人。

2. 借谷

借谷也是农村主要的借贷种类。借谷属于实物借贷，一般指在每年的三四月间（俗称"春荒"），粮食不足之家向富户、商家借米谷。利息没有统一的规定，有按月3分计利者，即借谷1石，月息3升；有按月5分计利者，即借谷1石，月息5升，甚至有借一还二者（即1石还2石）；也有将谷折成时价，算为借银若干元，等到稻子收获时，仍以新谷折价纳还，另加利息数成。后一种借贷形式，最为刻薄，盖当青黄不接之际，谷价常贵，而在出新时价格必低落，故借少数之谷，不数月即须出非常多的利息。为此，"农民终岁辛苦，而不得一温饱者，未始无因"。②

与此同时，为了所谓的"公平起见"，与借款一样，债主、借方往往通过中间人拟定一契约，要求借谷者签字画押。赣县七鲤乡保存的借谷契约就是这样一份契约。详细的格式如下：

借谷据式

立借谷字人〇〇〇，今因缺乏食谷，自愿求中借到〇〇名下食谷〇〇〇担正，言定每担谷息〇斗，至〇月秋收本利一并挑送上门，过车过斗，决不短少，恐口无凭，立此为据。

中华民国〇〇年〇〇月〇〇△日立　借谷字人〇〇〇 押

中保人〇〇〇 押③

借谷格式与借钱格式异曲同工，主要包括借者、被借者、中保者姓名，

---

① 李柳溪编著：《赣县七鲤乡社会调查》，《民国时期社会调查丛编（二编）》（乡村社会卷），第654页。
② 江西省农业院推广部编：《南昌全县农村调查报告》，第34—35页。
③ 李柳溪编著：《赣县七鲤乡社会调查》，《民国时期社会调查丛编（二编）》（乡村社会卷），第665页。

借谷的数额，谷息的比率，还谷的期限等。借谷契约也表明，它维护的是债方利益，严格约束借方的还贷时间、还贷方式。由此可见，借方处于被动位置，债方占据主动优势。

为了说明借谷的不公平性，中国共产党方面的文献资料具有说服力。作为革命性政党，中国共产党为了论证废除债务、高利贷政策的必要性，着重调查了江西各地农村的债务情况。其一系列调研报告都论证了高利贷的无处不在，贫农的无处可依。在兴国等地，富农借谷给贫农，不论去年11月、12月借的，或是当年1月、2月、3月借的，7月割禾还给他时，都要50%的利，就是一担谷还三箩（即一石还1.5石）。之所以这么高的利息，是"因为冬春两季，谷价大贵，较之秋天贵一倍，秋天每石一元半的，冬春常是三元。因此，富农要将谷价所失，加在利息上面。他还只愿卖谷，不愿借谷。因为利息即使高到百分之五十，还不如冬春把谷出卖来得有利。贫农向富农借谷，要有好大的人情，才办得到"。此外，农户向公堂义仓借谷，利息相对于向富农借谷要轻一些，但也是"剥削主义"。义仓借谷利息为30%，虽较富农借谷为轻，但抵押条件是很严格的，铁器（犁耙）、锡器、银器、棉被、帐子、衣服等，均可作抵，总要一样。因为义仓的谷是由地主、富农、中农捐集的，利润最大化是其根本追求。[①] 显然，借谷与借款一样，债方总是要维护自己的利益，尽力做到利润的最大化，而借方只有处于被动地位，以换取债方的现钱、谷子。

3. 典当

典当也是农村借贷方式的一个重要种类。在农村，典当一般指农民拿着不动产或动产到当铺典当钱财，到一定期限赎回。各地的典当业有所不同。在一般大的县城、集镇，有一定规模的典当铺，向农民开放；而在一些偏远、落后之地，典当铺很少或者没有设立。诸如在南昌县，不仅城内设立了当铺，而且乡村亦有富户，经营典当业。

农民若逢经济窘迫、借贷无门之时，常常将衣服或家具，向大户典

[①] 《毛泽东农村调查文集》，第203—204页。

当。此外，尚有不动产典当者，俗称"活卖"，也就是说将田地或屋宇等项，书立契约，或直书当契或前段为卖契，后载"原价回赎"。在典当期间，债权人使用抵押品，以当利息，倘超过约定年限不取赎时，即作为断契，不能备价赎回。典当不动产实际上相当于"卖契"。这是一种有别于借款，类似于不平等交易的经济行为。典当中影响最大的莫过于"典当田地"。其典当田地手续，多由典主托中人代觅受主议定价格，约定日期由承典人，略备便餐，由典主书立契约，一次成立；成立典契后，再由承典人交若干元作定金，其余之款，订期交付，普通一次交清（典当程式与卖契大致相同）①。显然，这种田地典当涉及生产关系的改变，贫苦农民的田往往以这种隐蔽的方式转给了地主富农等。

　　至于典当利息，一般均在4%以上。②各地有所不同，但基本也是高利息。在兴国，典当分大当、小押两种。大当，一般月利5分。当100文，月利5文；当1000文，月利50文；当1元，月利5分，都拿小洋计算。10个月为期，到期不赎，延1个月死当。月利5%，即年利60%，这种剥削非常厉害。贫农、雇农、工人、游民四种人中，进当铺的很多。这四种人，100家中有60家进当铺，换一点现金，解决生活急需之用。至于抵押品，铁器、锡器、银器、蚊帐、被窝、衣服都可以。小押，一般是富农的私下行为，不开门面，也不经常做，只是贫苦工农生活无法维持时，向富农请求押点钱。小押的利息与大当同，但日子很短，由富农决定，1个月至4个月不等，到期不赎，作为死当。③不难看出，典当与借钱有着异曲同工之处，某种程度上说，典当是以抵押品为基础的借款。

　　此外，尚有合会之类的借贷方式。合会在南昌等地盛行，依会期的长短有年会、月会之分，依会员数目有七员、八员、十员等。每员的款项，则视邀集的会首需款数而异。在农村，最高额，每员不过20元。合会手续，

---

① 李柳溪编著：《赣县七鲤乡社会调查》，《民国时期社会调查丛编（二编）》（乡村社会卷），第666—667页。
② 江西省农业院推广部编：《南昌全县农村调查报告》，第35—36页。
③ 《毛泽东农村调查文集》，第206—207页。

大都由现时需款者（即会首）邀集戚友，言定款额，第一次，在会首家宴会，交付会金，其酒席会，或归会首出具，作为利息，以后每届会期，均在会首家聚餐，或轮流具餐，内除息银若干，以充酒席之资。① 从其组织形式和用途来看，此种合会带有一定的帮扶性质。这也是传统农村社会特有的救济方式。

（二）零星的农村现代金融

近代以来，由西方传入中国的银行、信用社等现代化金融方式越来越被国人所认可。这与现代工业、商业等的兴起密不可分。广大农村虽然比较缺乏现代化产业的入驻，但是现代化金融方式从城市传播进来。江西的情况也如是。客观而言，在相对闭塞的江西，农村的现代化金融虽然已逐渐渗入，但所占比例不大，发挥作用也相当有限。从分布格局上说，近代江西农村金融以传统借贷为主、现代金融为次的格局一直维持。这是江西农村金融借贷向现代化转型中呈现出来的特色。

对农村而言，现代化金融主要指银行、信用合作社。具体如下：

1. 银行

银行是商品货币经济发展到一定阶段的产物，是世界现代金融机构的主体，以经营信贷业务为中心，起着非常重要的金融流通功能。在其影响下，为了推进现代化建设和发展工业、农业、商业等需要，中国也在美国、英国等直接影响下，开始兴办银行。相比北京、上海、江浙等发达地区，江西的经济较为落后，因此银行的设立并不普遍。

以南昌县为例，更能说明现代金融在农村中的作用有限。诚如江西省农业院对南昌的金融调查所示，全面抗战之前南昌县普设银行钱庄，"但其对于本县农村金融之调节与救济，殊少贡献，论者每引为憾"②。兹将江西银行业1931—1932年农户存款及放款情形，略述之。（详见表4-5）

---

① 江西省农业院推广部编：《南昌全县农村调查报告》，第36页。
② 江西省农业院推广部编：《南昌全县农村调查报告》，第36—37页。

表 4—5　1931—1932 年南昌各银行之农民存放款情况

银行名称	年次	存款 数量（元）	对各界百分数（%）	放款 数量（元）	对各界百分数（%）
江西裕民银行	1931 年	无	—	4100	0.49
	1932 年	无	—	—	—
江西建设银行	1931 年	无	—	—	—
	1932 年	无	—	6500	0.37
南昌市立银行	1931 年	无	—	—	—
	1932 年	无	—	—	—
中国银行南昌支行	1931 年	60000	10	—	—
	1932 年	70000	9	—	—
中国国货银行南昌分行	1931 年	无	—	无	—
	1932 年	无	—	无	—
上海银行南昌支行	1931 年	75000	15	120000	10
	1932 年	73000	14	5800	20
中国实业银行南昌支行	1931 年	无	—	无	—
	1932 年	无	—	无	—
总计	1931 年	135000	4.08	124100	0.42
	1932 年	143000	2.63	64500	0.78

资料来源：江西省农业院推广部编《南昌全县农村调查报告》，第 36—38 页。

从上表可看出，南昌城内各银行与农村金融流动之间的关系。农户存款在银行的比例很低，一半以上的银行根本没有农户储蓄的存在。与之对应，除了少数银行，大部分银行放款给农户的比例也不高。即银行在农户中的影响有限。同时，可知农村金融，一经流入都市，变成商业资本，极难折回农村，作原始生产。这恰恰说明"都市银行愈多，则农村金融愈枯竭之语，甚适于今日中国之社会情形矣"[①]。

2. 信用合作社

相比银行，信用合作社与农村的关系更为密切。不似银行设立在城市，

---

① 江西省农业院推广部编：《南昌全县农村调查报告》，第 38 页。

信用合作社一般直接设在农村，为农民提供信贷服务。它的出现或多或少冲击了农村的传统金融网络，增加了农村金融的现代化元素。

全面抗战前，江西已有一些农村信用合作社。尤其在南昌，这一现代金融方式较早地得到采纳。至1934年，南昌县共成立48家农村信用合作社，贷款金额27333元。[①]不过，与南昌相比，其他县份的农村信用合作社数量要少得多。随着时间的推移，在乡村建设运动的影响推动下，江西农村各地兴起了合作化运动，继而信用合作社的数量开始多起来。

即便在抗战的艰苦环境下，政府、社会力量等仍然试图振兴农村经济。其中，设立信用合作社便是重要的举措。抗战时期赣县七鲤乡的信用合作社情况，比较充分地说明了即使在不少相对偏远的农村也有了一些现代化的金融元素。实质而言，农村金融的现代化转型虽然艰难，但其已经潜移默化地在农村推行着，尤其是政府和民间的力量都在不同程度地发挥着引导作用。（详见表4-6）

表4-6 七鲤乡信用合作社分社概况（1940年调查）

保别	社员人数	股金总额	已缴	未缴	放款数（元）
第一保	82	166	69.5	96.5	1314
第二保	60	124	64.0	60.0	805
第三保	57	156	42.0	114.0	600
第四保	41	84	64.0	20.0	715
第五保	60	120	77.0	43.0	780
第六保	86	184	152.5	121.5	1515
第七保	118	236	211.0	25	2100
第八保	102	408	408.0	—	3390
第九保	57	136	105.0	31.0	1190
第十保	51	140	71.0	69.0	750
第十一保	161	328	308.5	19.5	3290

（表头"股金（元）"横跨"股金总额""已缴""未缴"三列）

① 江西省农业院推广部编：《南昌全县农村调查报告》，第39页。

续表

保别	社员人数	股金（元）			放款数（元）
^	^	股金总额	已缴	未缴	^
第十二保	104	286	218.0	68.0	2325
第十三保	118	316	234.0	82.0	2585
第十四保	86	182	117.0	65.0	1150
第十五保	70	166	146.0	20.0	1525
第十六保	79	158	131.5	26.5	1665
第十七保	82	172	112.5	59.5	1292
第十八保	57	122	59.0	63.0	1025
第十九保	64	128	40.0	88.0	720
第二十保	55	110	72.5	37.5	930
总计	1590	3722	2703.0	1109.0	29666

资料来源：李柳溪编著《赣县七鲤乡社会调查》，李文海主编《民国时期社会调查丛编（二编）》（乡村社会卷），第667—668页。

根据1940年的相关调查，赣县七鲤乡经江西政干团及赣县合作指导员（国民政府意图）的积极推行，前后成立20个信用合作社，社员1590人，股金总额3722元，贷款29666元。信用合作社的普遍设立与南京国民政府试图改善乡村社会、振兴农村经济的政治意图密不可分，但不自主地契合了农村经济发展的需求，一定程度上符合了农民减少高利贷压榨的期待。应该指出的是，信用合作社由于资金量少且设立的条件限制等诸多因素，与传统借贷如借钱、借谷、典当相比，在农村金融流通中的作用比较有限。

值得注意的是，不管是传统借贷还是现代借贷，农民借贷的用途都是雷同的。大致而言，因为借贷的主体是贫苦农民，他们借贷的主要用途是临时应对生活中的各种急需。据南昌县墨山村的调查，墨山村100户农家在调查年内曾借债以作农场及其他用费者，计71家，达到总数的71%。他们的借款用途有10余种，以修造房屋借额为最大，占一切借款16.3%；购买肥料及迷信借款用途为最小，仅占1%。各家中借额最大者为400元，最小者为10元，平均每家约140元。（详见表4-7）

表 4-7　南昌墨山村农户借款用途之分配（1933 年调查 100 户）

用途	借款家数	借款总额（元）	此项借款占总借款百分比（%）	平均每家所借数（元）	各家借额最大者（元）	各家借额最小者（元）
购买肥料	5	125	1.25	25.0	40	10
修造房屋	11	2170	21.75	197.26	400	10
购买牲畜	10	488	4.91	48.80	80	28
购买农具	6	270	2.72	45.00	90	20
婚嫁	22	1855	18.64	84.31	310	20
丧葬	19	1635	16.43	86.05	320	20
伙食家用	16	1043	10.48	65.18	160	12
工商资本	12	1077	10.82	89.75	140	30
买田地	8	850	8.54	106.15	200	40
缴预租	3	130	1.31	43.33	50	20
迷信	5	110	1.11	22.00	35	10
治病	4	200	2.04	50	100	10
总计	71	9953	100	140.18	—	—

资料来源：《南昌墨山村土地利用调查》，《经济旬刊》第 3 卷第 6 期，1934 年。

从南昌墨山村的借户调查情况可以看出，农民的借款主要是用于婚嫁、丧葬、造房屋、买田地、家用等生活运转，很少用于提高农业技术，增加经济收入。这也说明农村借贷依然维持着传统的模式。

应该说，向现代化转型的过程中，在近代江西农村，以借钱、借谷、典当为主的传统借贷占据主导地位，但银行、信用合作社等现代化金融方式也逐渐渗透进来，不同程度地改变了农村借贷方式的格局。从总体情况来看，传统借贷与农村社会的关联更为密切，具有浓厚的传统性，延续着传统社会的经济运行方式，同时它又具有强烈的高利贷色彩。

三、农村借贷的抵押品

大部分农村借贷并不是无条件的，而是对借方限定了各种条件，其中核心要件便是抵押品之实行。借贷抵押品之实行充分反映了"借方被动，债方主动"且"保障债方利益最大化"的隐性的借贷原则。

借贷需要抵押品已成为近代江西农村的常例。各方调查都指向了这一问题。江西省农业院对南昌县农村的调查表明，"事实上家产愈贫苦者，其所借之利率愈重，而且须有不动产（如田圃屋宇等）为担保品，倘本息不清，即将担保品折价清偿，或借贷时，由第三者列名担保，负追债之责任，至若仅立期票，无人或物为担保，而能借贷者，只行于中产之农家"①。也就是说，一般的贫苦之家必须要有抵押品或中间人作担保，否则不可能得到借款。显然，在债方看来，借方若没有抵押品则无法保障自己的利益。这是十分现实且以盈利为目的的考虑。

事实上，毛泽东在赣南农村的调查中也发现，借款"不是每个人都能借到的，有田有山有屋作抵才可借到"②。与此同时，受南京国民政府委派来江西调研的地政学院学员同样对江西农村借贷的抵押品情况有直接认知。他们直言不讳地指出："在农村经济破产、金融枯窘情形之下，农民如欲举债非提供抵押品借不到资金，贷主为谋放款安全起见，亦非有抵押品则不肯贷出。"③简言之，借贷须提供抵押品成了"强加条件"。

当然也有例外，反映了农村传统关系在农民中间的影响。农村借贷亦非完全要有抵押品，诸如须设实保人者有之，亲戚借贷者有之，尚须其他条件者亦有之。这里面隐藏着一个残酷的现实，即很多农户根本无法拿出抵押品，不仅没有田产，也没有金银首饰一类的实物，"于是告贷只能向熟人或转托亲友设法"④。但从比例而言，无抵押品的借贷率低。

借贷抵押品的比例相对较高，尤其在农村经济困窘的年份，很多农民不得不通过抵押品，向地主富农进行借贷，维持基本的生存条件。（详见表4-8）

---

① 江西省农业院推广部编：《南昌全县农村调查报告》，第34页。
② 《毛泽东农村调查文集》，第201页。
③ 孙兆乾：《江西省县实习调查日记》，萧铮主编：《中国地政研究所丛刊：民国二十年代中国大陆土地问题资料》，第85308—85309页。
④ 秦柳方：《赣中的农村》（1936年），俞庆棠主编：《农村生活丛谈》，第52—53页。

表 4-8　江西各县农民借贷条件百分比（1936 年调查）

单位：%

县名	须有抵押品者	须设实保人者	亲戚借贷者	其他	县名	须有抵押品者	须设实保人者	亲戚借贷者	其他
修水	50	14.3	7.1	28.6	浮梁	28.6	21.4	42.9	7.1
武宁	30	20	30	20	德兴	60	10	20	10
瑞昌	36	20	8	36	乐平	80	5	10	5
九江	90	7	2	1	鄱阳	60	30	10	—
湖口	60	20	20	—	都昌	50	50	—	—
南昌	50	30	10	10	万载	40	20	10	30
新建	50	30	20	—	分宜	75	20	3	2
余干	80	10	5	5	清江	80	10	10	—
万年	35.5	36.6	17.8	20.1	丰城	60	20	12	8
余江	44.4	11.1	27.8	16.7	临川	30	25	35	10
弋阳	20.7	24.1	41.4	13.8	南城	33.3	33.3	33.3	—
横峰	36	28	20	16	黎川	50	30	10	10
玉山	80	10	5	5	宜黄	75	5	10	10
广丰	45.5	9.1	26.4	19	峡江	35	15	40	10
铅山	75	20	5	—	安福	70	20	10	—
贵溪	80	10	5	5	宜春	46.1	7.7	15.4	30.8
资溪	53.3	26.7	20	—	莲花	60	7	30	3
进贤	95	2	3	—	永新	29.4	17.6	47.1	5.9
上高	40	35	15	10	吉安	60	30	10	—
宜丰	90	10	—	—	吉水	27.6	27.6	27.6	17.2
铜鼓	50	20	20	10	永丰	40	13.3	26.7	20
萍乡	46.2	26.4	18.2	9.1	乐安	70	20	10	—
星子	20	40	20	20	安义	20.5	32.5	24.7	12.3
永修	70	20	10	—	靖安	60	20	10	10
奉新	30	20	30	20	宁都	80	3	10	7
广昌	55	21.2	15.3	8.5	兴国	50	20	10	20
泰和	50	20	20	10	大余	80	10	5	5
万安	70	10	10	10	南康	30	30	30	10
宁冈	30	20	40	10	赣县	60	8	24	8
崇义	46.6	1.6	20.7	31.1	于都	50	20	20	10
瑞金	50	5	40	5	龙南	10	50	20	20

续表

县名	须有抵押品者	须设实保人者	亲戚借贷者	其他	县名	须有抵押品者	须设实保人者	亲戚借贷者	其他
信丰	20	15	30	35	光泽	12	8	30	50
婺源	70	1	9	20	—	—	—	—	—

备注：原表中有些比例不太准确，无从核实，故保留原数据。

资料来源：孙兆乾《江西省县实习调查日记》，萧铮主编《中国地政研究所丛刊：民国二十年代中国大陆土地问题资料》，第85312—85314页。

从表中65个县的调查情况来看，借贷须有抵押品比例达60%以上的县城有25个，占所调查县城比例的38.5%，抵押品比例达50%以上的县城有37个，占调查县城比例的57%。县城之间的差距也较大，有的抵押品比例达到95%，有的县只达到10%。总体情况是借贷需要抵押品并不是个别现象，而是已经在农村普遍实行的经济行为。

与之相随的是，江西各县农民提供的抵押品种类多样，基本以农村社会的物质资产为主，反映了农村借贷立足农村社会的客观现实。从历史传统上而言，抵押品的选择延续了中国农村长久以来的习惯。（详见表4-9）

表4-9 江西各县农民借贷抵押品统计

县名	抵押品	县名	抵押品	县名	抵押品
修水	契据、立票据、衣物	万年	四地	临川	田地屋宇、衣被金属、帐
武宁	契据、立票据、物件	余江	四屋山场、舟车家畜、信用保证	南城	金饰、田屋契据、布匹衣物
瑞昌	契据、金银、衣物	弋阳	田屋契据、物件、信用	黎川	稻、耕牛、烟叶、田房契
九江	契据、首饰、衣物	横峰	田地山、稻谷	宜黄	金银、衣物、田房契
湖口	契据、首饰、衣物	玉山	田契、房屋、青苗	峡江	田地屋宇
浮梁	契据、首饰、衣物	广丰	田契、房契、信用	安福	田地屋宇、金属饰、信用
德兴	契据、金银、衣物	铅山	田契、房契、竹山	宜春	田、票据、物品
乐平	田地、房屋、金银、首饰、衣	贵溪	田契、屋契、地山屋	莲花	田房契、借据
鄱阳	田地房屋、金银、首饰	资溪	田地山屋	永新	动产及不动产

续表

县名	抵押品	县名	抵押品	县名	抵押品
都昌	田地房屋	进贤	田地山屋	吉安	田房契、金银首饰
星子	田地房屋、信用立票	上高	田地山、耕牛、物件	永丰	田房茶山、金银首饰、衣服、耕牛
永修	田地房屋、金银	宜丰	田契、信用、物品	乐安	田房、金银首饰、衣、牛
安义	田地房屋	铜鼓	契据、信用、物品	广昌	田房、金银首饰、衣、牛
靖安	水田、旱田、器皿	萍乡	田产山场、屋宇、牛、猪	宁都	田房、金银首饰、衣、牛
奉新	契据、动产、信用	万载	田产屋宇、金银饰	兴国	畜生如马牛猪、稻、花生
南昌	田地、房产、金银首饰	分宜	田产山林	泰和	田房、金银首饰、农具
余干	田地、房屋、谷物、信用	清江	田地、金银首饰、衣、布	万安	田山塘、屋宇、家畜什物
新建	田房、金银首饰、耕牛	丰城	牛、田山、屋、银饰、衣	宁冈	田茶山、器用品
崇义	不动产及动产	大余	田山塘房、牛猪、金银衣物	西康	田房、农作物、牛猪、山场、金属
赣县	田房、山场、牛猪、金属	于都	田房、农作物、牛猪、山	瑞金	田房、银子、衣物
信丰	田房、农作物、耕牛	龙南	不动产	光泽	田房、猪、山林
婺源	田房、桑园				

备注：契据一般指不动产的所有权证明包括田契、地契、房契、塘契等。

资料来源：孙兆乾《江西省县实习调查日记》，萧铮主编《中国地政研究所丛刊：民国二十年代中国大陆土地问题资料》，第85309—85311页。

从江西各县农民借贷抵押品统计表看出，农村借贷的运作具有鲜明的历史延展性，基本有着固定的或约定俗成的模式。各县抵押品种类基本类似，一般包括田、地、房、山、塘等不动产以及金银首饰、牛猪、衣物等动产。尤为重要的是，绝大多数县城都是把不动产如田、地、房等作为抵押品的第一选择，衣物布匹等相对廉价的物品是最后的选择，并且这一类的抵押品只能是用于小额借贷。这种抵押品种类分布格局往往使贫农的不动产不恰当地转移给债方，而债方一般是地主富农。这就造成农村贫富差距的进一步扩大。实际上，从抵押品种类与农民生活密切程度来看，贫农的借债是以自己的身家作为赌注的,往往容易走入"贫者更穷,富者更富"的极端。

客观而言,民间借贷是传统社会维持农村经济生活持续运转的一个重要手段。江西农村的民间借贷始终未脱离传统化的躯壳,且具有浓厚的高利贷性质。"借贷抵押品"之普遍实行非常形象地表明了"借方被动,债方主动"且"保障债方利益最大化"的借贷原则。江西农村经济与中国农村经济的总体衰落保持了基本一致。这种经济环境客观上造成农民偿还能力较为低下,而债方逼债强度较高。一系列调查数据共同指向,近代江西农村借贷始终在低水平运转,借贷几乎都是为了生存,很少用于社会生产或发展经济。处于这种困境中,农民只能越发穷苦,传统借贷的高利贷也无法避免。这就导致借贷成为普通农户无法承受的负担,不由自主地跌入无力自救的经济困境,只能在生存边缘苦苦挣扎。

四、农民的还贷能力

农民的还贷能力也是农村借贷中重点考察的问题,关乎农民的经济能力高低和农村的经济繁荣与否。还贷能力与农民的经济来源、经济收入等密切相关。然而,江西农村经济整体低迷的状况,总体上决定了农民的还贷能力较低,进入借债的恶性循环。广大的贫农沦为高利贷的受害者,地主富农逼债、贫农逃债成为农村的常见现象。

中国近代农村经济的衰落决定了农民的还贷能力较低。江西也不例外。这就客观上造成农民收入有限,借钱度日成为无奈之举。江西省农业院在调查了南昌县农村后,指出:"农村金融之枯竭,与流通之困难,使高利贷资本,居于活跃之地位,已成普遍之现象,南昌农村,当亦不能逃出例外,农民为购买土地,完纳赋税,及因疾病,灾害,与夫生产上生活上必需之购备,势必投入高利贷资本者之门,而受其苛刻之剥削。"[1] 这一描述基本符合农村的现实,即以高利贷为主的传统借贷通常是在农村金融枯竭、农民负担加重、生存条件恶劣的情况下发生的。

农民借贷能够到期偿还,固无问题。由于种种原因,尤其是经济困境下,

---

[1] 江西省农业院推广部编:《南昌全县农村调查报告》,第34页。

虽已到偿还之期，尚有许多人不能按期偿还。这些拖欠贷款者究竟占各县借贷农民的比例是多少？另外，债主对于到期不偿还者采取什么手段？即便偿还，还现金或还农作物的比例如何？上述这些问题直接指向各县农民偿还能力以及债主逼债的情况。地政学院学员的江西农村调查基本解答了上述问题。（详见表4-10）

表4-10　江西各县农民借贷偿还情况统计（1936年调查）

县名	到期不还者占几成	不还者债主处置	还现金者比例	借谷谷价如何算	县名	到期不还者占几成	不还者债主处置	还现金者比例	借谷谷价如何算
修水	3	迫抵押品找价或责保人代偿	30%	照时价加息	德兴	2	催索或延期	10%	照时价
武宁	6	逼写田契	60%	照时价	乐平	3	管田或占田	90%	照时价
瑞昌	8	拨田或加息	90%	照时价	鄱阳	3	拍卖或收抵押品	60%	照时价
九江	6	送官或劣绅处断		最高时价	都昌	1	诉追	80%	照高价
湖口	6	凭官作价抵偿	60%	照时价	星子	2	展期并由殷实人保证	40%	照市价
浮梁	3.5	展期	80%	照时价	永修	1		85%	照市价
安义		展期	30%	照市价	广丰	5	展期	20%	时价
靖安	5	取抵押品或追诉	70%	照市价加息	铅山	3	管业抵押品	75%	时价2分息
奉新	5	逼卖查封房屋	70%	时价息2分	贵溪			80%	—
南昌	守信	坐催	50%	时价	资溪	7	—	90%	时价
新建	荒年9成	换约展期加息	18%	较时价高	进贤	7	将抵押品移转管业	70%	时价
余干	1	受卖偿还	90%	时价	上高	5	展期诉追	40%	最高时价
万年	很少	展期			宜丰	2	催交	50%	时价
余江	1	展期或收抵押品	70%	时价	铜鼓	3	封屋插田	6%	时价
弋阳	2	请保甲长劝令还	57%	时价每元加2.5角	萍乡	3	欠债多者召集债主按成摊还	5%	时价息2分
横峰	3	坐索或抵押品转押	70%	时价每元加2角	万载		管业	2%	时价
玉山	7	—	85%	时价	分宜	2	管业	35%	时价

续表

县名	到期不还者占几成	不还者债主处置	还现金者比例	借谷谷价如何算	县名	到期不还者占几成	不还者债主处置	还现金者比例	借谷谷价如何算
清江	5	严催或收抵押品	70%	时价	宁都	1	强迫押缴或交抵押品	20%	照春荒高价
丰城	3	收抵押品保人催还	60%	时价2分息	兴国	2	由保人追诉	60%	时价
临川	7	收抵押品或追诉	75%	较时价低	泰和	2	坐索	50%	时价
南城	2	追保清偿	90%	每元加1.5斗米	万安	6	扛猪牵牛止借	60%	时价加息
黎川	2	加息收抵押品	80%	时价	宁冈	4	转票加息	40%	—
宜黄	9	牵牛或猪拍卖抵押	95%	时价之高者	崇义	2	收取押品或保人负还	40%	—
峡江	8	展期	80%	时价	大余	2	展期分期取押品	50%	时价加息
安福	3	展期或坐催	85%	时价	南康	6	抡业拍卖换据	80%	时价
宜春	1	脚催，收买不动产	64%	较时价低	赣县	6	抡业	70%	时价
莲花	4	补价受业或加息	50%		于都	5	抡业展期催保人	60%	时价
永新	5		50%	时价	瑞金	3	展期	85%	最高谷价
吉安	3	停止利息分期摊还	50%		信丰	1.5	展期	60%	时价加息
吉水	3		50%		龙南	5	展期	90%	
永丰	3	展期追诉换据	75%	每元加息3角	光泽	4	抡业，扛猪受杉木	30%	夏季价加息
乐安	5	三年不清息收押品	20%	时价	婺源	5	追诉换据要押品	30%	时价
广昌	3	展期收买押品	70%	加半					

备注：抡业即强将抵押品收归己用。脚催即雇无业流氓往催债款，力资由欠债人付给，俗名跑脚子。

资料来源：孙兆乾《江西省县实习调查日记》，萧铮主编《中国地政研究所丛刊：民国二十年代中国大陆土地问题资料》，第85315—85318页。

从表 4-10 可知，在调查的 65 个县农民借贷偿还情况中，部分县城在某个项目的调查数据中存在缺失情况，故每个调查项目的有效统计数据有所不同。关于到期不还者比例，其中 5 成以上不能如期偿还者达到了 24 个县（有效统计数据为 62 个县），占调查总比例的 38.7%。债主逼债的情况比较厉害，到期不还没收抵押品或逼卖田产等不动产的县城有 31 个（有效统计 59 个县），占总调查比例的 52.5%；给予延期或催缴的县城 16 个，占总调查比例的 27.1%，甚至由官府或地方势力介入的县城有 3 个，占总调查比例的 5%。借款人如期还现金达 60% 以上者有 37 个县城（有效统计 63 个县），占调查比例的 58.7%，只能以物折价等偿还者的比例达到 41.3%，甚至有 3 个县城现金偿还比例不足 10%。此外，谷价加息是普遍现象。加息或按照最高时价折算的县城达 22 个（共统计了 57 个县城），占调查比例的 38.6%。

统计数据未免显得有点冷冰冰，而具体的借债历史场景则极为生动。江西各县的革命史著作对债主逼债的情形有着浓重的着墨。据史载，横峰县农民时常被地主逼债。连荷村大地主滕兰下乡催租要债，威风八面，令四个人轮流用轿子抬着，后面跟着一帮狗腿子，荷枪实弹，到了谁家谁就得倒霉。为了逼迫借债人及时还款，他们动不动就拳打脚踢，"比'白毛女'中黄世仁还坏十分"。[①]在江西广大农村，"经济完全破产大有生活不能维持之状况⋯⋯而且，农村豪绅的逃跑，借款无门，而且过去的借款借主又要迫还本利"，所以，"大多农民把全家破产都不能偿还债务的"。[②]更极端的现象是，有的农民甚至被迫鬻儿卖女来偿还债务。1930 年，毛泽东在吉安儒坊区李家坊调查了该乡苏政府主席晏春文。据晏春文自述，在中国共产党的分田运动之前，他全家有 8 亩田，每亩只能打 3 箩谷，共 24 箩，

---

① 中共横峰县委革命斗争史编纂组：《横峰县人民革命斗争史（初稿）》，1959 年内部版，第 7 页。
② 《中共吉水县委书记刘作抚关于赣西情形给中央的综合报告》（1929 年 9 月 6 日），中央档案馆、江西省档案馆编：《江西革命历史文件汇集（1929 年）》（二），1987 年内部版，第 153—156 页。

4个人吃饭。"他过去欠五百串钱债,卖一个女儿(七岁)与吉安(买主赣州人,在吉安开和茂钱店),得价一百元,还与债主,尚欠二百串。又送过一个女儿(刚生下的)与吉安天主堂,没有得它的钱。"[①] 晏春文属于自耕农,家里每人2亩田,但是依靠农耕收入,欠债不可避免。他家的极端做法是通过卖女儿给商户,获取经济收入,来弥补家庭收入亏空。

如上所述,农民借贷不能如期偿还的比例将近4成,而这些不能及时偿还者要遭受债主严苛的逼债,要么没收抵押品要么逼卖不动产,势力雄厚的债主甚至出动官府或地方豪强势力勒令借方还贷,或者请流氓地痞不断地骚扰直至借方还钱为止。能够延期的债主算是对借方比较宽容的,但其前提是保证利息的获取或在原来的基础上加息。很多借款的农民根本不能如期偿还现金,只能以物折价,如还农作物必须换算其债值,其间债主暗中揞抵价值,与时价不相一致,以换取债主利益最大化。或于借谷时高抬谷价,农民因急需资金,又不能不接受此种苛刻条件,任其剥削。

五、农村借贷的不合理性

国共两党虽然站在不同的党派立场,有着不同的政策导向,但在江西农村的借贷问题上有着一定的共同认识。从两党的自我认知来看,他们不约而同地强调在农村经济衰落的情况下,农民生活的贫困催生着借贷的畸形发展,明确指出借贷的不合理性。

饱受战争之苦,农民的生活更为动荡不安,贫苦无依。第五次反"围剿"失败,中央红军主力长征之后,原苏区人民的生活陷入水深火热中。不少对农民抱有同情的国民党员也说道:"起视'匪区'(指苏区——引者注)之民,鸠形鹄面,眼凹色青;进视其室,立四壁者,即属幸事,炊具都无,遑问农具,生不顾死,朝不保夕,终日惶惶,不知计之何出,此种现象,不独新收复之匪区为然,即遭水旱灾之各省,莫不皆然"。农村破产的影响所及,延至城市萧条。比如,由上海至武汉,商家日见倒闭,虽

[①]《毛泽东农村调查文集》,第261页。

然尽力挽救，推动经济复苏其结果等于杯水车薪。① 这种农村破败、农民生活悲苦之现象的评论虽然不无夸大之嫌，但基本道出了社会的现实。在这种情况下，贫苦的农民去实行借贷，必然容易陷入无法偿还的高利贷循环。

中国共产党一方面为了革除国民党的农业税政策，另一方面也是为了加快推行土地革命，在革命区域加紧了农村社会调查。1930年，毛泽东在兴国专门调查了农民的具体借贷情况。以被调查者钟得五为例，他家的情况颇具普遍性。钟得五家（大家庭）有11人，其中5个小孩，3个妇女，3个成年男人。根据他的自述，家里30石耕田远远不够口粮，一半以上的粮食要靠租田耕种，加上自种红薯，仍然不足20多石粮食。全家每年盐钱、布钱、工钱、籴谷钱及一切应酬用项共要一百五六十元，家里的收支一年共约120元，每年须欠债三四十元。由于不能及时还债，他家前后共欠债200多元。② 温奉章家里虽然只有4个人，但同样入不敷出。每到早稻收割，还了租税和前一年所借的谷子，随即没有粮食了，到了八九月又要借谷过日。他向富农借谷，借一年，一石还三箩（即一石还1.5石）。每年要借10多石谷。此外，还欠了地主60元债。结婚、葬礼、生病等意外开支也会引来债台高筑。傅济庭母亲5年前死了，死的时候用了小洋100多元，除兄弟出的以外，自己借了小洋50元债，利上加利，5年后已是150元了。③ 钟得五等人的情况是江西农村民间借贷的缩影，即入不敷出，口粮不足，生活用度不够，或意外开支难以承受等使农民不得已走向借贷之路。并且也可以看出，农村借贷的高利贷性质非常明显，体现了农村借贷的不合理性。

在调查各地农村借贷的基础上，中国共产党指出：在非苏区的农村，农民生活几乎是破产状态，例如要交纳租税和各种捐税——酒、烟、屠宰、门户、团练、筑路、筑路征工，被预征钱粮，被迫上交"剿匪"、人口、驻军的筹款等。由此，中国共产党批评："农村豪绅的逃跑，借款无

---

① 孔绍尧：《从收复匪区土地说到全国土地问题》，《法政月刊》第3期，1935年3月。
② 《毛泽东农村调查文集》，第192页。
③ 《毛泽东农村调查文集》，第185—192页。

门,而且过去的借款借主又要迫还本利,因恐红军到来本利都得不到,所以,大多农民把全家破产都不能偿还债务的,而他们大都望红军到来。"① 即农民要么借款无门,要么无力偿还债务,于是盼望红军用革命的手段使他们获得根本解放。1934 年 10 月 3 日,朱国治在《红色中华》发表文章,批评豪绅地主在国民党军掩护之下向贫农逼债的恶劣情形,指出,随着国民党军进攻到各地时,地主豪绅就"勒索群众还五年的租债,使群众把所收割的几担谷子,和家产卖尽甚至把年幼妇女出卖都不够还租债",结果导致"有部分群众为避免敌人的摧残而藏在山林上,但是,他们的禾稻却也被豪绅地主所组织的抢禾队割得干净,弄得群众饥饿不堪,啼泣号愁"。②

在中国共产党看来,南京国民政府对农民征收的繁重赋税造成了农民生活的艰难,借贷又使农民的生活进一步恶化。在这种恶化之境地,只有中国共产党废除一切债务政策才能使贫苦的农民得到真正解脱,也是他们"都望红军到来"的原因。在中国共产党关于万安农民暴动的报告中,清楚地显示万安的农民之所以对中国共产党及红军心生好感,就在于中国共产党的废除债务政策颇得民心。③ 中国共产党的上述报告表明,农业税以及随之而来的债务是农民不能承受之重。中国共产党主张废除债务的政策是得到贫苦农民支持的重要举措。

国共两党的调查分析基本表明,江西的农村经济走向破产的边缘,农民的生活日益艰难,由此而生的借贷有失合理性,废除高利贷是响应民心之举。

---

① 《中共吉水县委书记刘作抚关于赣西情形给中央的综合报告》(1929 年 9 月 6 日),《江西革命历史文件汇集(1929 年)》(二),第 153—156 页。
② 朱国治:《看,我们发展游击战争的胜利的条件:公略群众被敌人蹂躏的惨状》,《红色中华》第 240 期,1934 年 10 月 3 日。
③ 《中共江西省委转录赣西各县及二团给赣西特委的报告》(1929 年 6 月 2 日),《江西革命历史文件汇集(1929 年)》(一),第 209 页。

六、农村借贷的影响

江西是传统农村社会的典型省份之一。借贷是农民经济生活不可缺少的一部分，近代江西农村的情况也同样如此。在江西广大农村，农民与借贷几乎密不可分。各种各样的借贷方式都在农民中间推行，并深度影响了农民的生活，不可避免地、潜移默化地改变着农村的生产关系。近距离观察借贷与农民生活的紧密关系，可以更好地理解借贷对农村经济、农民生活的重大影响力。

（一）借贷与农民土地权的转移

借贷影响农村生产关系改变的方面莫过于土地权的转移。很多借贷是以田产作为抵押品、典当品的，因此一旦借方不能及时偿还，就可能遭遇田产被卖或被债方收归己用的结局。为此，借贷与农民土地权的转移有着十分密切的联系。

从近代江西农村的整体情况来看，通过借贷改变土地权的例子不胜枚举。诸如江西玉山县的一个地主在 30 年中，不断地放高利贷，最终通过这一手段使自己的田产越来越多，由以前的 30 亩扩大到 1000 亩。[①] 在赣中的农村，贫苦农民连年举债，最后被迫"当田"。田典当出去后，可有佃权，但是随着佃权随当而转移的趋向，农民企图赎回，要等待满 5 年的限期。其结果，愈益促成自耕农渐次沦为佃农和雇工，最后永远失去自己的田产。[②]

1936 年，孙兆乾对南昌县土地移转原因之调查，也说明了借贷是促成土地移转的重要因素。因费用不敷而移转土地者竟达 56.81%，加上偿还债务、无力完成纳税之因素，移转土地的比例达到 77.6%。[③] 这一高比例足以证明在农民经济生活困顿之下，偿还借贷、卖田维持日常开支等成了土地

[①] 吴清友：《中国土地问题》，《新中华》1935 年第 3 卷第 13 期。
[②] 秦柳方：《赣中的农村》（1936 年），俞庆棠主编：《农村生活丛谈》，第 53—54 页。
[③] 孙兆乾：《江西省县实习调查日记》，萧铮主编：《中国地政研究所丛刊：民国二十年代中国大陆土地问题资料》，第 85373—85374 页。

买卖的重要原因。

同一时期，经济部江西农村服务区管理处调查了10129农户，其中买田户410户，卖田户746户。其卖田原因大多为家用及还债两种，此外因婚丧而卖田者，亦颇不少。足见农村虽有少数富户，可以买田，但多数人家均为生计所迫，不得不将田地出卖，复因婚丧耗费，益感穷困。[①]即还债务、生计所迫等是农民卖田的主要原因。这可与南昌县的调查结果相印证。

江西全省的土地典当率同样相当高。农民向富户借贷，往往要以土地作为抵押品，并将使用权、收益权移转于承典人，唯不支付利息，经过规定年限，借款取赎，称之为土地典当。江西各县农民土地典当比例及典当价格如下（见表4-11）。

表4-11 江西各县农民土地典当统计分析（1936年调查）

县名	当地比例（%）	每亩值若干元	县名	当地比例（%）	每亩值若干元	县名	当地比例（%）	每亩值若干元	县名	当地比例（%）	每亩值若干元
修水	60	60	靖安	75	40—60	进贤	65	40	安福	26	55
武宁	20	50	奉新	70	30—60	上高	20	60	宜春	18	65
瑞昌	70	50	南昌	15	50—70	宜丰	55	43	莲花	10	60
九江	30	40	新建	35	30—60	铜鼓	30	25	永新	30	50
湖口	20	45	余干	10	20—30	萍乡	4	50	吉安	5	70
浮梁	80	40	万年	56	80	万载	2	35	吉水	50	55
德兴	30	75	余江	50	50	分宜	42	68	广昌	42	45
乐平	67	40—80	弋阳	2	55	清江	35	50	宁都	6	55
鄱阳	30	50	横峰	10	30	丰城	44	43	兴国	15	50
都昌	70	20	玉山	5	80	临川	75	45	泰和	30	45
铅山	40	45	广丰	20	40	南城	不多	75	万安	38	45
贵溪	—	30	资溪	50	60	黎川	10	50	宜黄	40	30
宁冈	10	50	崇义	15	70	大余	30	70	南康	28	50
赣县	38	50	于都	50	50	瑞金	40	60	信丰	45	60

---

① 经济部江西农村服务区管理处编印：《江西农村社会调查》，第88—89页。

续表

县名	当地比例(%)	每亩值若干元	县名	当地比例(%)	每亩值若干元	县名	当地比例(%)	每亩值若干元	县名	当地比例(%)	每亩值若干元
龙南	40	60	光泽	20	60	婺源	60	50	星子	20	50
永修	60	20—60	安义	30	30—45	峡江	—	100内			

资料来源：孙兆乾《江西省县实习调查日记》，萧铮主编《中国地政研究所丛刊：民国二十年代中国大陆土地问题资料》，第85319—85320页。

从表4-11数据看出，农民土地典当比例较高，基本达到了20%以上，即每10个农户中有2户要典当田产。从已有统计数据的62个县中，典当比例超过50%的县城达到17个，占调查比例的27.4%。除了一部分农户能够支付高额利息原价取回典当田地之外，很多典当土地的农民根本无力赎回田产，当田就变成了土地买卖，而且这种典当价格往往低于市场价格。推而知之，土地典当变相地成为承典人（通常是富户）兼并土地的一种有效手段。贫户的土地以这种隐蔽的方式转给了地主富农，使得土地集中的现象更为突出。

各县的情况也是如此。余江等地农民的借债，最终赔上田产的情况极普遍。"地主和高利贷者，想夺人家的家产，就捡有产业的放债，一旦到债户还不起时，他就迫得农民手摸脚印，卖地卖屋。没有产业的农民有时借不到债，就只得卖妻鬻子。"[①]1933年南昌农村调查也表明，地权转移"虽多采用买卖；但通常构成买卖行为，仍多基于抵押、典当"。在地权转移的原因中，借贷抵押引起的地权转移排在第一位。即"农民为家计所迫，欲向富户举债，除极少数能以人之信用商借外，大都均须相当之田地作抵押品、写立文契，载明借款数目，借用年限，利率若干，期满债务人无力清偿债务，债权人得执契管业，倘在抵押期间，此项田地出卖时，债权人有收买优先权。"[②]由此可见，农村借贷衍生出来的地权转移问题非常严重。

---

① 余干县革命史、县志编纂办公室编：《余干县人民革命斗争史（初稿）》，第10页。
② 江西省农业院推广部编：《南昌全县农村调查报告》，第54页。

因借债被迫卖田的不正常现象,一方面不正常地改变了农村的生产关系,另一方面也使地主、贫农的地位处于更加不平等的地位。

(二)借贷与农民生产方式的转变

与此同时,借贷也使农民的生产方式逐渐发生一些改变。他们被迫转变彻底依赖土地的经济方式,而是极力提升副业的收入,或加入工厂做工等。

近代江西农民的生产方式仍然以耕织结合为主。但是这样的"田园诗"并不美好,绝大多数农民入不敷出,负债累累较为常见。不少县由于没有现代化工厂,农民只能做各种劳工(包括临时工)。例如在兴国,有长工、短工、远地工、近地工之分。长时劳工男多女少,以年月计算工作时间,忙的时候还要打夜工,除年节外无休息时间,工资好的每年30多块钱,少的只有几块钱。兴国县等赣南女人,不裹脚,力气大,她们也像男人一样做苦工。而在一些开办有工矿业的县,有的农民就去做雇工。例如,东乡、乐平两县均无甚差异,每人每月工食4元左右,临时雇工每人每月工食约5元。[1]

在南昌县,许多农民因赋税和债务压力等,不得不去做雇工(包括日工、月工),赚取微薄的经济收入,以贴补家用。例如,南昌特一区、特二区壮年农忙时月工资最高12元,最低5元,通常8元,而闲散时间则为6元;妇女农忙时月工工资最高4元,最低1.5元,通常3元;老人小孩农忙时月工最高工资3元,最低2元,通常2.5元,而在闲时则一般为1.5元。其他区差别不大。平均而言,南昌壮年在农忙时的月工最高工资12元,最低4.2元,通常为7.8元;妇女农忙时的月工最高工资3.3元,最低1.67元,通常为2.66元,而在闲时一般为5.5元;老人小孩农忙时的月工最高工资为3.26元,最低1.74元,通常为2.42元,在闲时月工工资1.70元。与此同时,月工的参与者涵盖壮年、妇女、儿童、老人。青壮年干雇工的范围较广,如收获稻谷、修缮桥梁等重劳力;妇女在忙时一般雇佣为打稻等工作;也有一些老人及幼童被雇佣为牧牛工作或帮助割稻等。[2] 这也说明,为了

---

[1] 何友良:《江西通史·民国卷》,第95—96页。
[2] 江西省农业院推广部编:《南昌全县农村调查报告》,第63—64页。

增加收入，男女老幼都齐上阵，即便是微薄的副业也尽力去争取，以改变负债累累的生活或改善一下家里的境遇。

更有甚者，为债务所累，改善生活，不少农民被迫离开村庄，外出谋生或逃难。1935年，实业部中央农业实验所对农民离村情况进行了调查。江西各种离村农民占同类农户的比率，多数超过四分之一。江西农民离村的去所和目的，主要是到城市逃难、到城市工作、到别村务农、到别村逃难，或到别村定居、垦区开垦等，其中到城市工作最高，达到27.3%。[①] 应该说，这也是债务压迫之下的农民生产方式的改变。

（三）借贷与农民生存

一个省或一个县，甚至一个村庄的农民负债者的比例，可以比较清晰地说明这个省县或村镇的经济发展程度和农民的生活水平高低。

放眼全省，农民的负债率仍然维持着较高的水平。（见下表4-12）

表4-12 江西省农民负债情况

单位：%

县别	负债农民百分比	县别	负债农民百分比	县别	负债农民百分比	县别	负债农民百分比
修水	90	武宁	90	瑞昌	90	九江	80
靖安	80	奉新	40	南昌	80	新建	90
进贤	96	黎川	60	宜黄	80	宁都	70
兴国	80	泰和	70	信丰	70	湖口	80
浮梁	75	乐平	90	鄱阳	80	都昌	80
星子	20	永修	60	安义	85	余干	70
万年	80	余江	80	弋阳	45	横峰	70
玉山	50	广丰	90	铅山	80	贵溪	35
资溪	50	上高	90	宜丰	80	铜鼓	80
萍乡	50	万载	80	分宜	50	清江	80
丰城	70	临川	70	南城	90	峡江	95
安福	70	宜春	10	莲花	30	永新	80
吉水	90	永丰	12	乐安	80	广昌	90

---

① 何友良：《江西通史·民国卷》，第279页。

续表

县别	负债农民百分比	县别	负债农民百分比	县别	负债农民百分比	县别	负债农民百分比
万安	80	宁冈	5	崇义	60	大余	60
南康	90	赣县	90	于都	60	瑞金	80
龙南	80	光泽	30	婺源	90		
统计	总平均数 67.8						

孙兆乾《江西省县实习调查日记》，萧铮主编《中国地政研究所丛刊：民国二十年代中国大陆土地问题资料》，第 85304—85305 页。

从表中的 63 个县来分析，负债 50% 以上的有 54 个，占总比例的 86%，负债 50% 以下的 9 个，占总比例的 14%。更甚者，负债 90% 以上的有 15 个县，占总比例的 24%。63 个县农民负债平均数为 67.8%。换言之，即每 100 个农民中，有相近 68 个农民负债。即以表面数字而言，负债农民，亦占最大多数。农民的高负债率直接导致农民生活的贫苦，农村经济的破落，因为"农民常有初时借甚少之款，经数年后，因复利之结果，以至于倾家荡产，尚不足偿付"[①]。农民借贷的恶性循环只能导致贫者愈贫，富者愈富。而对整个农村经济而言，不公平的农民借贷妨碍了经济的正常发展。

以村为考察对象的微观视角，则更为直面农民惨淡的人生。学者、记者秦柳方对丰城县第一区冈上村农民的借贷情况进行了细致的调研。丰城县是江西各县城中经济较好的县城，冈上村也是丰城县经济较为发达的村庄。即便如此，冈上村的村民借债也是普遍现象。全村 125 户，借债在 1600 元以上的有 1 户，借债在 300—400 元的有 20 户，借债在 100 元左右的有 20 户，借债在 50 元左右的有 54 户。不欠债也不放款的有 20 户，放款 200 元以下的有 10 户。简言之，冈上村负债农户达 76%，正常维持生活者仅 16%，有余钱者仅 8%。其负债比例之高，足以证明农民生活的困顿。从借债额度来看，主要集中在借款 100 元以内。这一数额应是农民生活拮据，靠借钱来渡过危机的表现。经济尚可的冈上村都如此，比之贫苦的其他村

---

① 江西省农业院推广部编：《南昌全县农村调查报告》，第 35 页。

庄农民负债情况应更为严重。

较为贫穷的永修县淳湖村的有关情况可作为上述情况的补充。淳湖村西边横着一条河流，阻隔着王家村及涂家埠（乡镇商业中心）的交通道。由于没有架桥，来往靠两只渡船。调研者汪锡鹏与摆渡船者的访谈颇能一窥实情：

汪："过来了，忙呀！"

渡船人："忙倒是事小，我们渡船的，不单是只招呼客人渡河，还要招呼客人能渡过河去！"

汪："这话怎样解？"

渡船人："不能渡过河去，就有人在河当中向下跳。"

汪："为什么寻死的这么多，真是穷得活不了吗？"

渡船人："年根到了，自然多穷人富人皆要招呼，皆要注重他们不向水里跑。出了事儿，良心也不安。"

汪："我不懂。"

渡船人："……无钱的，到了年底算算不得过，上船就叹气，船上又叹气，三叹不出气，就疯似的向河里跳，拉也拉不着，要是没有人在旁边看见，渡船的说也不好，不说也不好，又是一件良心不安的事。有钱的不大吃大喝，多省钱几个，无钱的，想想法子多活一时，那才是做人的道理。"……

汪："跳河的人多么？"

渡船人："多的是，天天有，年年的这个时候有。"[①]

两人的对话十分形象地描述了穷人生活的惨状。他们债务缠身，无法安然躲过春节前的索债。生活出路的无望导致了"跳河"这种义无反顾的悲哀行为。这并不是特例。1925年赣南发生大米荒，米价不断上涨，农民无力购买，只能以野菜充饥或忍受饥饿，甚至自杀。

中国共产党也对此情况进行了深入的调查。以共产党方面的数据为例，当时参与毛泽东兴国调查的8个农民（兼士兵）中有4个典当过东西，有

---

① 汪锡鹏：《淳湖村村情》，俞庆棠主编：《农村生活丛谈》，第170—171页。

2人每年都要典当一次物品以换"米、谷子",其中不少典当品根本没有赎回。[①]1929年,中共江西省委在其报告中,非常清晰地指出:"农民负债的约占十分之八,目前饥荒危机多谋生无路,借贷无门,不但耕牛肥料无从购置,即日食三餐,尚有许多朝不保夕,因此,被迫而为盗匪者,一天多似一天。"[②]显然,农民借贷与生存密切相关,与生产投资关系不大,这就必然导致以生存为主导的传统金融始终未能走入现代化。

《申报》记者陈赓雅考察江西后就指出,农民生活入不敷出,勉强通过借贷艰难度日已经不是个别现象,而是农村社会的常态。[③]政治立场偏向国民党的《扫荡旬刊》也无奈地提出江西各县,尤其是在赣南等苏区县"亟宜普遍设立农民银行,银行规模不求宏大,但使农民在饥寒交迫之下,可能借得微款以维持生命,购买种子,不受高利贷之残酷盘剥已足"[④]。贫苦农民不仅生活艰苦,而且要遭受传统借贷的高利贷剥削,银行等现代金融业没有在农村经济中发挥应有的积极作用。

如上所言,与全国一样,近代江西农村经济呈现衰落之势,农村借贷在此情形之下畸形发展。半数以上农民成为负债者,一方面反映农民生活的困境,另一方面反映了以江西为代表的农村借贷始终在低水平上徘徊,即借贷目的是生存,而不是生产。以高利贷为主的借贷直接威胁着农民的生存,有时甚至威胁生命,土地抵押、典当等使贫农土地逐渐转给地主富农,改变着农村生产关系,一些农民为此选择参加革命,加入中国共产党的革命队伍。近代江西的农村借贷具有很大的历史延续性,以传统性的民间借贷为主,但随着现代金融对中国的冲击,银行、信用合作社等现代金融方式也进入江西,影响着农民的经济生活方式。总体而言,近代江西农村金融基本在传统性范畴,体现了中国包括江西农村社会缓慢流动的社会进程。

---

① 《毛泽东农村调查文集》,第207—208页。
② 《中共江西省委政治报告(一月一日至五月三十一日)》(1929年5月31日),《江西革命历史文件汇集(1929年)》(一),第190—191页。
③ 陈赓雅:《赣皖湘鄂视察记》,第6页。
④ 《匪区善后问题》:《扫荡旬刊》1934年第35期。

第五章　近代江西农村发展实验

20世纪二三十年代，救济农村、振兴农村成为中国的民心所向，形成一股强大的思想潮流，促成了全国乡村建设运动的兴起。延至地方，具体到江西，同样呼应了这一思想潮流。鉴于江西农村经济没落的残酷现实，江西以省政府为主导，各界共同参与，展开了农村发展实验。这是江西进行农村现代化的有益探索、尝试，反映了江西主动汇入农业现代化转型的姿态和努力。江西农村发展实验从1933年开始至1938年抗日战争时期结束，持续了五六年时间，以农事实验、农业技术推广、农村合作、农村教育普及等为主要内容，探讨农村现代化的种种表征。以农村发展实验为基础，江西农村经济一定程度上出现了不少生机，尤其在各实验区改变了农民生产方式、文化生活方式等，但从全省范围而言，实验区相比大部分沉寂的县域农村，其覆盖面、影响面都过于窄小，并且实验区本身的事业在深度方面还远远不够，形式重于内容。这是值得反思的重要问题。

一、农村发展实验的缘起

江西农村发展实验之兴起与中国的思潮潮流、乡村建设运动、江西自身的经济发展态势等因素密切相关。从宏观而言，江西农村发展实验是中国农村救济复兴思想的地方回应，是中国乡村建设运动的重要组成部分；从中观（地方）而言，江西农村发展实验是江西致力于实现农村现代化，融入农村现代化转型的艰辛努力；从微观而言，江西农村发展实验是各农村实验区或被动或主动接受以政府为主导的现代化建设事业的全新尝试。

（一）汇入乡村建设运动的潮流

农村发展实验是乡村建设运动的重要部分。乡村建设运动是20世二三十年代最具影响力的农村社会运动之一,受到全国各界、各阶层的广泛关注。这一时期中国仍然是农村社会的主征,农民占绝对主体。之所以兴起这一社会运动,是因为中国农村的贫、弱、愚等各种现实问题,已经成为大家共同忧心的问题,普遍认为不彻底改变农村、农民的面貌,中国无振兴之希望,农村更无振兴之希望。中国共产党更是公开宣示:"中国三万万的农民,乃是革命运动中的最大要素。农民因为土地缺乏、人口稠密、天灾流行、战争和土匪的扰乱、军阀的额外征税和剥削、外国商品的压迫、生活程度的增高等原因,以致日趋穷困和痛苦。……如果贫苦农民要除去穷困和痛苦的环境,那就非起来革命不可。"[1]李大钊向广大青年尤其是知识青年发出号召:到农村去,到农民中间去,在农村工作中注意组建乡村组织,提升农民文化。[2]显然,时人尤其是知识界对农村、农民重要性的认识和改变农村破败、农民贫苦现状的迫切性,及其以梁漱溟、晏阳初等人在山东邹平、河北定县等地的乡村建设实验,共同推动乡村建设运动成为思想热潮和探索性的农村发展实验。

中国农村各种问题的广泛存在是乡村建设运动产生的直接原因。这方面的言论广泛见端于各报刊和时人的论著。农村破产和农民贫苦的现实给了国人极大的冲击力,也成为国人试图振兴中国农村的直接动力。当时许多报刊括中国共产党的报刊登载了许多关于农民走投无路的社会新闻。例如,1932年7月28日,仅在中华苏维埃临时中央政府机关报——《红色中华》第29期就刊载了《江苏无锡农民抢米分粮》《国民党统治下的武汉三镇》等报道。新闻指出,无锡一带农民耕地严重不足,"耕不够食",再加上灾荒等影响,一些农民被迫起来抢米,分地主土豪的粮。[3]而在武汉三镇,农村经济在国民党军阀地主苛捐杂税的残酷搜刮之下已走到破产,加上又连续两年遭受水灾,更将农民的生活逼上绝境,"农民以生命为要纷逃四散,

---

[1]《中国共产党第二次全国大会宣言》(1922年7月),《中共党史参考资料》第2册,第491页。
[2] 李大钊:《土地与农民》(1926年2月),《中共党史参考资料》第4册,第143页。
[3]《江苏无锡农民抢米分粮》,《红色中华》第29期,1932年7月28日。

已至田园也是一样的无法耕种,水灾兵灾的饥寒难民,竟至十余万人,这批灾难的农民,在走逃无路中"。① 这样绝望的事情在广大的农村频繁发生。

另外,农民的愚昧落后也是难以忽视的事实。广大农民一直处于社会底层,受教育的机会少,在封建专制思想之下延续着一些看似绵延长久却又极为愚昧的思想观念。这方面的史料十分丰富。大致而言,农民尤其妇女的文化程度低,绝大部分人都是文盲,封建迷信思想浓厚,卫生知识缺乏等基本成为公认的农村现实。1928 年,张学良通电全国,宣布易帜,南京国民政府在形式上统一中国,虽然也采取了一些积极措施改变教育现状,但农民教育缺乏的情况仍然没有根本改变,文盲率极高。教育界人士公开呼吁:中国文盲极多,占全国人口的七八十,而这些文盲不减少,对于国家政治,社会文化的进步,是大有阻碍的。我们已经走入了知识界的同志们,岂忍坐视这整千整万的文盲阻碍国家政治的进步吗?②

在这一时期,农民文化程度低是有现实基础的。农民在地主的残酷剥削之下,整天为地主工作,"甚至恢复自己的疲劳的时间还不够,那里还有空闲去受文化教育",同时在国民党统治之下农民遭受残酷剥削,"所获得的劳动报酬,仅以维持牛马不如的生活,那里还有金钱去用作自己和儿女的教育经费"③。即在生存都难以维持的情况下,农民的教育普及必然难以展开。

由于教育程度低,农民的现代知识极度缺乏,信奉各种宗教迷信。即使江西苏区的农民受过革命新文化的洗礼,中国共产党仍然感叹,对封建残余的迷信恶习虽然强力铲除,但极为容易反弹,往往数月之间,"迷信复炽","焚香秉烛和野外喊魂等现象"屡禁不止。④ 以江西泰和县农民的情况为例,"群众普遍的心理都很迷信神道,崇拜老土劣,婚嫁死葬的习

---

① 《国民党统治下的武汉三镇》,《红色中华》第 29 期,1932 年 7 月 28 日。
② 彭声明:《小学怎样兼办民众学校》,《南昌小学界》第 1 卷第 1 期,1934 年 7 月 25 日。
③ 凯丰:《在全苏区教育大会的前面》(1933 年 10 月 10 日),赣南师范学院、江西省教育科学研究所编:《江西苏区教育资料汇编 1927—1937》(一),1985 年内部版,第 27 页。
④ 《开展反宗教迷信斗争》,《红色中华》第 129 期,1933 年 11 月 26 日。

俗非常拘束，男女界限颇形严抗，宗族家庭的观念异常深刻"。①因此，很多人由衷感叹："中国人一种固守遗传的习惯太深，不愿仿照新法，以为古人的方式是很对的，就说是对的。"②

在农村，农民的精神也极为压抑。很多从农村出来的且受过教育的青年感同身受。1930年1月9日，一个饱受农村包办婚姻之苦的男青年致信给邹韬奋，倾诉自己的苦痛："我家住在某省一个偏僻小县，风气不开。在我吃乳的时候，不幸就被父母配好了老婆，渐长，彼此情性不洽，侧面不望，触目即白眼相对。在十五岁的时候，我曾反抗家庭，请求要她改嫁，终遭蛮不讲理的顽固家庭压倒。……种种事情，迫不得已私拿了钱，逃来上海求学，于今四载。今年暑假我家里又要我回去，与这个视若仇人的她成婚。"对此，他无比悲伤和无助："唉！我真命苦。可怜可悲得很！……到了如此困况，寝食不安，忧心如焚，有时竟想自杀。无路可走的我，如何是好呢？"③女性婚姻之压抑比男性更甚，而且几乎所有的农村妇女不能发出自己的自由诉求。即便是受过一些教育的女青年也难脱包办婚姻的厄运。因为思想未开化，许多男性反感配偶有知识有文化，脑中的"女子无才便是德"思想根深蒂固，使许多年轻女性追求自由生活的道路更为艰难。④显然，传统婚姻之苦是当时农村生活的重要部分。对此，中国妇女运动的早期领导人向警予称："二十世纪的时代是被压迫阶级从压迫阶级中解放出来的大变化时代。……我们女子也是被压迫阶级的一部，我们处的是被压的地位。欲免除压迫，老实说来只有联合阶级努力作战改造社会的一

---

① 《中共江西省委转录赣西各县及二团给赣西特委的报告》(1929年6月2日)，《江西革命历史文件汇集（1929年）》（一），第214页。
② 姜治齐：《对于乡村教育改良的意见》，《剑声》第11期，1928年10月15日。
③ 《无路可走》(1930年1月9日)，《信箱外集之二：迟疑不决》，上海生活书店1936年版，第77—78页。
④ 《不想他亦如此专制》(1930年4月30日)，《信箱外集之二：迟疑不决》，第180—181页。

法。"① 虽然向警予是以妇女革命的视角来谈妇女所受的压迫,但也指出了妇女遭受社会不平等的事实。

上述种种事实使一些有识之士尤其是一些致力于农村振兴的知识分子,真切地感到救济复兴农村不应该仅仅停留在思想宣传阶段,而应该以身作则真正深入农村,开展乡村建设运动。20世纪20年代,晏阳初在河北定县的乡村教育实践是乡村建设运动的代表。1929年,著名的平民教育、乡村建设运动倡导者晏阳初将平民教育总会迁移至河北定县,全面推行他的乡村教育计划,在这里开展乡村教育的实践。他紧紧抓住中国农村"愚贫弱私"的四大病症,提出以"学校式、社会式、家庭式"三大措施并举的乡村教育来治愈其病症,并把这一农村改造方案运用到定县乡村教育的实践中来。30年代初,梁漱溟在山东邹平的乡村建设运动最具影响力。1931年6月,著名的思想家、教育家、新儒派代表梁漱溟在山东邹平成立山东乡村建设研究院,亲自担任院长,倡导乡村建设运动,持续7年。其内容包括进行乡村教育、提高农村生产技术、组建合作社、建立乡村自治组织等。他们的乡村建设实践在实验区取得明显的成效,这给国人注入了救济农村、改造乡村的强大信心。简言之,乡村建设运动的出现,不仅是农村落后破败的现实促成的,也是知识界对农村重要性自觉体认的产物。

在晏阳初、梁漱溟等人的示范带动下,政府、社会团体、社会人士等更加热心地把改造农村的理想付诸实践,推动着这一运动的热潮。1933年,中山文化教育馆的《中国今日之农村运动》的调查研究报告对这一情形做了精彩的评析。调研报告指出,在"农村经济破产""农村崩溃"的呼号中,"农村建设""农村复兴"的口号弥漫于全国,"这实在是朝野的一种新觉悟,民族国家的新机遇。"同时,它也指出农村工作不是单纯的事情,亦不是短时期所能见效的。在此广大复杂的情形之下,中国乡村建设运动已不是

---

① 向警予:《中等以上女学生的读书问题》(1924年1月21日),安树芬、耿淑珍编:《中国妇女教育选编》,中国妇女出版社1995年版,第10页。

空口宣传的时期,最重要的问题,就是要有大群的人员到农村间去实干。①这一言论非常中肯地切中了乡村建设运动的发展趋势。

江西也融入这一乡村建设运动的潮流。着眼于"全国各省经济莫不趋于总崩溃"的现实,江西也力求在崩溃之中寻找"新制度之生机","建设民生主义之经济结构"。②

(二)救济江西农村是根本

具体到江西的情况,江西农村发展实验又有明显的地方性,即农村发展实验与江西农村经济衰落、农业生产技术的落后、蒋介石在江西的"围剿"战争带来的破坏、"收复区"(原苏区)善后救济的提出等密切相关。

一是,江西农村经济的败落。江西是典型的农业社会,"江西民众百分之七八十均为农民,其生活环境,非贫即苦,终岁既被贫苦所笼罩"。③1928年11月25日,毛泽东在《井冈山的斗争》一文中指出,井冈山地区农村土地高度集中,大部分农民缺少土地,例如遂川的土地最集中,约百分之八十是地主的;永新次之,约百分之七十是地主的;万安、宁冈、莲花自耕农较多,但地主的土地仍占百分之六十左右,农民只占百分之四十。④土地集中反映了大部分农民耕地不足、生活贫苦的现实。1934年,江西省农业院对南昌等地的调查也表明"人口繁密,耕地缺乏,确成为一大问题",即南昌全县耕地面积共约94万余亩,而全县人口为47.6万余名,若以人口总数除耕地面积,每人约合2亩余,耕地的收益远远不足以支撑家庭开支。⑤实际上,各县农村的生活图景也证明了他们的结论。诸如,赣东北的横峰县95%以上人口从事农业生产。但是农民辛辛苦苦劳动一年,大部分收成都被地主夺去了。农民们挣扎在饥饿线上,不少的人连过年也吃不

---

① 孔雪雄编著:《中山文化教育馆调查研究报告:中国今日之农村运动》,中山文化教育馆1934年修订版,第1页。
② 《江西经济之回顾与展望》,《经济旬刊》第1卷第18期(论著),1933年12月1日。
③ 吴品今:《江西文化运动之方向与步骤》,《江西教育行政旬刊》第3卷第8期,1933年8月1日。
④ 《毛泽东选集》第1卷,第68—69页。
⑤ 江西省农业院推广部编:《南昌全县农村调查报告》,第125页。

上一顿饱饭。①

值得注意的是，与农村耕地收益过低相呼应的是，很多农民宁愿抛荒，去做其他的营生，结果又造成荒地增多的极端现象。根据1934年的调查，南昌全县荒田达到21970亩。② 而1936年的调查显示，全省共有荒山596万余亩，荒地150万余亩，总计达到700余万亩。③ 大量荒田荒地的出现，有力地说明了以农耕为主的农村经济十分萎靡。

二是，农业生产技术落后。如第一章所叙述，近代江西的农业生产技术基本是经验累积式的，具有长久的历史延续性。这一论述在很多调研报告中都有所体现。主要表现：其一，农业生产工具的缺乏与落后。因为没有资金支持，江西农民无力购买耕牛、农具、肥料。"惟有以人力代畜力，施用极低度之肥料，运用最陈笨之农具，所施于农业生产之资本，不问其应用若干，方为适当，只能倾其所有，可得若干耳。"其二，农民缺少现代农业科技知识。江西农民识字者基本未超过百分之二十，他们对新知识的接受很被动，导致"在农村改善，农业改进上，均呈不利之现象"。其三，传统农耕技术影响至深。江西广大农民基本凭依传统的农业方法，进行农作物耕种，但是"离科学之技术，更相差悬远"。其四，各种农副业效益不高。"最普遍者为家畜饲养，其中又以猪鸡为多，然以饲养不得其法，收益甚微"。其五，农产品销售未能遵循市场规律，无经济合作组织的帮助，常常遭受价格盘剥。④

三是，国民党的"围剿"战争对江西农村的破坏。江西是土地革命的中心，中国共产党在江西建立了全国最多的革命根据地，包括井冈山革命根据地、中央革命根据地、闽浙赣革命根据地、湘赣革命根据地、湘鄂赣革命根据地（革命根据地亦称苏区）等。为了彻底消灭根据地的革命力量，

---

① 中共横峰县委革命斗争史编纂组：《横峰县人民革命斗争史》，第5—6页。
② 江西省农业院推广部编：《南昌全县农村调查报告》，第44—45页。
③ 孙兆乾：《江西省县实习调查日记》，萧铮主编：《中国地政研究所丛刊：民国二十年代中国大陆土地问题资料》，第85296页。
④ 江西省农业院推广部编：《南昌全县农村调查报告》，第125—128页。

1930年之后国民党军对江西各苏区持续发动了多次"围剿"战争,给赣西南、赣东北等地造成极大的战争破坏,其经济活动也被强迫卷入战争中[①]。一方面,处于财政绝境之中的国民党为了充裕进攻江西苏区和红军的费用,向美国等帝国主义国家借款,以各种捐税为抵押。[②]战争借款最终又转嫁给农民,江西农民的战争负担尤其重。另一方面,为了取得"围剿"战争的胜利,国民党实行经济封锁,阻碍江西苏区的正常贸易。[③]很多苏区农民的产品卖不出,或被迫低价贱卖,[④]使他们本就贫苦的生活雪上加霜。

四是,关于江西农村"善后救济"的提出。与国民党疯狂进攻江西苏区的战争相配合,国民党方面也试图对从中国共产党手中夺回来的县域(国民党方面亦称"原匪区""剿匪区""收复区",中国共产党称原苏区)进行经济救济。蒋介石坐镇南昌行营,命令江西省政当局必须进行善后救济,恢复"收复区"(即原苏区)的经济生机。[⑤]地方赈济处的设立就是实现这一意图的领导机构。在1932年第四次"围剿"战争时期,国民党就在江西依次推行"善后救济",其中"收复区"(原苏区)的农村发展实验属于善后救济的重要部分。

并且为了推动善后救济的开展,国民党一方面对"收复区"加紧调研,试图掌握最确实的农村经济和农村生活现状资料,另一方面也试图对症下药地提出救济方案。甚至还出版了《扫荡旬刊》等专门探讨"收复区"善后工作的刊物。第五次"围剿"战争后,国民党推行善后救济更为积极,

---

① 《据监察员石先莹呈拟定将鄱阳划为封锁区并请组织健全水上巡查队以免偷运等情转令遵照办理由》(1933年7月),江西省档案馆藏,档案号J032-1-00671-0071。
② 《国民党大借外债》,《红色中华》第84期,1933年6月11日。
③ 《为据报告信河上游沿河驻军团队假借封锁名义私自抽收往来船只消费如果属实殊堪痛恨除分令外令仰查明严禁》(1933年8月),江西省档案馆藏,档案号J032-1-00671-0390。
④ 《为令饬所属各县遵照指定商店将电料药品等项集中经售严密考查勿任偷运接济匪区由》(1933年7月),江西省档案馆藏,档案号J032-1-00671-0028。
⑤ 《国民政府军事委员会委员长南昌行营赣江封锁督察处关于撤销丰城至三曲滩之间各检查卡的公函》(1934年11月29日),江西省档案馆藏,档案号J032-1-01020-0246。

带有更为明确的目的性和强制性。1934年,《扫荡旬刊》第35期刊登了《"匪区"善后问题》一文,对此进行了详细的说明。该文指出:江西的"围剿"战争从1934年7月后[①]已经取得极大的进展,苏区已经粮食缺乏,红军弹药补充困难,国民党军取得胜利指日可待。在"围剿"战争胜利后,最重要的问题是"'赤匪'(即红军)消灭后,如何善其后?"为什么这个问题重要,是因为受战争创伤等影响,一般贫苦无告之农民,已失去其生产的能力。在收复区,政府应该在金融等方面给予实际帮助。[②]

江西农村经济既有中国农村经济的一般性特征如农耕经济萎靡、农业生产技术落后、农民生活贫苦;也有江西农村的地方特性,如江西农民遭受"围剿"战争的重创,满目疮痍,急需恢复生机。另外,在蒋介石的指示下,江西省政当局对乡村建设运动包括农村发展实验比较重视,尤其是第五次"围剿"战争后国民党逐渐恢复对原苏区的统治,更为急迫地推行善后救济,其中,农村发展实验成为军政两方重点关注的方面。江西省政府经济委员会对此进行了总结:江西农村发展之途径,除了应有一般原则外,尚须有特别努力的地方路径,包括提倡乡村现代化的工业,以救助历史悠久之手艺工业;增进特产贸易,以推销丰富之物品等。[③]

简言之,江西农村发展实验的缘起并不是单一的、地方性的社会运动,而是汇入全国乡村建设运动的潮流,是江西对全国农村社会运动的主动回应。同时,江西农村发展实验也有自己的地方需求,尤其是战后振兴农村经济的迫切需求,这与江西革命的重要地位密切相关。

二、农村发展实验的制度设计

自1927年底国民政府统辖江西后,江西各级政府开始把救济农村、

[①] 在反"围剿"战争中,中国共产党在1934年4月广昌战役后开始失利,被国民党军节节逼退,1934年10月中共中央和中央红军被迫长征,实行战略转移。之后,江西各苏区逐渐被国民党军占领。
[②] 《"匪区"善后问题》,《扫荡旬刊》第35期,1934年。
[③] 《江西经济之回顾与展望》,《经济旬刊》第1卷第18期(论著),1933年12月1日。

复兴农村作为其重要施政内容。与全国乡村建设运动相呼应，他们开始把江西农村发展实验纳入救济农村、复兴农村的重要举措，对其进行初步的设计。按照政治、经济、文化等三位一体的理念，他们从组织领导机构、思想指导、技术支持、人才力量配备等各方面，确立了农村发展实验的基本推行方案。从实施步骤而言，农村发展实验是农村改进事业的试验阶段，是江西推进农村现代化事业的第一步。

（一）农村发展实验领导机构的设立

江西农村发展实验是以国民党为主导的一场农村社会运动，目的是推动实现江西农村现代化。因此，国民党的现代化建设理念始终贯穿其中。

实际上，在孙中山的广州执政时期，国民党方面已开始注意农村和农民问题。1924年1月，国民党"一大"召开，标志着国共合作正式建立。在中国共产党的影响下，国民党的理论和政纲比较具有革命性。"一大"宣言明确提出："改良农村组织，增进农人生活。"[①]1926年5月，广东省第二次农民代表大会通过的《农村教育决议案》指出："中国农民的农业知识太幼稚了，所以一切农业生产品—和外国比较，往往落后，因之个人及国家之经济均受影响。"继而提出要把农民组织起来，"加以相当的教育和训练"；厉行农村教育，提升农民知识；同时筹办农业展览会，"增进其农业之知识与技能"。[②]以孙中山为精神领袖的国民党，对农村问题一直有所关注。

站在执政的立场，南京国民政府把救济和复兴农村视为应有的责任。1931年底，刚就职江西省政府主席的熊式辉在就职誓词中明确宣示把"救济农村、稳定农村"作为施政重点。[③]1932年底，为了更好地谋划江西农

---

① 《国民党第一次全国代表大会宣言》(1924年1月)，《中共党史参考资料》第3册，第10页。
② 《广东省第二次农民代表大会的重要决议案（选）》(1926年5月)，《中共党史参考资料》第3册，第84页。
③ 熊式辉：《宣誓就职答词》(1931年)，江西省政府《赣政十年》编委会：《赣政十年》，1941年内部印行。

村救济方略，江西省政府派了王枕心、苏村圃等7人组成国内农村改进事业考察团，到国内各地考察乡村建设事业，以吸收和借鉴成功经验。通过实地考察，江西省政府更加坚定了江西农村改进事业的信心和决心。

1933年7月13日，江西省政府召开大会，正式成立江西省农村改进社，熊式辉任理事长，王枕心、苏村圃等人任常务理事，到会社员98人。在这次大会上，与会者取得共识，创办农村实验区。

江西省农村改进社由此正式成为江西农村发展实验的统一领导机关。在成立大会上，江西农村改进社公布了社章。社章明确规定："本社以研究农村问题，企图实施农村改进事业为宗旨。"其工作范围主要包括：一、调查并报告各地农村情况，二、研究农村事业改进上的各项重要问题，三、训练并介绍从事农村改进事业各项专门人员，四、设立实验所，并承受各方委办关系农村诸事宜，五、协助并联合各机关或个人从事农村改进事业之推行，六、出版刊物，并解答政府及各方之咨询。此外，社员的组成包括普通社员、特别社员等，主要是有志于农村改进事业且"赞成本社宗旨"者。①

关于农村发展实验的理想目标，农村改进社有着自己的初步设想。社员熊天翼的《本社的使命和愿望》一文做了较为完整的概括。即农村改进社的目标：一是修复"围剿"战争给农村的创伤；二是复兴农村经济，领导全省开展农村发展实验。②

江西农村改进社自成立后一直致力于全省的农村发展实验。直至1935年5月，江西农村改进社被改组为江西省农村改进事业委员会，统一领导全省的农村发展实验，由中华全国基督教协会总干事张福良担任负责人。江西省农村改进事业委员会的主要职责：统筹江西省的农村实验事业之进行；审查农村实验区的预算；训练农村实验工作人员；指导各实验区的工作进行、协调进行步骤、考核工作成绩；主持农村实验区的经济社会调查及其统计；审核江西省新办农村实验区工作区域；督促地方政府推行改进

---

① 《农业改进社开成立会》，《经济旬刊》第1卷第6—7期，1933年。
② 熊天翼：《本社的使命和愿望》，《农村》第1卷第1期，1933年11月10日。

事业。①

（二）农村发展实验的思想指导

农村发展实验必须要有一个明确的建设理论作为引导，方能有一个明晰的发展方向。农村发展实验没有明确的、可遵循的指导思想，遵循的是边实践边探索的路径。

对此，江西农村改进社在成立之时就明确提出，该社的主要任务之一就是探索建设理论。至于理论指导的重要性，农村改进社同仁直言：

> 任何一种事业，在创办的初期，对于事业的内涵，必须详加研究，精密探讨，而后才能具体计划施行。农村改进，既属繁难事业之一，当逃不了普通的公例。况农村事业，在中国尚属草创之期，又无准备而有把握之实例足资借镜；且各地内在的环境，又复各自不同，照抄成法，万难适用。因此本社才决定出版一种农村月刊，以为公同探讨的园地。甚望在这块园地内，开出美丽而完备的理论之花。②

显然，在江西农村改进社的构建中，探索乡村建设理论是其实施农村发展实验的基础工作之一，而它创立的《农村》杂志就承担了这样的功能。

1933年11月，为了探讨农村改进事业的理论，总结农村改进事业的宝贵经验，江西农村改进社在南昌创办了《农村》杂志。《农村》杂志自1933年11月出版第1卷第1期至1936年10月第4卷第1期停刊，持续了近3年。主要栏目有《农村问题论述》《专载》《调查》《农情通讯》《农事消息》等。该杂志以"复兴农村"为宗旨，以"集中人才、建设理论、分期实施"为三大任务进行思想探索，并向社会积极号召农村发展实验，希望有志于农村事业的社会人士、国内外农业学者专家，担起改进江西农村事业建设的重任。文群、熊肇光、熊天翼、苏村圃、江咏楠、袁啸虹、吴恺、陈传忠、尹行信、李幼农等都是该刊的撰稿人。江西农村改进社的思想理念基本在其专刊《农村》杂志呈现。

---

① 万振凡、宋青红：《民国时期江西农村发展实验》，《古今农业》2005年第1期。
② 熊天翼：《本社的使命和愿望》，《农村》第1卷第1期，1933年11月10日。

其中，比较有影响的农村发展实验思想是，农村发展实验必须坚持政治、经济、文化三位一体的整体策略，同时坚持分期实施的计划。这一思想在江西农村合作委员会负责人文群的《农村工作应如何着手》一文进行了详细的阐述。该文提出，农村工作"按照农村需要，须顾及政治，经济，文化三方面"，因为"农村原为一整个社会，举凡人类所需要者，如经济，文化，政治三方面之建设，在农村无不需要。且此三者又有相互关系，甲方不进步，则乙丙两方，无由推行，即勉强推行；亦旋进即退，终属徒劳。"在此基础上，农村工作的着手方法"须由简而繁"，因为"农民知识浅而时间忙，农村人力，财力，两皆缺乏，尤其在'剿匪'省份。更不宜求效过急，百废俱举，使农民疲于应付，反生怨望，凡在农村办事，应由简单下手。组农民生活所需，则又涉及经济，文化，政治三方面，其事甚繁……"①即农村工作不能操之过急，而应该一步步地实施，逐渐从简单向复杂转变，其中农村发展实验就是农村工作的第一步。

另外一个有影响力的思想是，农村发展实验与农村合作紧密结合，共同促进江西农村经济的恢复和发展。这在熊在渭的《农村改进与农村合作》一文中有着集中呈现。该文认为，农村合作社是走农村合作的途径，也是救济农村经济的重要方法，因此农村发展实验须把农村合作纳入其中。②

总体来说，江西农村发展实验在乡村建设思潮的影响下，结合江西农村的实际，基本采取政治、经济、文化三位一体同时并进的方略，主张由简到繁的渐次步骤。各实验区的开办基本按照这一思路进行。

（三）农村发展实验区的划定

江西农村改进社成立后，明确表示农村发展实验必须采取"分期实施"的步骤。它对此做了详细的说明：

社会上有许多事情，用笔去描写，用口去鼓吹，往往可以条分理析，头头是道。但一到实施的时候，就绝对不合实用，有时更须削足适履，这

---

① 文群：《农村工作应如何着手》，《农村》第1卷第1期，1933年11月10日。
② 熊在渭：《农村改进与农村合作》，《农村》第1卷第1期，1933年11月10日。

无疑地是中了闭门造车的毒。本社志在谋农村的改进,自不得不建设正确的理论。同时并知道理论与实施必须沟通,方能应用灵活。故本社除出版刊物外,并在安义万家埠划一小小区域,以作初期试验。由此慢慢推广,并可免全部失败之危,斯即本社分期实施之意。①

显然,江西农村改进社"分期实施"策略的含义:一步步实验,尽力达到理论与实践的结合;在总结经验基础上逐步推广,以免操之过急,脱离实际,遭受失败。其中,安义万家埠实验区就是实验的第一步。

关于农村实验区,江西农村改进社社员认为实验区是农村改进事业的试验地,具有重要的示范作用。之所以要先设立实验区,是因为农村问题十分复杂,不易处理,尤其经济问题、人才问题等纷扰复杂,"所以最好是先划一小小区域,作为试验场所,纵令失败,也与全局无关。这时期定为实验时期"。实验区之后行进到"推广区"——应用时期,最后至"普通区"——完成时期。②一言以蔽之,实验区就是江西农村改进事业的试验阶段。

在这一规划设置下,江西省政府共设立了5个主要实验区,即安义万家埠实验区、临川鹏溪县政实验区、湖口走马乡实验区、黎川高票洲实验区、南丰白舍圩实验区。具体承办者则较为广泛,有的由县政府举办,有的直接由江西农村改进社创办,有的由江西基督教教会所承办,有的由江西省特种教育处创办。

此外,江西省还创立了其他一些实验区。例如江西省立第六师范学校(后简称九江女子师范)、江西省立第一师范学校(后简称南昌师范)在校内设立了农村实验区,作为学生农事实验场所。1936年,江西省政府颁布《江西农村服务实验区署组织办法》,进一步扩大实验区数量和范围。以《江西农村服务实验区署组织办法》为指导,江西原来的10个农村服务区也改称农村实验区。至此,江西农村实验区扩大至17个。

---

① 熊天翼:《本社的使命和愿望》,《农村》第1卷第1期,1933年11月10日。
② 李幼农:《复兴江西农村之我见》,《农村》第1卷第1期,1933年11月10日。

（四）农村发展实验指导人才的配备

农村发展实验的成功与否，与指导人才的好坏至关重要。当时许多从事乡村建设运动的人颇有感触。他们认为："农村之能复兴与否？民族生机之有望与否？现在第一步就完全看我们的将士（即指导人才——引者注）的战斗性和阵容之如何。"这些指导人才是农村发展实验的领袖。"所谓领袖，是一种事业的指导者，是一个区域的统率者，又是一种思想的传布者。哪一种人才配做此种领袖呢？进取的思想，彻底的自信，忍耐和精细，阔大的修养和卓绝的牺牲，是其重要之条件。"[①] 要言之，指导人才直接关系到农村运动的成效高低，他们的思想、自信、修养、胸怀等都是重要的影响要素。

农村发展实验在江西尚属创举，因此一切事业都具有明显的探索之意。为了有效推进这一事业，江西农村改进社也十分重视农村发展实验指导人才的配备，以"集中人才"之谓作为农村改进社的主要任务之一。

农村改进社对指导人才十分重视：

> 我们知道，农村事业，千头万绪，欲谋改进，决非少数人所能负担，集中人材，故极其切要，但普通集中人材的方法，不外延揽及训练两种：惟农村事业，与别种事业不同，辛苦而报酬薄，更须永远具一贯的精神。倘使被延揽者并无此项志愿，那能发生浓厚的兴趣？也一定不会维持久远。至于临时训练，数量上固可迅速地发展，质量上或终难自信。因此，本社才采取一种社会团体的组织，广博地征集有志于农村事业的同志，以为改进农村的准备。[②]

显然，江西农村改进社所招揽的人才是"有志于农村事业的同志"，所依赖的是这些人才自身的热情和志向，并非受酬劳的物质吸引。这样的人才配备并不是以人才培养做基础，而是具有明显的招募性质。这也导致江西农村发展实验缺乏稳定的、持续的人才储备。

---

① 孔雪雄编著：《中山文化教育馆调查研究报告：中国今日之农村运动》，第4—5页。
② 熊天翼：《本社的使命和愿望》，《农村》第1卷第1期，1933年11月10日。

从实践的角度而言，虽然江西农村改进社有这样的人才构想，但是江西农村发展实验的指导人才主要以江西农村改进社社员和各级政府工作人员为主体，适当引用其他社会团体成员尤其是基督教协会会员。即以国民党方面党政工作人员为主，适当引用社会力量，共同领导江西农村发展实验。

（五）农村发展实验的技术支持

农村发展实验是以改善和提升农业技术为重要任务的。因此，江西省政府在技术方面为农村发展实验工作提供一定支持。

这也是响应江西农村运动者呼声的主动表示。当时，有许多热心的江西农村运动倡导者提出，省政当局应该"设立农村指导学校"，因为"救济农村，以改良农业为最吃紧之办法，我们中国的营业，向来是沿着旧习，并无分毫之改善，故生产一项，总是年年如故，不见有如何起色，这都是农业没有改良的原故，农业没有改良，也又是没人指导的原因，所以，提倡农业，第一步就是要有人来乡村中，设立指导学校，把土地和植物的性质，通通都讲给他们听，使他们随地性之宜以种物，那便可以不用肥料，而得美满的收成，这是多么经济呢？"。[①] 即以农业学校为依托，为广大农民提供持续有力的技术指导。

江西省农业院的成立则是江西省政府为农村发展实验提供技术力量支持的一个最重要举措之一。与农村发展实验相并进，江西省的农业试验也在推进中。为了大力支持农业试验、农村发展实验，江西省政府决定筹划设立江西省农业院，专门负责农业试验、农业推广、农业教育的实施。1934年，江西省农业院正式成立。它是全国较早设立集科研、教育、推广三位一体的省级农业研究院。江西省农业院承担着复兴农村、改进农业的重任，"本省农业院，为改进农业，复兴农村而诞生，在国内尚属创见"。农业院下设推广部，"本部责专推广"，尤其是农业技术的推广。该推广部十分重视在调查的基础上推行生产技术。它认为，"（推广部）负农业推广

[①] 乐平农业情况通讯员汪学富：《怎样救济农村》，《经济旬刊》第1卷第10—11期合刊，1933年。

实施之专责，固须详察当地之情况，作实施之参考；而各部研究，实验之资料，亦有待于调查搜集之所得"。农业生产技术多样，包括"当地气候之寒温，土质之肥瘠，作物之种类，栽培之状况，以及直接间接有关于农业生产技术之因子"等。同时根据各地具体情况实施农业推广，"除须洞察农村生产关系，及农业生产技术外；尤贵在审民智之高下，风俗之趋向，交通之便塞，障害之有无，权衡其缓急，斟酌其事功，以订定进行之步骤，实施之方针"。①关于农业教育，省农业院也付出了心力。彼时，江西省立农业专科学校改名为江西农业院附属农艺专科学校，农业院院长董时进兼任校长，农业院研究人员担任教员，从而大大提高了农业技术教育的专业水平。简言之，省农业院是江西省最高的农业技术研究和推广机构，为江西农村振兴提供技术支持，尤其是向各地农村推广农业技术。

与此同时，江西省教育厅在制度设置上提升了农村教育包括农业技术教育的重要性。在其制度安排中，省教育厅设立农村教育管理处，专门负责生产教育组、成人教育组、儿童教育组。其中，生产教育组负责农业试验场、农业实用学校等；成人教育组负责妇女职业班、农隙民众学校、农民夜校、妇女半日学校、图书阅览室。②

应该注意的是，江西是在"围剿"战争中开展的农村发展实验，所以南昌行营也对此工作给予了重点支持。善后救济工作的推进也是南昌行营的主要职任。南昌行营的广播电台除了播送"围剿"战争的军事信息，也向全省范围传播农业科学技术。1933年10月17日，江西省建设厅转发南昌行营命令，"本行营为各地明了'剿匪'情况起见，在南昌设立广播无线电台，以事播送各项消息，并规定播音节目及时间表一纸。关于科学常识及农林常识并应由教育建设两厅分别派员报告"。③即南昌行营广播无线电台设立之始就明确了它的军事和农业建设责任。具体的农业知识材料则

---

① 江西省农业院推广部编：《南昌全县农村调查报告》，第1—2页。
② 余铎：《怎样去改进江西农村？》，《农村》第1卷地2期，1933年。
③ 《为关于广播电台之报告奉谕由各机关派员轮流担任希派负责人员来厅会商办法由》(1933年10月17日)，江西省档案馆藏，档案号J023-1-01304-0001。

由江西省教育厅、建设厅提供。南昌行营广播电台运营一年多之后，仍然把向全省农村传播农业常识作为重要任务。1934年11月初，南昌行营由江西省建设厅向江西农业院发函，要求江西省农业院"于每期前将农林常识材料迳送该台播送""每次播送前二日将稿件送达敝台，以便报告"。①

一些农业技术专家的研究成果也为农村发展实验提供了多样化的技术指导。他们直面农民的现实需求，使农村发展实验与技术示范推广相结合。例如，1933年，江西籍学者王云森编著了《土壤学》，论述了江西土壤的相关问题。这是国内第一部关于土壤的学术著作。②以上举措都为农村发展实验的推进奠定了一定的技术基础。

（六）农村发展实验的经费

江西农村发展实验是江西省政府推动下的一场农村社会运动。按其原则，其经费应该从政府财政开支。但实际上，江西省政府财政入不敷出的情况严重，很多时候无力承担各项事业的开支。江西农村发展实验也面临这一情况。在运动之初，江西省政府没有明确经费的支出规定。各实验区基本是自己筹划，或个人、社会捐助，或县政府财政支持，或省农村改进社提供，或社会团体筹措等，不一而足。

直至1936年3月15日，江西省政府通过《江西农村实验事业计划纲要》，比较明确地规定了实验区的经费开支。该纲要规定："每一区的人口平均有4万余，以每年预算1万元计算，实验区民众每年每人愿意付出2角5分钱来，就能把实验区的事业维持起来，谋得全区民众的生活进步。"③可见，在政府无力支出经费的情况下，农村发展实验把经费负担放在实验区民众身上。但是省政当局的乐观认识并不符合绝大多数农民贫困的现实，这就导致实验区始终处在经费无着落的艰难处境。

---

① 《军事委员会委员长南昌行营广播无线电台关于农业常识材料在开播两日前送到的函》（1934年11月初），江西省档案馆藏，档案号J061-2-00227-0033。
② 聂志平、曹国庆、傅琼：《民国时期江西农科院校教育变迁研究》，《农业考古》2013年第6期。
③ 《江西农村实验事业计划纲要》，《经济旬刊》第6卷第10期，1936年4月5日。

从实践层面而言，各实验区的经费很少来源于政府财政的常规支出。即便在江西省政府主席熊式辉的家乡——安义万家埠实验区，同样依靠的是熊式辉的个人捐助，和向上海、北京各方面进行募捐，以及社会各界人士和各级政府的无偿拨付等。[①]

从江西农村发展实验的制度设计来看，它包括了领导机构的设立、思想指导、指导人才的配备、农业技术的支持、经费的支出等，具有相对完备的框架。这是江西农村发展实验的特色，也是它能在中国农村发展实验中立于潮头的重要原因。当然，这一制度设计存在诸多的缺陷，尤其是指导思想的模糊化、实验区经费与财政的脱离、指导人才来源的非固定性等使实验区的运行遭遇诸多问题，影响其成效。

三、农村实验区的运行

江西农村实验区是农村发展实验运动的主要实验场，也是这一运动在试验期的载体，基本体现了江西省农村发展实验的主要内容。在江西农村改进社的构想中，农村发展实验应该包括文化普及、技术教育推广、农村合作等内容，因为中国农村要谋求进步，必须提高农民的识字率，以输送"新的思潮，新的学术，新的技能，以及一切应该传递到农村去的新的消息"；农产品是江西主要的生产品，生产技术的精良至关重要；而合作是"调剂社会经济之第一法门"，也是"救济农村的一个重要部门"。[②]

从各实验区的实际运行来看，它们基本按照省政当局的设计安排，进行了相应的现代化建设。总体而言，江西农村实验区的主要工作是帮助实验区改善农民的生产和生活，进行"管、教、养、卫"四项业务。所谓"管"，就是组织各种农民团体，把农民有效组织起来，进行政治、经济、军事、文化等组织化的集中训练。所谓"教"，就是在农村办理文化事业，如民众夜校、妇女学校、识字班等。所谓"养"，就是设立各种农场，给农民

[①] 游海华：《早期农村现代化的有益探索——民国江西万家埠实验区研究》，《福建师范大学学报》（哲学社会科学版）2004年第3期。
[②] 李幼农：《复兴江西农村之我见》，《农村》第1卷第1期，1933年11月10日。

做生产示范,并组织各种合作社,帮助农民解决各种生产和生活问题。所谓"卫",就是改变农民的卫生生活习惯和农村环境卫生,设立乡村诊所,搞卫生运动,进行乡村习俗改良等。

江西农村实验区主要有5个:安义万家埠实验区、临川鹏溪县政实验区、湖口走马乡实验区、黎川高寨洲实验区、南丰白舍圩实验区。其中,安义万家埠实验区因为是在江西省政府主席熊式辉的家乡所办,且倾注他的主要精力,也是熊式辉致力于打造的江西农村实验区的示范地,所以最具代表性。

各实验区的具体运行如下:

1. 安义万家埠实验区

安义万家埠实验区从1934年开办,至1938年结束,历经约5年时间。它既反映了江西省政府主席熊式辉的农村发展实验思想,更集中体现了江西农村改进社王枕心等人的乡村建设构想,是江西农村实验区的典范。

万家埠是江西省政府主席兼南昌行营办公厅主任熊式辉的家乡,隶属于安义县的第二区,有着较为便利的交通条件,离省会南昌不足百里,同时自身也是交通要镇。在筹备实验区之前,江西农村改进社王枕心等人对万家埠进行了调研。据其调研,全区人口共计972户,4085人;全区有39个村庄,农民的职业以从事农业生产为主。在调研过程中,他们发现全区耕地少、村落过于分散、人口不多等情况,认为万家埠不太适合办实验区。[1]但是,在熊式辉愿意捐助钱款筹办实验区的情况下,农村改进社会员也改变认识,认为万家埠的情况是江西农村无数缺陷的反映,具有实验价值。并且万家埠的农业经济是江西千千万万个乡村经济衰落的写照,即以稻作经济为主,产量不高,农业技术落后,农民收益非常有限。因此,要改善江西农村经济,万家埠可为示范。[2]

在熊式辉的亲自指导并捐助经费的情况下,1933年底江西省农村改进

---

[1] 徐钦:《勘查万家埠实验区之经过》,《农村》第1卷第2期,1933年。
[2] 吴恺:《安义万家埠稻作农场经济概况》,《农村》第1卷第1期,1933年11月10日。

社常务理事王枕心负责筹办万家埠实验区。1934年3月，万家埠实验区正式成立。该实验区的组织设置：实验区办事处为领导机构，下设农事、合作、学校教育、民众教育、乡治、保健、推广、总务等组，每组设主任1人，干事若干人。以组织制度为引领，万家埠实验区主要以"政治、经济、文化"三位一体的策略进行相应的业务：在政治上，推行农村自治，以农民为主体充实自卫力量；在经济上，推行农村合作，改进农业生产技术，大力推广优良农产品，提高农业生产；在文化上，提高农民文化水平，积极传播现代化农业生产知识；建立各种乡村卫生保障制度等。王枕心对万家埠实验区的筹办设想与他救济农村的一贯理念相一致。①

万家埠实验区的现代化建设具体表现：

（1）成立了各种民众组织，推动民众运动发展。与保甲制的政治体制相配合，万家埠实验区在各保成立了农村改进委员会，该区40保共有会员13063人；成立妇女改进会，40保共有会员3361人；成立青年农村劳动服务团，该团主要由实验区的实用学校的学生参与，共计174人；此外还有青年农民团，由18岁以上30岁以下的实验区退伍壮丁组成；成立儿童团，40保共计1762人。还有各业联合会，其中各业工会12个，会员共计561人。②以这些民众组织为基础，农民被组织起来，集中接受训练。实验区的地方治安、地方利益、社会风俗改良等工作也依托民众组织实施。在1935年和1936年的两年里，万家埠实验区曾每年举行一次整理实验区保甲、调查户口等工作。这些民众组织发挥了重要的政治、经济、文化功能，民众也在组织中培养了一定的集体意识，提升了组织性。

（2）推行农事实验和农业合作等。在农事实验方面，实验区成立之初就开辟了农林场，整理田地，依靠现代农业技术试验栽种各种稻作和经济作物。例如，1934—1936年底，实验区共引种了各类蔬菜71种，果树12

---

① 王枕心：《目前中国农村的危机及救济的意见》，《农村》第1卷第1期，1933年11月10日。
② 江西农村改进社：《万家埠实验区三年来之工作报告》，1937年内部印行，第39—60页。

种2100株，茗茶和油茶3种3500株，油桐4200株；并且栽种了马尾松3000株，风景树8012株，培育树苗和茶苗35种50余万株。在农牧业方面，引进、养殖来杭鸡等5种、约克夏猪1对、荷兰公牛1头。改进稻作栽培技术，指导农民学习稻作耕种、除砂等技术，提高产量；并劝导农民兴修水利，开挖池塘39口，举行农产展览等。此外，实验区还指导农民防治猪瘟，组织成立了家兽防疫委员会，推动该区农民进行畜舍清洁运动，提高家畜的存活率。在农业合作方面，万家埠实验区成立了以信用社为主体的各类合作社，改善农村的金融紧缺情况。1936年高峰时期，实验区的合作社达到36个，社员人数达到2968人。①

（3）推行民众教育，改善社会风俗。在农村基础教育方面，1934年实验区开创之时，接收了5所仰公小学，以新式教育改造其教学；并有步骤地取消农村私塾。1935年实验区扩大范围后，开始兼职办理保学，各保设立保立小学。1936年，实验区的保立小学达到40所，学生人数达到1675人。这些学校"办得比较出色"，推动了义务教育的发展。在社会教育方面，扫除文盲运动开展起来，各类成人教育班也逐渐普及。实验区设立民众夜校，1934年办理了民众夜校14所，学员563人；1935年增至787人；1936年各小学增设成人班，办事处也附设实验民众夜校7所，成人班人数达到1994人。②在文化设施方面，万家埠实验区建立了民众会场和民众运动场，其中12个保设立了保民众运动场，甚至建立了万镇公园。

（4）初步建立农村社会保障体系。万家埠实验区重建和新建了保健所，对实验区村民开展防疫种豆、助产、救治等农村医疗服务。并注意实验区卫生教育宣传，号召村民注重环境卫生，过文明的健康生活。在1934—1936年间内，万家埠实验区共帮助村民种豆8053人，帮助农妇进行产检78人，采用新法接生82人；医治病人6031人。

全面抗日战争爆发后，因战乱、经费短缺、指导人才流失等各种问题，

---

① 游海华：《早期农村现代化的有益探索——民国江西万家埠实验区研究》，《福建师范大学学报》（哲学社会科学版）2004年第3期。

② 江西农村改进社：《万家埠实验区三年来之工作报告》，第107—126页。

万家埠实验区的处境更为艰难。1938年夏，该实验区在抗日战争的战火中停止运行。

2. 黎川高寨洲实验区

黎川高寨洲实验区属于"收复区"（原苏区）的实验区，于1934年创办。黎川原属于赣东北根据地区域，1934年国民党在"围剿"战争中攻占此地，继而划为收复区。以黎川为代表的苏区县在"围剿"战争中遭受国民党的严密封锁和惨烈的战争破坏，经济状况极为不好。[①]这些原苏区县在农村经济的低迷和战争破坏的双重压力下负重前行。[②]黎川农村文化落后，尤其是遭受战争的破坏，整个农村社会显出萧条之状。

负责该实验区的是江西省基督教农村联合会。联合会试图主要以教育为手段，传播新知识，丰富农民的业余文化生活。该实验区主要办了儿童教育、青年教育和妇女教育，以夜班、早班、流动教育班等形式开展教育工作。该实验区在高寨洲附近建立了1所农场，进行了果树、蔬菜、育苗等实验，并把好的经验传授给农民。此外，也尽力办了保健所，其中1间储药室、1间治疗所、1间换药室、1间候诊室。保健所基本是公益性的，颇受农民欢迎，开办一年左右来就诊的农民达到2114人次。

黎川高寨洲实验区的创办并不容易。从创办者的讲述可以看出实验区在农村推行的艰难，以丰富的面相展示实验区的艰难历程。负责妇女教育的徐幼之讲述了她动员农村妇女报名参加妇女学习班的艰难性。刚进入高寨洲农村时，她对农村落后的面貌表示震惊，真切感受到农村妇女对实验工作、对外来者的抗拒。她说道：

> 黎川，地处偏僻，四围皆山。当汽车路未修筑前，交通非常不便。故与外界少有往来，乡间妇女，有终身未离本村者。即村与村间，亦多不相往来，缠足之风，尚在盛行。当我们初来时，彼等见我们都是短发天足，

[①]《蒋介石关于军法惩处县长不认真执行封锁的电》（1933年9月16日），江西省档案馆藏，档案号J032-1-00671-0407。

[②]《蒋介石关于吉安县封锁应当切实考查及令各县切实办理封锁并与视察员合作的电》（1933年9月6日），江西省档案馆藏，档案号J032-1-00671-0408。

并穿着长衣,均使彼等感觉奇怪。有时只听见她们说:"这是男子呢,还是女人呢?他们来做啥呢?"于是她们满心是疑,因怀疑而躲避。我们最初感觉奇怪的,就是几乎看不见青年的妇女。只见四五十岁的老太婆,和八九岁的小姑娘。有时候我们虽远远看见很多的女人在一起闲谈着,等我们走近时,就只剩了几个老太婆坐在外面。她们有时招呼我们坐坐,有时睬也不睬。你若同内中一人谈谈,她只会摇着头说:"我不懂你的话呀!"①

黎川县的交通不便,农村妇女思想的封闭,加上文化程度的低,必然导致农村妇女对新事物的接受非常有限,对外来者工作的抗拒。实验区推行者的工作困难可想而知。

徐幼之接着讲述了妇女教育工作的不易,尤其是动员工作的困难。她说道:本实验村中有1300多人口,妇女占660以上,而稍识字的女子不过十人。350多家中,仅有8家妇女能做衣服。问他们为何不来上学?或是否愿意上学?她们老是回答说"学不会,不会学,没有时间。"农村妇女的日常生活,就是烧饭、育儿、看守门户,有时候出外捡柴,拾猪饲。农忙时帮着男人晒谷,晒烟叶。因着生活安定,所以她们不感觉需要。如何引起她们的求知和学习的欲望?这真是一个问题。也就是说,占实验区总人口一半的600多个农村妇女几乎都是文盲,她们被传统习俗、农家生活所困,对新教育的诉求并不急切。

为了克服困难,这些实验区指导人员进行广泛的家访,首先"找机会与妇女接近。藉保健工作,为入家庭的门径";接着"作读书的宣传","宣传读书的益处,并劝她们加入妇女班";最后"藉着小学生与一班妇女联络",拉近与农村妇女的距离。经过2个多月的时间,实验区的农村妇女才与实验区指导人员关系更亲近,"怀疑和畏惧的心理,似乎有点消除了",一些妇女被动员加入妇女班。在这些过程中,甚至还闹出了"强迫招生的笑话"。②

---

① 徐幼之:《第一年担任乡村妇女工作的经验》(1935年),卢广绵等:《农村工作经验谈》,第33—34页。
② 徐幼之:《第一年担任乡村妇女工作的经验》(1935年),卢广绵等:《农村工作经验谈》,第34页。

3. 临川鹏溪县政实验区

临川鹏溪县政实验区是江西省第七区行政专员周作孚和临川县县长夏承纲于1934年筹办的,具有明显的政府意图。临川鹏溪实验区也是"收复区"的实验区,是国民党在第五次"围剿"战争时期力推"收复区"(原苏区)善后救济的一部分。

国民党军收复临川后,周作孚就遵照江西省农村发展实验的设计在临川鹏溪规划实验区。他试图把临川鹏溪县政实验区打造成不同于河北定县、山东邹平县那样的新的实验区,明确表示:"实验区如定县,如邹平等处办法,在此残破之区,皆不实用。"在他的规划中,鹏溪县政实验区的指导思想是以最简单的方法、花最少的钱、用最短的时间,求最大的效果,将乡村生活一概刷新,农民被有效组织起来。①

按周作孚等人的规划,临川鹏溪县政实验区主要的业务为:一是,在政治上,把民众组织起来。该实验区设立了青年励志团100个,人数达到1万多人;妇女会101个,人数达到1万多人;儿童队和婚嫁改良会100个,人数达到5.5万多人;消防组65个,人数达到2139人;此外还有息讼会100个,人数700人。通过这些民众组织,实验区对农民进行思想政治教育。通过妇女会、婚嫁改良会等组织,妇女的思想有了提升,推动了该区域的家庭生活改善。二是,在经济上,开展农村合作,推广农业新知识。该实验区设立各类合作社17个。通过合作社,实验区农民展开互助合作,尤其是在金融上,以信用合作社为依托,一定程度上缓解了农民的经济困境。同时,实验区注意农业知识的普及,"并将试验情形,及改良利益,编印浅说,分发农民,以便阅览,并令各区民教馆广事宣传"。② 即分发农业知识的小册子给农民,并到各地教育馆进行宣讲。三是,在乡村建设上,建立了许多公用设施,改善了村民的环境。例如,1934年鹏溪县政实验区以强迫命令的方式,在26天的时间内迅速建立了乡村公园120处。一些小的乡村

---

① 万振凡、宋青红:《民国时期江西农村发展实验》,《古今农业》2005年第1期。
② 周炳文:《江西临川实习调查日记》,萧铮主编:《中国地政研究所丛刊:民国二十年代中国大陆土地问题资料》,第85686—85687页。

公园就地取材，依托良好的生态环境，依山而建休闲公园，提升了农民的文化生活质量。并且在临川"改良村路运动"的直接推动下，实验区也大力兴建和维修村路，改善了实验区的交通条件。据统计，周作孚在位期间，临川县整顿乡村道路25465里。此外，实验区还修建了一些桥梁等。四是，推广乡村卫生运动。为了改善农村环境，在周作孚的直接指导下，实验区仅在1934年6月的一个月时间内就填平了粪坑6000个，改良茅厕400个。并强制要求农民把家畜迁往村外饲养，利用古庙、破屋等建成猪圈、牛栏，以解决村内牲畜粪便到处皆是影响卫生的问题。此外，建立乡村医疗所4所，用西医知识为村民治疗。[①]

4. 湖口走马乡实验区

湖口走马乡实验区创立于1935年2月，由国民党江西省党部特派员苏村圃主持负责。该实验区的目标是用政治的力量扶助农民达到自治、自卫、自给、自强。即以经济为中心，以文化为手段，以政治为枢纽，来建设新农村。

该实验区成立了办事处作为领导机构，下设总务、经济、文化、政治部，每部设立一主任负责工作。由于经费艰难，走马乡实验区开办并不容易，规模不大。其主要业务是，建立农场，从事农林牧生产技术研究；推行农村教育，设立了一些中心小学及其分校，在一些保设立了保学；领导了改善农村环境和人民健康素质的卫生运动。

5. 南丰白舍圩实验区

南丰白舍圩实验区由江西省特种教育处于1934年11月创办。江西省特种教育处以其自身的特色设定了实验目标：一是依托学校开展特种教育；二是以政教合一的精神，推进农村自治；三是以学校为改进社会的中心，实施乡村建设；四是复兴全区农村经济；五是把实验区居民组织起来，推行农村自卫。并且设定了实验原则：设立中山民众学校为实施特种教育的中心；坚持少用经费多用力量来实行特种教育；以特种教育实验为基础，

---

① 万振凡、宋青红:《民国时期江西农村发展实验》,《古今农业》2005年第1期。

探索特种教育的理论，继而在政治力量的支持下，完成农村改造工作。①

南丰白舍圩实验区直属江西省特种教育处。因受限于特种教育处的目标设定，且工作人员基本来自特种教育处，经费来源也是由特种教育处直接拨付，因此它的主要业务基本围绕特种教育而展开。它的主要工作是，依托白舍圩成人班等实行甲长训练，以提升实验区的政治思想引导作用；在实验区推行新生活运动，以改造农村生活，提升农民的思想尤其是政治思想认识；设立民生合作社，改善农村的供销关系，以供给实验区日用用品，帮助推销实验区农产品、手工品；开设3个农场，推广农业生产技术；帮助提升农民的畜牧业生产，试养本地优良牛、猪品种，建立1所养鸡场、1所养蜂场等。

此外，江西省还兴办了其他一些实验区。但是，影响力和筹办的业务远不及上面5个实验区。例如，在永修县淳湖村的垦农场，垦区荒山的地面占2000多亩。开垦的居民有39户，已垦的地面有120亩。领导开垦农场的"是一位埋首苦干的学者，他有坚定的志愿和毅力"。据这位领导说，垦区一切的工作皆不外是"改良工作"，其改良工作分二部分：第一部分是铲除旧有的习惯、势力。第二部分分是建设新的习惯、势力。用一件极小的事来比喻，比如在村中建设比较卫生而可免除疾病的厕所，则必先废除旧有的不卫生而为疾病媒介的厕所。改造厕所看来事小，然而因风水以及所有权的问题，会闹出许多纠葛。因为垦农场的领导人是在改良工作上吃过苦的一个努力者，所以对于垦区发生很大志趣，在垦区一切的建设，都努力去做，以形成"新的组织、新的习惯风俗、新的建设"。②

总体而言，这些农村实验区基本在1938年左右结束使命。其主要原因是，日本帝国主义侵略江西，尤其是攻占南昌后，江西省政府的各项建设事业不得不中断，加上农村实验区本身存在各种问题，因此也就被迫停止运行。

---

① 张桐膺、徐伯康：《江西省特种教育处南丰实验区乡村工作简述》，《乡村建设实验》第2册，1937年内部印行，第473—478页。
② 汪锡鹏：《淳湖村村情》，俞庆棠主编：《农村生活丛谈》，第169—178页。

四、农村发展实验的成效

江西农村发展实验是20世纪30年代江西重要的农村社会运动，有着宏大而美好的愿景，一定程度上反映了当局对经济建设的努力，和社会人士对江西农村救济的热心支持。从农村发展实验的制度设置到全省5个主要实验区的创办，体现了江西各界在救济农村、振兴农村方面从理想到实践的衔接，是江西推进农村现代化的有益探索。这一探索取得了初步的成绩。

江西5个农村实验区的运行及其主要业务展示了在实验区的局部区域，党政部门和社会团体包括创办者、工作人员都为实验区的筹办、发展做了不少工作，在一定程度上推进了部分区域的农村现代化，产生一定的历史影响，体现了他们融入中国农村改革运动的自觉。当时颇有影响力的《新闻报》积极评价江西农村发展实验等农村社会运动在振兴农村方面的努力，指出"江西省致力于恢复农村经济，把其作为收复区善后工作的要务之一，并且增加聘请经济专家负责办理经济设计"[①]。即江西农村发展实验在中国农村改革运动中占据一席之地，获得了好评，向世人展现了蓬勃向上的朝气。主要表现在：

1. 在农村社会初步构建了政治、经济、文化等三位一体的整体布局，推动农村与城市现代化的衔接，向世人展示了农村现代化的美好生活愿景

在江西省政府的指导下，在省政府主席熊式辉的领导下，江西农村改进社自一成立就集中反映了省政当局的思想意志。因此江西农村发展实验并不是单纯的经济建设运动，而是融入了政治治理、文化普及、社会保障建立等各项要素。

江西农村改进社的宗旨体现了救济农村、复兴农村的宏大目标，并且其理想也是从政治、经济、文化等三方面同时并进推进农村的现代化。这一宗旨和理念落实到主要实验区的业务工作中去，设置了相关的组织机构，

---

① 《赣省发展农村经济》，《新闻报》1935年9月26日。

例如万家埠实验区办事处成立了农事、合作、学校教育、民众教育、乡治、保健、推广、总务等组；湖口走马乡实验区办事处设立总务、经济、文化、政治四部。并且以具体的工作落实其意图，包括建立民众组织、设立农场和合作社、成立民众学校、保健所等。

同时，省政当局和社会团体推进江西农村现代化的构想，是基于江西农村经济落后、农村卫生环境堪忧、农民生活落后、自由散漫等现实基础。在他们的潜在思想逻辑中，农村现代化与城市现代化是一体的，这样才是完整的现代化建设；而相比城市，农村的问题更加突出。所以，要推进江西现代化建设必须将更加艰难的农村现代化建设以实验区的形式做一个试验，以便做更大范围的推广，继而以波浪式的方式向前推进农村现代化。

2. 从实验区的发展而言，确实在其范围内改善了农村经济和环境、提升了农民的生活水平和文化水平

具体到实验区，其成效确实可圈可点。在实验区有限的范围内，呈现了一定的生机，注入了新的活力。其中，经济方面的建设最为突出。

在经济方面，大部分实验区都办理了农场，致力于提升农业生产技术，推广优良农作物品种；建立了以信用社为主体的各类合作社，帮助农民一定程度上缓解了经济困境，解决了生产、生活上的一些经济难题；并且帮助农民发展副业，有的实验区开办了各种家畜场，帮助农民选种，提高其收益。在文化方面，几乎所有的实验区都办了农民教育，建立各种小学、保学、民众学校等，为农民提供了更多的教育机会，帮助他们学习到新的知识，尤其是农业生产的现代化知识；并且带来了新的文化娱乐方式，一些实验区在农村建立民众运动场、文化休闲公园，表演戏剧、歌舞等，提倡文明的休闲生活方式。在政治方面，素来相对散漫的农民加入了各种群众组织如工会、妇女会、风俗改良会等，并以群众组织为基础实行政治训练，学会自治自理，从而一定程度上接受了新的政治文化，更具集体责任意识。

时隔多年后，亲历者对实验区的成效怀着美好的回忆。万家埠实验区的参与者魏向炎曾回忆："实验区的环境，不仅绿化，而且相当美化。礼堂、走廊、庭园，四时鲜花不断，马路两旁和学校周围，都已绿树成荫，苗圃

和果园也搞得可观""在田间作物方面,实用中学学生学习种的水稻,都比当地农民种的水稻长得更加郁郁葱葱""实验区的农事实验场,因拥有一批农艺技术人员,在短短的几年内,做了不少工作,取得了一定的成绩"。[①]这是万家埠实验区短短4年的实际成绩。

3. 从示范作用而言,各实验区在农村开展现代化建设的实践为之后江西农村现代化提供了有益经验启示

在江西农村改进社的设想中,农村现代化分三个阶段:试验阶段、推广阶段、普及阶段。农村发展实验是江西省政当局推进农村现代化的第一步,即试验阶段。既然是试验阶段,它的主要作用是提供经验借鉴,取长补短,继续推进这一工作。

这些宝贵经验通过各实验区的研究报告和创办者的个人感受等方式体现出来。大致而言,这些经验主要是,农村现代化建设事业需要政府的大力支持尤其是经费支持;农村事业不能冒进,要有循序渐进且有针对性的举措;农村现代化建设需要与农民的需求、农村的实际环境相契合;农村现代化事业的指导者、负责人必须要有宏大的抱负、缜密的规划、较强的执行力、坚强的斗志、对农民的真切热爱;要把农民发动起来,使农民自动自觉地加入各项建设工作中等。

例如,上海青年协会书局在1936年出版的《农村工作经验谈》,农村实验区创办者就把江西农村发展实验的一些经验做了分享。实验区创办者、江西经委会管理处编辑施中一谈道:

我们坐在办事室内伏案计划的时候很少,不是和农友们讲讲新闻,便是和少年们游戏,唱歌,讲故事,而大部分的时间都跑到外面去找农友们谈天。农忙的时候,我常跟着他们到田边去,坐着看他们挑泥,莳秧,或割麦割稻,有时也帮着他们拾拾稻穗,踏踏水车,赶赶打水的牛大哥,照顾照顾孩子们;农闲时我就到他们家里去,看他们修缮农具编扎柴荐,搓

[①] 魏向炎:《回忆安义万家埠实验区》,《江西文史资料》总第14辑,1984年内部版,第138—139页。

草绳,有时也帮他们晒晒麦,喂喂鸡鸭牛羊,扫扫场地。他们上镇,我有时也跟他们进茶馆去喝茶,听听租米的"折价",谈谈各村的新闻。男人不在家时,我就找他们的老太太去,谈谈她们的家事,说说村里的苦景。……我不明白的事,我就尽量地请教他们,他们有不懂的地方,也尽量地来问我。因此,耳染目濡(原文),我就洞悉了农民生活的底蕴,我没有三番四覆地向农民调查,至多每年举行一次普通简单的户口调查,也是当地乡公所联合了乡农会、少年团等担任的,但是有许多就是调查也不容易明白的问题,我们却深深地了解了一切事业的感情基础,也因此牢牢地建筑起来了,更重要的,全乡的意趣也同时渐渐协调起来,而一致向上了。[①]

这时从实验区(农村服务区)创办者的角度谈农村工作的经验,十分接地气。他从感情和农村实际、农民需求的角度总结了相关经验,即指导者必须真切地与农民做朋友,听从他们的呼声和需求,帮他们解决实际的问题,方能取得一定的成绩。

五、农村发展实验的局限性

相比成绩,江西农村发展实验的局限性很大。从规模而言,实验区的范围相比广大的江西农村,仅仅是很有限的区域;从成效而言,实验区也没有达到救济农村、振兴农村的目标。从某种意义上说,实验区未能推动江西农村实现现代化,是不太成功的一次探索。

1. 农村实验区的诸多设想,偏离农村实际环境,很多举措都是知识分子对农村社会的理想勾画

20世纪30年代,中国仍处于半殖民地半封建社会,现代化建设在艰难中行进。江西作为典型的农业省份,其现代化建设遇到的挑战更大。这一时期,江西不仅与全国一样经济低迷,而且因处于"围剿"战争的中心区域,遭受战争的破坏更大。因此,江西的农村现代化之路坎坷,且因农村不具备现代化转型的各项条件,导致农村发展实验更加偏重理想化设置,

---

① 施中一:《服务中的农村生活》(1935年),卢广绵等:《农村工作经验谈》,第42页。

偏离农村实际，其成效锐减。

早在江西农村发展实验推行前夕，一些热心人士就明确警告：

我以为救济农村，暂可分为两个途径，就是形式与实际，如果单就形式着手，那也就无异东施效颦，不但不能收实效还要为人窃笑，在农民的本身上，总求不到涓埃的幸福，甚且在他们变法的过程中，有时还要给他们弄糟了，那时难免不为农民所詈骂，所以救济农村，必当从实际上做功夫，务要把农村的状况，考察得清清楚楚，然后再来寻出他们的通弊之所在地，研究他们的痛苦情形，与其所致之原因，方始从事整理的工作。对一切应革兴的事宜，总要妥妥贴贴，步步实实的做过去，这就是凡事从根本着想的意思。否则，徒然唱着救济农村的高调，不为农民求根本的解决，遇事怕烦难，遇事敷衍，哪能够救民于水火。①

他们的担心不无道理。江西农村发展实验确实未能脱离这一掣肘，与农村实际偏离，很多举措过于理想化。

就办试验田的农地而言，并非如此容易获得。"在农村里办实验农场真办不通，因为肯出让田地卖给农场的当然是大地主，大地主肯让卖的田地当然是较劣的田或地，较劣的田地就不能有实验的好成绩，没有好成绩就不足博得农民对于新耕植法和新种子能发生信仰，农民对于农场的实验失了信仰，一切的新种植法、农具及优好的种子皆不能推广。"②简言之，一方面农村发展实验的田地不易得到，往往无奈购买大地主的贫瘠之田地；另一方面因为实验的田地过于贫瘠所以容易导致无法呈现农业现代技术的先进性，无法向农民展示农场的示范作用。

从具体措施而言，各实验区也充斥着知识分子想当然的乐观主义观念，用他们貌似更加先进的理念去改造农村。例如，在万家埠实验区，强迫每保必须建设1个民众运动场，里面设跳远、撑高、举重、秋千等项目；提倡集体结婚和过元旦等新节日等。这类文化项目完全脱离农民的实际，与

---

① 乐平农业情况通讯员汪学富：《怎样救济农村》，《经济旬刊》第1卷第10—11期合刊，1933年。
② 汪锡鹏：《淳湖村村情》，俞庆棠主编：《农村生活丛谈》，第177—178页。

农村传统文化相差太远。

在临川鹏溪县政实验区，强迫农民建立乡村公园，种植花草，把家畜迁往村外饲养，人畜分离。这与农民的文化习俗、实际需要都是不相符的。

2.实验区的各项业务偏于形式，其实际成效大打折扣

实验区虽然在政治、经济、文化等三方面建立相应的组织，推行了相关的业务，但是很多都是偏于形式，与农民需求脱节，缺乏实质内容的展开。例如，虽然建立了民众运动场、文化公园，但农民参与运动的人数很少，因为他们忙于生计，根本无暇过这些休闲生活。虽然建立了妇女班、成人班等推行社会教育，但参加的人数与总人数相比，比例很低，且社会教育的质量也不高。虽然建立了各种农场，推广现代生产知识，但是因为化肥、农业工具等都需要资金购买，农民无力承担，导致农业生产的现代化也难以深入推进。

从黎川高寨洲实验区的妇女教育方面，可以看到这一点。该实验区妇女教育成效并不明显。这从妇女班的创办者讲述中体现出来：

我们费了两个礼拜的工夫招生，名单上虽然有了二十多位学生，但结果到的还是原来的五个学生。到十二月才渐渐加到十四个，可是内中有八岁的小姑娘，有四五十岁的大嫂嫂。她们的兴趣只在学手工，所以每天只有半点钟读书，其余的时间都学手工。我们原定每天下午二至五时上课，可是有时候她们到三点钟还没有吃饭，所以使她们按时上课，是当时最困难的问题。我们只好不按钟点上课，学生什么时候来就什么时候教。

即便是第二次招生，妇女班的人数和教学质量并没有质的提高。"旧历新年过了，趁着还在农闲的时候，作第二次开学。这次我们不去招生，任其自来，只报告给老学生，于二月廿二在第二保文林郎开妇女班。开学时，有学生廿二人。但十二岁以下，八岁以上的有十四人，乃编为幼女班，其余八人编为妇女班。因着妇女工作人员的缺乏，第一保高寨洲妇女班，于四月底才开学，有学生十四人，后渐增至廿二人。这时学生的兴趣渐渐移到读书方面，每天下午有一点半钟手工，一点半钟读书。课程又加了音乐、

常识、图书、国语，注重写读。"[1]也就是说，由于农村问题较为复杂，一种新的教育形式尤其是妇女教育要在农村推广并非易事，往往要经过漫长的过程才能显出成效[2]。显然，江西农村实验区仅维持几年时间。在这么短的时间内，实验区要想取得非常好的成效，事实上也不可能。

曾在丰城从事农村服务区工作（后改为实验区）的刘大作从总结经验的角度谈了自己的感想。他说道：

到农村去做工作，是要"工作者"的本身对于农民和他所处的环境体贴入微，相机利用。所谓有农村工作经验的人，到处是机会，随时可运用。不然专靠理论上的文章，或者书本上或公事桌上所谈的——刻板式的办法，往往要遭失败的。先决的条件，只须把"心"献给农民，把材料准备充实了。只要不是"盲目"的干，不是一时"热情"的干，当你一跑到农村里去的时候起，任何时何事，都可抓来做你"预备做的工作"的中心材料——这种材料，决不是你预先带得来的。也不是你凭空想得出的；乃完全根据农民实际的生活问题，因势利导。有人说："一件事业的前途的命运，是在它开始的时候已经注定了……"这话确乎有它相当的立场。[3]

刘大作的中心意思是，从事农村实验的工作人员不要脱离实际，脱离农民的需求盲目地干。预先想好一切，带着一腔热情去实施，这是当时很多农村实验者表现出来的常见情况。刘大作的言论正是基于失败的经验，所做出的深刻总结。

3. 实验区的经费无定制，导致实验区的各项业务随时处于停顿或无法施展状态

实验区的开办需要巨额资金的投入，但江西财政的紧张导致对实验区的投入力不从心。由于无固定的大量经费投入，实验区的工作从一开始就

---

[1] 徐幼之：《第一年担任乡村妇女工作的经验》（1935年），卢广绵等：《农村工作经验谈》，第36—37页。
[2] 《据呈送省立浮梁师范学校附属小学失学民众调查表成人班及妇女班学生姓名表乞鉴核等情指令知照》（1948年），江西省档案馆藏，档案号J046-3-01388-0042。
[3] 刘大作：《我在冈上的开工》（1935年），卢广绵等：《农村工作经验谈》，第24页。

受到限制。

以万家埠实验区为例,实验区刚启动时每年经费约为14000元,其中农村改进社拨付7000元,龙津中学基金捐助5400元,仰公学会1600元。随着实验区业务的扩大,资金的投入需求更大,经费紧张的情况开始凸显。因为该实验区是熊式辉重点扶植的实验区,所以后来全国经济委员会、江西省教育厅、江西卫生处、江西农业院、江西农村合作委员会等机构每年补助5000元,由此实验区每年的经费增至19000元。[1] 万家埠实验区因有外来强大的财力和政治资源的支持,所以经费相对其他实验区充足。即便如此,万家埠实验区仍然还是经费紧张,仅在创办之时,熊式辉个人就捐助了3万余元。

与万家埠实验区相比,其他实验区在经费方面的问题非常凸显,往往导致办不下去的局面。以湖口走马乡实验区为例,它每年的经费来源主要是,江西农村改进社拨付150元;第七区区党部补助100元;江西省卫生处补助140元;湖口县地方补助130元;熊式辉捐助136元,共计656元。每年实验区的固定开支包括:员工工资280元、办公费40元、事业费336元,共计656元。该实验区没有自己的产业,产生不了的经济效益,完全依靠行政拨款,所以常常入不敷出,难以为继。[2]

从事实验区的农村教育者有着切身的感受:"任何一位教育指导都会叹一口气说,经费困难,师资困难,学生困难,无一不难。"[3] 这正是对实验区经费紧张的无奈感叹。

4. 实验区工作人员的素质参差不齐、人才流失问题等,影响实验区各项工作的成效

以江西农村改进社社员为中心,党政工作人员、省基督教协会会员等都是实验区工作人员。并且,不同的实验区创办者不一样,其工作团队就

---

[1] 江西省农村改进社万家埠实验区:《万家埠》,江西省农村改进社1935年印行,第72页。
[2] 万振凡、宋青红:《民国时期江西农村发展实验》,《古今农业》2005年第1期。
[3] 徐盈:《江西省农村改进事业全貌》,天津《大公报》1937年6月17日。

不一样，导致他们的工作重点、关心的问题也不一样，从而出现较大的质量偏差。

例如，万家埠实验区以江西农村改进社王枕心等人为领导，工作人员以改进社社员为主，有着相对明确的农村改进目标，加上熊式辉的亲自指导，所以万家埠实验区的成效相对显著。临川鹏溪县政实验区完全由县政府所办，基本体现政府意志，带有浓厚的强制性，所以行政命令式的工作方法比较普遍。

对实验区工作者个人而言，更是考验重重，能坚持者不多。例如，以提供农村发展实验技术指导的江西省农业院为例，他们的科研人员队伍非常不稳定。省农业院刚建立之初，一下子就吸引了国外留学的博士、硕士等高学历人才达20多名。但是因经费短缺、人才环境不佳等各项因素的影响，真正愿意留下来从事农业研究的人才并不多。[1]实际上，全国各地的乡村建设运动经验已经表明，运动领袖对农村运动的重要性。经验表明：知识分子到农村去创办实验区并不容易，其内心往往要经历各种思想斗争，因为会遭遇到家庭的阻扰、村民的不理解、无尽的寂寞、经济的困难等。这些困难往往导致很多人停滞不前，甚至放弃农村服务工作。仅有一部分人能够持之以恒地坚持做下来，"愿意终身投在农村的怀抱里，去追求那真实的人生意义"。[2]

5. 农民对实验区的不理解，导致很多工作无法开展

农民生活在一个相对封闭的社会。即便是20世纪30年代，现代文明已经悄然进入农村，但传统的生产生活方式仍然占据绝对的主导。在这种环境下，农村发展实验要在农村扎根，面对的困难可想而知。其中，最大的困难之一就是农民对实验区的不理解、不合作。

全国各地乡村建设运动者已经告诉世人"领袖固然重要，可是领袖是与群众对待的名词；没有群众，根本就无所谓领袖。有了一个或几个领袖

---

[1] 聂志平、曹国庆、傅琼：《民国时期江西农科院校教育变迁研究》，《农业考古》2013年第6期。
[2] 施中一：《服务中的农村生活》（1935年），卢广绵等：《农村工作经验谈》，第40页。

想改造这地方的农村,但是一般农村民众还是蒙昧无此感觉,则其工作一定非常滞涩甚或不会有结果。许多地方的工作,所以没有积极的表现和伟大的成绩,我以为没有注意到这一点的关系是很大的"。因此,各地农村工作者时刻要注意:"无论任何一种动作,必待农村民众普遍的自觉之后,才会发生广大的力量,乡村才会有活气、才会整个地动起来;否则总是一个人拉着几个人干,多数人袖手旁观;或竟仍为乡绅运动土豪式的运动,事实于农村只有更坏。"[①] 概言之,农民运动领袖虽然重要,农民也同样重要;假如农民对这一运动不认同、不支持,即便是在农村强迫推行建设运动,但其改造农村的成效必然难以达到。

江西农村发展实验已然证明了这一观点。刘大作讲了他在丰城县第一区冈上村创办实验区的经历。刚开始进村的时候,农民对他们的到来非常疏离、客气,"他们分明是不愿意和城里来的陌生人接近"。农民对实验区兴办者的目的抱着怀疑态度,"他们自然很稀奇我们的来,并含着怀疑的表情。随在那是左顾右盼,交头接耳,都在表示他们要发现我们的究竟,到底是干什么的?"为了打消农民的疑虑,他们"就随时随事都和他们恳切的说笑,用瞧得起他们的态度,解答他们对于我们事物上的问题或藉事告诉他们有趣味的新知识"。经过一段时间的努力,"我们要修改庙宇祠堂为公共事务的场所,以及提倡各种建设的事项,都在这种友谊谈心里面一步一步的进行着""农民自己的田,甘愿拿出来做农场,用他们自己的力量,来改进他们自己的生活"。[②]

实际上,很多工作者"起初实在有些穷于应付",不要说教育、劝导,就连接近农民"也颇非易事",所以"工作进行时常因此碰壁"。[③] 农村发展实验亲历者的讲述最具感染力。施中一说道:

当我初到乡间时,因自维学浅而拼命硬读的初步的农村社会学,农业经济学,乡村教育原理,合作原理等书,一时总是无机会应用。所带去的

---

① 孔雪雄编著:《中山文化教育馆调查研究报告:中国今日之农村运动》,第7页。
② 刘大作:《我在冈上的开工》(1935年),卢广绵等:《农村工作经验谈》,第19—20页。
③ 施中一:《服务中的农村生活》(1935年),卢广绵等:《农村工作经验谈》,第43页。

不少以前读过的书,长期地高高搁置着。因为我好用心思,所以一踏进农村,许多被发觉的农民生活上的问题就意想不到地纷纷涌上心来,去一个,来一个,去一个,来十个。我常常感到所有技能的不足应付而烦闷。有时我总算能乐观,聪敏,把自己的思想暂时跳出问题的侵袭,冷静地来观察一下,但是那一团乱麻似的农村问题常叫我彷徨,不知如何下手。我的多年的农村工作,实在就是在一堆不断演进的农村问题中讨生活。等到这些演进的问题中呈露出流通农村金融,乡村自治组织,乡村儿童,成人的教育等需要与可能的时候,那一团乱麻已经有了头绪了。①

施中一的讲述非常生动、具体,呈现了刚开始推进农村实验的时候工作人员所面临各种问题的慌乱无措状态。农民问题并不是简单的、固化的,而是变动的,实验区创办者"感到所有技能的不足应付而烦闷"就是这种问题频繁出现的心情写照。常见的情况是,实验区领导者、指导人员所学的理论知识难以在农村、农民中运用,必须寻找新的思路、方略才能找到解决答案。

上述其局限的原因主要是基于实验区本身而言,从根本上而言,江西农村的问题复杂,远非实验区在几年时间的努力所能解决,且在半殖民地半封建社会的中国,江西农村发展实验始终未能在改变这一根本社会性质的情况下进行。这决定了实验区的实践始终是细枝末节的改变,不可能推动江西实现农村现代化。对此,时人有着比较清醒的认知:"农村运动决不是一个区域里的小范围的运动,亦决不是仅仅所谓增加生产发达教育的运动而已。农村运动者的意义,要是局限于一个小范围的环境改善为止,则其工作的徒然性甚大,殊谈不上'民族''国家'或'复兴''建设'等等的意义。"②

---

① 施中一:《服务中的农村生活》,卢广绵等:《农村工作经验谈》,第44页。
② 孔雪雄编著:《中山文化教育馆调查研究报告:中国今日之农村运动》,第4页。

第六章 近代江西农村合作运动

中国农村经济日趋没落,农村和农民问题成为中国现代化建设和农村经济振兴发展的中心问题。乡村建设运动就在这一时代背景中悄然兴起,其中农村合作运动就是其重要内容。江西也顺应了这一历史潮流。在20世纪三四十年代,江西省政当局努力推进农村合作运动,视其为恢复和振兴江西农村经济的重要举措,反映了他们在江西农村经济建设中的努力。在这一历史进程中,江西农村合作运动逐渐递进,由点及面,由小变大,波浪式的向外扩展,实现了数量上的突破,但从质量上而言,出现了制度文本与实践成效之间的大落差,未能真正扭转江西农村经济不断衰落的总体格局,体现了这一运动的局限性。

一、农村合作运动的基本历程

自鸦片战争以后,中国就开始沦为半殖民地半封建社会。与这一社会性质相一致,农村经济未能摆脱这一根本制约,在日渐衰败中沉沦。近代江西农村经济也是如此。在乡村建设运动的浪潮中,江西省政当局在不触动土地私有权的前提下,发起了农村合作化运动,以恢复和振兴江西农村经济。这一运动从20世纪30年代延续至新中国成立前,时间跨度长,体现了江西省政当局推动江西农村经济恢复和发展的持久恒心,以及江西农村合作运动的重大影响。

(一)江西农村合作运动的起因

江西农村合作运动的缘起与农村经济救济相连。之所以要救济,是因为近代农村经济萎靡不振、农民生活生存危机加剧,"我国农民之生活,据一九二三年十月至一九二四年三月间华洋义赈会调查较沃之田地,每五口之家最少需十五亩至二十亩,始能维持生活。其较劣者,则需三十亩乃至四十亩。如此推算,平均每人所必需之耕地应为四亩至五亩。又乃据近人刘大钧氏之中国农田统计,每人平均只得耕地三亩四分,而张心一氏则估计为二亩九分七,若按前定之标准分配,其不敷也甚巨。且在沿海及内地各省每人仅得一二亩或不足一亩者"。① 其调查表明,若要满足农民生活需求,人均耕地需要四五亩,然中国大部分省份农民的人均耕地都不够生活所需,以江西为代表的内陆省份人均耕地仅一两亩。

在以耕地经济为主的江西,人均耕地不足必然导致经济的不振和农民生活的困难。实际上,江西各县的土地调查也表明,虽然各县人均耕地有所差异,但农民人均耕地不足的现象普遍存在,这是农民生活难以保障的主要原因之一。② 并且,土地产量不高,价格也不高,农产品对外贸易低迷。以 20 世纪 30 年代初的江西金溪县为例,田地每亩一季收获量高者则 3 担,中者则 2 担,下者则 1 担,"谷每担平常价格约三元之谱"。然而,"农村经济,全赖米谷活动。每年只能敷衍"。③ 在这种情况下,农民来自耕地的收入就极为有限,生活非常苦。

很多到江西农村实地考察的人包括学者、经济界人士、政府官员等对此深有感触,他们深深觉得:"眼前的农村,谁都知道苦到极点了! 遭遇匪劫的地方,他们的苦楚,固然用不着说,就是没有遭遇匪劫的乡村,他也是要衣不得衣,食不得食,可怜农村里的同胞一个个都带着闷沉沉的要死模样,哎! 整个的农村,一朝就弄到这般地位,在农民的命脉上,将何以求生存呢?"④ 对农村"苦到极点"的评价可谓一针见血,道出了江西农村经济的衰落、农民生活的百般苦楚。这显然不利于农村经济的向前发展、

---

① 贺明缨:《"匪区"田地分配方法与解决业佃问题之研究》,萧铮主编:《中国地政研究所丛刊:民国二十年代中国大陆土地问题资料》,第 37125—37126 页。
② 《南昌墨山村土地利用调查》,《经济旬刊》第 3 卷第 6 期,1934 年。
③ 傅莘耕:《江西财政厅田赋清查处实习金溪"匪区"调查报告》,萧铮主编:《中国地政研究所丛刊:民国二十年代中国大陆土地问题资料》,第 86117—86124 页。
④ 乐平农业情况通讯员汪学富:《怎样救济农村》,《经济旬刊》第 1 卷第 10—11 期合刊,1933 年。

军政当局的统治和农民的生存等。

农村经济的没落之状引起了各界的高度重视,直接推动了农村合作运动的产生。各界对江西农村的情况进行了广泛的实地调查,其目的之一就是在充分调查的基础上,帮助江西解决农村、农民问题。在调研基础上,他们直言:"如不思补救之方,则农村经济势必立将全遭破产,然则休养生息之计焉能着手进行,欲不扰民而民自扰矣。武装保甲,普及教育,民众俱无暇顾及矣。且地方政府岁收大减,而支出大于昔日,前途之危险,不可言状也。"[①]要言之,在他们看来,如果没有农村经济的振兴,不仅保甲制度、农村教育无法推行,而且政府的税收也无法正常征收,政府的财政支出无所来源,从总体上影响民众趋向和政权的稳定。乐平农业情况通讯员汪学富更是向省政当局公开呼吁,应该在江西大力倡导农村合作。在他看来,农村合作是农民自救的唯一方法。通过合作,农民可以自己做商人,自己做主,免除中介组合的剥削,再不受中介组合的操纵了。[②]

在农村经济现实的压力和各界人士的共同呼吁之下,遵从南京国民政府的指示,江西省开始把农村合作纳入农村救济的重要举措。同时,江西农村合作也受到乡村建设运动的影响。20世纪二三十年代乡村建设运动遍布在全国1000多个地区,参与者包括民间团体和社会机构等,他们的共同目的就是救济贫弱的农村,帮助农民摆脱愚昧、贫穷。在现实需求和思想潮流的共同影响下,江西农村合作运动由此开始。

江西农村合作事业的酝酿始于1928年。其时江西省建设厅鉴于合作事业在中国的兴起,认为它能够兴农救国,所以特意选派一批学员到江苏省农矿厅主办的合作社指导员养成所学习,其目的是待其学成回省后,作为推行江西农村合作事业的先锋。这些学员当年毕业回省后,就立即被建设厅委派为江西农村合作的指导员,从事宣传设计工作。然而,因为省建设厅领导人的人事变动、省政府未投入精力等,江西省农村合作事业并未

[①] 傅莘耕:《江西财政厅田赋清查处实习金溪"匪区"调查报告》,萧铮主编:《中国地政研究所丛刊:民国二十年代中国大陆土地问题资料》,第86127—86128页。
[②] 汪学富:《怎样救济农村》,《经济旬刊》第1卷第10—11期合刊,1933年。

落实。1930年下半年，国民党军开始向江西的中央苏区、赣东北苏区等地发动第一次"围剿"，企图消灭中国共产党和红军。自此，江西"围剿"红军的战事开始严重起来，加上财政困难，江西农村合作工作再次搁置。

延至1931年夏末，蒋介石亲自驻赣指挥"围剿"战争，间接为江西农村合作运动带来了契机。鉴于之前"围剿"战争过于侧重军事的缺点，这次蒋介石特别注意政治与经济方面的跟进，推行善后救济。因此在党政委员会之下设置了地方赈济处，文群任处长，负责办理地方善后的专责。文群认为，"与民更始，实非救助农民，复兴农村不可"，所以把"农村合作"视为善后的主要工作。由此，"本省合作事业，实于此时开展其伟大之前程"。① 但此时，地方赈济处对农村合作的领导，更多的是从思想宣传、政策制定等方面进行方向性引导。

从制度设置而言，地方赈济处作为早期江西农村合作运动的领导机关，具有明显的过渡性质。它对江西农村合作的展开进行了初步的规划安排：

首先，关于农村合作运动的目标，"第一在安定农民之职业，第二在扶掖农民入于经济性之组织"，即两个主要目标，一是安定农民，帮助农民生产；二是促进农民加入经济组织中。

其次，关于农村合作的区域和对象。南昌行营作为指挥"围剿"战争的指挥中心，地方赈济处也围绕这一任务而展开，因此它的赈济区域和对象主要是所谓"剿匪区域"（即中国共产党建立的苏区）和该区域的农民。它认为，苏区是"乱之策源地"，因此要实行消灭共产党的革命斗争，必须要救济农村。其主要方法在于进行农村合作，以健全农民组织，改善农业经济，提高农民生活。

再次，关于江西农村合作的指导者。鉴于农村合作"在本省实属创举，既无先例可循，成材复不敷用"，地方赈济处在筹办合作之初，除了充分利用江苏合作训练所毕业学员20余人外，并于1931年8月设立江西省农村合作指导员训练所，文群兼任所长。该训练所第一期录取学员110人，

---

① 江西省农村合作委员会编印：《江西农村合作事业概况》，1934年内部印行，第1—2页。

学习4个月，1931年11月举行毕业考试，及格者计102人。这些学员成为江西农村合作运动的重要领导力量。后来，又引用了1933年豫鄂皖赣四省农村合作训练所毕业的学员。①

最后，规划设立农村合作金融机构，极力促成豫鄂皖赣四省农民银行设立。地方赈济处认为，农村经济没落，农民金融过于缺乏，而要兴办农村合作，极为重要的方法就是政府必须以资金扶助其发展，使合作社的金融活动起来。这样才能真正取得农民的信任，使合作社成为真正自助互助的组织。鉴于此，地方赈济处在筹办农村合作之外，计划设立农民银行，可惜因九一八事变，未能开办，最终促成豫鄂皖赣四省农民银行建立，作为农村合作金融机构。②

地方赈济处对农村合作运动的前期酝酿和相关措施，是江西农村合作运动的先声。它的机构设置和统筹安排，为全省农村合作运动统一领导机关——江西农村合作委员会的最终建立奠定了前期基础。但从现有资料来看，地方赈济处对农村合作运动的实际领导有限，它的工作主要停留在对农村合作运动的规划设置方面。

（二）江西农村合作运动的正式启动与兴起

江西省农村合作委员会的成立具有标志性意义，是江西省农村合作运动开始的一个标志性事件。对省政当局而言，农村合作正式成为六项省政之一加以推行，具有了省政实施的重要性。自此，江西农村合作运动依次展开，不断扩大合作社的规模，成为江西农村重要的经济建设运动。

江西省农村合作委员会的设立。1932年3月1日，鉴于地方赈济处属于军队系统，不利于全省范围农村合作的推广，以熊式辉为主席的江西省政府专门设立江西省农村合作委员会，原地方赈济处处长文群任委员长，统一领导全省农村合作事业。就组织系统而言，江西省农村合作委员会属于省建设厅直接领导。③此时，农村合作的重要性提升到新的高度，"农

---

① 江西省农村合作委员会编：《江西农村合作事业概况》，第4页。
② 江西省农村合作委员会编：《江西农村合作事业概况》，第5页。
③ 《本府定于本月二十一日实行合署办公令仰遵照由》（1934年9月16日），江西省档案馆藏，档案号 J023-1-00365-0001。

村合作，为六大要政之一"。江西省农村合作委员会"成为政府行政机关，经费亦有充分之筹给者，实亦政府考社会需要而认农村合作为必须推行之要政也"，即在省政治体制中，江西省农村合作委员会是省政府行政机关，由省政府直接提供活动经费，其主要目的是落实政府振兴农村的指示。

应该注意的是，江西农村合作运动并非是单一的政府推动。实际上，除了政府提倡和领导，社会人士、各团体也积极参与其中，如南洋义赈总会驻赣事务所也积极办理江西农村合作。但总体而言，江西省农村合作委员会指导兴办的农村合作是主体。

省农村合作运动的推动者、指导者——农村合作指导员的规训。为了有效推进农村合作，省农村合作委员会注意合作指导员的培养和训练。一般在派遣指导员时，恐其工作经验不足，对法规、政策等未能彻底了解，特召集合作学员举行预习会两周，以资实验探讨，答疑解惑。这些指导员被派遣到各县之后，江西省农村合作委员会依据农时划分工作时期，每期制定工作实施纲要，每周编印注意事项，随时指示地方农村合作的工作技术并解答疑问，使指导员有所遵循。且于每年7月间农事较忙，指导员对外工作稍可结束之际，江西省农村合作委员会立即召回他们，举行农村合作工作的讨论会。如，1933年、1934年共举行两次讨论会，互相报告工作情形，详举困难问题，作实际的批评与决策，"使指导工作，可臻于至善至美之领域"。[1]

江西省农村合作的基本策略。江西省农村合作委员会根据农村经济的实情，采取了先试办后推广的渐进策略。合作运动之始，省农村合作委员会按行政区划定第一区行政区8个县全部为试办县份，其余则以各行政专员所在地各县为试办县，再加水灾区域不与试办县重复者有7个县，共计27个县，为江西省第一期推行农村合作区。同时，江西省政府还委托华洋义赈救灾总会承办部分县的农村合作工作。与此同时，加大对试办县农村合作的指导。除了华洋义赈救灾总会承办县之外，省农村合作委员会从

---

[1] 江西省农村合作委员会编：《江西农村合作事业概况》，第13—14页。

1932年9月始派员出发新淦、高安、萍乡、武宁、临川、吉安、宜黄、余干等县进行指导工作。

按期规划，农村合作运动的具体实施步骤：第一阶段，派遣指导员指导农民创立各种合作社。第二阶段，则为合作社选拔职员或社员每年定期集合，就地施以短期训练，令其在社中执行业务以后，再为之说明原理，补习必需之知识与技能，养成其自动经营之能力，使能逐渐脱离指导员之指导，而成为真正自觉之农民。第三阶段，每一区域之合作社社务业务日益娴熟，完全由农民自动计划，自动经营，则不但每年定期之训练可由其自行主办，即指导员亦可不派，且将由已有合作经验之农民转而指导其邻近乡村，一致组织合作社，则为农村合作最后成功之一阶段。[1]

从农村合作运动的三个阶段，可以看出政府当局实施的渐进方略。其目的是以指导员为引导，逐渐锻炼有能力的农民会员负责合作社的运营，最后在不断增长经验的基础上，广大农民真正脱离指导员的帮助，自己独立负责合作社的运转。

江西农村合作运动的正式启动。与国民党军"围剿"江西苏区的军事斗争相配合，针对原苏区的"善后救济"也接着跟进，省军政当局把农村合作纳入善后救济中。1933年9月之后，省农村合作委员会奉南昌行营和江西省政府的指令对陆续收复的赣南苏区，逐渐办理"善后救济"。1934年10月中央红军在第五次反"围剿"战争中失败被迫长征后，国民党渐次恢复对原苏区的统治，至1935年上半年江西苏区基本被国民党重新统治。对国民党而言，江西全省成功实现"统一"。自此，为了统一全省经济建设，推动以"收复区"为重点的农村经济发展，省农村合作开始落实。1935年2月，在原中央苏区中心区域的宁都、兴国、于都、会昌、瑞金、石城、广昌7县，专门成立特派员办事处，"办理农村合作土地处理事宜"。[2] 农村合作运动中心借此而从"农村救济"转向"农村建设"。

---

[1] 江西省农村合作委员会编：《江西农村合作事业概况》，第11页。
[2] 王世琨：《南昌实习调查日记》，萧铮主编：《中国地政研究所丛刊：民国二十年代中国大陆土地问题资料》，第85007—85010页。

在省农村合作委员会和各级县政府、指导员等共同努力之下,数年之间江西农村合作运动广泛推进,成绩显著。(详见表6-1)

表6-1　江西省历年合作组织发展概况（1932—1947）

年代	专营单位社（个）	乡镇合作社（个）	各级联合社（个）	入社人数（人）	股金数（元）
1932年	193	—	—	—	—
1933年	452	—	—	13434	41001
1934年	1021	—	21	31468	129340
1935年	1632	—	37	87501	560620
1936年	2433	—	47	208627	1320675
1937年	5344	—	240	402231	2807396
1938年	7065	—	309	529870	3018821
1939年	8390	—	374	658714	4007675
1940年	9827	—	419	1157808	8675047
1941年	10161	309	418	1494900	12293208
1942年	10356	949	398	1535293	26340266
1943年	10692	1369	423	2682990	62570698
1944年	10475	1627	416	2312237	127433293
1945年	10121	1715	411	2470740	189837648
1946年	6691	1844	389	3079725	730168700
1947年	5842	1769	268	2982502	4069176922

资料来源：魏本权《20世纪上半叶的农村合作化——以民国江西农村合作运动为中心的考察》,《中国农史》2005年第4期。

从表6-1可看出,抗战前江西农村合作社的数量在持续增长中。以专营单位社为例,1932年组建193个,到1933年就增至1021个,1936年2433个,与1932年相比呈几何倍数的增长。入社人数也是如此,1933年13434人,到1936年扩大至208627人,增长15倍多。股金也是不断增长中。

对此初步成效,省农村合作委员会也颇为振奋。1936年11月1日,省农村合作委员会会长文群在合作运动专刊《江西合作》发刊词中十分自豪地说道:"自民国二十一年（'剿匪'）时期,经蒋委员长提倡,在（七分政治）口号之下产生后,迄今不过五年,合作组织已遍布全省,参加组织之农民,共达654000余户。合作业务则无论信用、利用、供给、运销、农仓等均经举办，如此迅速而普遍之发展者，在中国可算是没有先例。"①对江西农村合体运动的这一评价是较高的。即从1932年至1936年底的5年左右时间，江西农村合作已经实现了从兴起到快速发展的转变，合作组织规模实现量的突破，范围遍布全省，农户不断增加，各类合作组织也渐次设立，显示了农村合作运动的积极态势。

（三）江西农村合作运动的发展与最终落幕

1937年7月7日卢沟桥事变，全面抗日战争爆发。抗日战争改变了江西农村合作运动的进程，使其被迫转入战时体制。同年10月，江西省政府颁布了《非常时期江西合作事业工作纲要》，标志着江西农村合作运动正式由经济建设常态机制转入战时体制。值得注意的是，江西农村合作运动并未因战争而受到限制，反而成为合作运动发展的"黄金时期"，合作运动借战时政策开始全面与基层行政体系合流，合作化的倾向和局面已然形成。②

为了指导战时非常态下的全国农村合作运动，1940年8月9日国民政府颁布《县各级合作社组织大纲》。该大纲明确规定：县各级合作组织之推进，以乡（镇）为中心，先就每乡（镇）设乡（镇）合作社，并逐渐普及各保合作组织，以达到每保一社，每户一社员为原则。同时，规定了县各级合作社的组织系统主要为县合作社联合社、乡（镇）合作社、保合作社。也就是说，以"新县制"的推行为基础，改变了原有合作社的设置原则即主要以村、乡为单位的经济合作社；转而按照新的行政区划，试图建立保乡镇合作社——县合作社联合社——省合作社联合社三级合作社体系。

作为国民政府的重要辖区，江西省基本执行了其指示，把农村合作组织与政权系统融合一体。1941年8月8日，江西省政府按照南京国民政府的《县各级合作社组织大纲》的规定，颁布了《江西省各级合作社改组办法》，规定在两年时间内凡不合规定的合作社都要进行改组或解散，以适应"新县制"的改革。并且，为了配合这一组织体系的改变，1942年9月江西省农村

---

① 文群：《本刊的使命》，《江西合作》第1卷第1期，1936年11月1日。
② 魏本权：《20世纪上半叶的农村合作化——以民国江西农村合作运动为中心的考察》，《中国农史》2005年第4期。

合作委员会改组为合作事业管理处,熊在渭任处长。1943年7月,江西省合作社联合社在泰和成立。至此,江西省初步建立政治经济合一的合作体系。

抗战时期,江西农村合作运动全面铺开。至1941年10月,"各种合作社社数已达10075社,社员人数为1318234人,社股数为2379155股,社股金额为8803271元,若以每一社员代表一户,每户以五口计,则参加合作组织之人民,约达660余万人,几占全省人口1/2"。[①] 之后,合作社规模继续扩大。如表6-1所示,1942年全省设立的单位合作社达到10356个,乡镇合作社949个,各级联合社398个;1943年,专营单位社10692个,乡镇合作社1369个,各级联合社423个;1944年,专营单位社10475个,乡镇合作社1627个,各级联合社416个;1945年,专营合作社10121个,乡镇合作社1715个,各级联合社411个。入社人数从1535293人扩至2470740人。社的数量之所以在1942—1945之间偶有下降,主要是当时采取了裁撤合并等措施,扩大了社的规模,但减少了社的数量,所以总体是不断扩充的状态。

抗战时期,江西农村合作运动轰轰烈烈,在全国具有较大影响力,基本处于第一的位置,遥遥领先其他省份。江西的乡镇合作社、区联合社、县联合社、省联合社及其社员的数量占全国总数的比例较重。相比四川、河南、陕西、浙江等其他农村合作社发达省份,江西也是占据明显优势。(详见表6-2)

表6-2 部分省市单位合作社及合作社联合社对比(1944年12月底)

		全国	浙江	河南	陕西	四川	江西	江西占百分比(%)	江西位次
单位社	社数(个)	160229	4248	14196	8896	22473	10678	6.66	5
	社员(人)	15341730	800255	1370792	1147516	1902500	2266078	14.77	1
乡镇合作社	社数(个)	9697	803	764	765	644	1543	15.91	1
	社员(人)	3902485	402257	245273	377049	278581	1277244	32.73	1
区联合社	社数(个)	991	31	29	9	186	306	30.88	1
	社员(人)	13434	345	378	150	4830	2438	18.07	2

---

① 熊在渭:《十年来之江西合作事业》,江西省政府《赣政十年》编委会编:《赣政十年》。

续表

		全国	浙江	河南	陕西	四川	江西	江西占百分比（%）	江西位次
县联合社	社数（个）	369	28	8	28	4	118	31.98	1
县联合社	社员（人）	7472	616	174	628	65	1871	25.04	1
省联合社	社数（个）	5	—	—	—	—	4	80	1
省联合社	社员（人）	107	—	—	—	—	107	100	1

备注：原表数据中的错误，笔者作了调整。

资料来源：《各省市单位合作社概况表》《各省市合作社联合社概况表》，社会部合作事业管理局统计室编印《合作事业统计资料》1944年12月底内部印行。

江西农村合作运动走向终结。南京国民政府忙于发动内战，无暇也无能力进行经济建设。在国共两党内战不断升级，日渐激烈的情况下，江西也同样卷入内战中，农村合作运动走向没落。其突出表现是农村合作社的数量开始减少。例如，相比1945年，1946年全省各种单位合作社减少3430个，各级联合社减少122个。

不过，因为抗战时期合作组织的规模已经很大，所以即使遭受挫折，江西农村合作社和社员的数量仍然很多，在全国占据凸显位置。截至1948年5月，江西省的乡镇合作社共1735个，社员人数为2372852户；全省的专营合作社共计4153个，社员人数共608538户；全省的综合性县联合社71个；全省的专营县联合社53个。[1]从人数和覆盖面来看，"以每个农户规模为4.5人计算，则加入乡镇和专营合作社的人数达到1340万人，超过全省人口的84%"。可见，20世纪40年代（直至国民政府在江西的统治结束）江西农村合作运动具有明显的"合作化"运动的倾向，政府当局试图把全体民众纳入合作组织，建立保乡镇合作社——县联合社——省联合社垂直系统的合作组织体系。[2]

---

[1] 《江西合作通讯》第3卷第1期，江西省合作事业管理处编，1948年5月30日，内部发行，第13—19页。

[2] 魏本权：《20世纪上半叶的农村合作化——以民国江西农村合作运动为中心的考察》，《中国农史》2005年第4期。

1948 年之后，随着中国共产党在解放战争中占据主导地位，开始战略反攻，国民党被迫步步防守，日益被动，其统治也在飘摇之中。在此背景下，江西省政府无心推进农村合作，江西省政府两次裁减合作行政机构和人员，由此江西农村合作运动开始萎缩。1949 年 5 月中国共产党解放南昌，标志着国民政府主导的江西省农村合作事业的终结。

二、农村合作的主要内容

江西农村合作运动的主要内容是以信用合作社、利用合作社、供销合作社等为组织基础，把农民组织起来，围绕农民经济生活中迫切需要解决的问题为中心，实施相应的合作。各类合作社组织承担相关的职责功能，主要包括信用、生产、供给、运销、公用、消费、利用、农仓、救济贷款等。在这些合作社中，以信用合作社为绝对主导，以贷款为中心，救济和发展农村经济。

（一）以农村合作社为组织基础

农村合作运动以合作社为组织基础，通过合作社发挥农村合作的相关作用。

农村合作社的种类随着时代的变化有所调整，但总体而言，江西农村合作社的种类主要包括信用合作社、利用合作社、供给合作社、运销合作社、简易合作社等，并承担相应的合作内容。具体如下：

1. 信用合作社

信用合作社是农村合作社的主体，主要承担农村金融流通的功能，解决农村传统借贷的高利贷问题。各地在经办过程中，也会适当扩大或调整其经营范围。对此，江西省农村合作委员会这样说道："信用合作社除办理社员储金，存款及放款外，并有试营供给，运销或利用业务者——如购买肥料，公卖粮食，及办理粮食储押，筑堤，养鱼，植林各种业务，'虽名为信用合作社，实超过信用范围'。"[①] 也就是说，信用合作社以金融功能

---

① 江西省农村合作委员会编印：《江西农村合作事业概况》，第 27—28 页。

为主，也适当兼做其他业务，以适应各地农民的其他需求，尽可能帮助农民提升经济生产能力。

1932年3月江西省农村合作委员会成立后，不少有识之士提出要救济农村，应该注意用政府的力量救助农村借贷，改变农民常年遭受高利贷盘剥的不合理现象，使农民能够减轻生活的沉重压力。他们指出："救济农村，首先要以设立金融机关为扼要之图，查各地的民众，处着这个匪徒标掠，天灾流行的当儿，经济方面，固当困难得不堪设想了，可怜农村里的同胞，一遇到'床头金尽'的时候，便往往要向营业家移借，到后来以货作抵，致使土货的价格，因被其垄断，低到成本以下这样，农村该受多少损失呢？如果，成立了这种金融机关，他们便可以不稀罕营业家的前移后偿，农产利益，也就可以由此提高了。"① 在其看来，没有钱，农民的生活、生产无从谈起。给予农民直接的贷款帮助，最为急切和必要。正是基于这样的考量，信用合作社在农村合作运动中处于中心地位。

实际上，这一理念在江西农村合作运动发起之时就已经明确下来。1933年初，即农村合作运动一年之后，以江西农村合作委员会为主导的各类合作社成立了431个，其中，"信用合作社占最大多数，分布于25县之中"。② 仅1932—1933年的情况看，江西农村信用合作社和社员数量的增长较快。（详见表6-3）

表6-3　1932—1933年江西省农村信用合作社概况

时期	合作社数量（个）	社员数量（人）	自集资金（元）	贷出款数（元）
1932.12	—	—	—	—
1933.1	—	—	—	—
1933.2	7	205	454	—
1933.3	85	2243	4891	—
1933.4	142	4007	8761.5	—
1933.5	191	5529	12001.5	3349

① 乐平农业情况通讯员汪学富:《怎样救济农村》,《经济旬刊》第1卷第10—11期合刊，1933年。
② 《本省一年来合作事业》,《经济旬刊》第1卷（统计）第18期，1933年12月1日。

续表

时期	合作社数量（个）	社员数量（人）	自集资金（元）	贷出款数（元）
1933.6	212	6273	13886.5	9068
1933.7	250	7361	16390.5	19718
1933.8	269	7961	17614	31388
1933.9	303	8885	19341	40922
1933.10	317	9279	20011	49982
1933.11	400	11355	24480.5	52385

备注：表系根据华洋义赈会驻赣事务所合作社概要周报单制成。

资料来源：《本省一年来合作事业》，《经济旬刊》（统计）第1卷第18期，1933年12月1日。

从上表可知，1933年2月江西农村信用合作社仅7个，到1933年11月就增至400个，扩大了五六十倍；相应的是社员从最初的205人增至11355人，扩大至50多倍；资金也从454元增至24480.5元，扩大了50多倍；贷款也从3349元增至52385元，扩大了十五六倍。全面抗战后，随着全省合作运动的兴盛，信用合作社的规模更是达到高峰。

江西农村信用合作社的飞速发展，得到各界的热烈欢迎和高度评价。《经济旬刊》以《农村合作事业突飞猛进》为标题称赞了信用合作社的发展："本省合作事业，发展迅速，信用合作社与利用合作社，在农村颇得人民之信仰。国联技术专家，柏饶尔，郭乐诚二氏来赣考察时，曾盛赞本省合作社之成绩，对办理合作社者之精神，亦致钦佩。"[1] 可见，信用合作社、利用合作社不仅得到农民的喜欢，也得到外国专家的肯定，尤其赞扬其合作精神的发扬。

2.利用合作社、供销合作社

利用合作社也是江西农村合作组织的重要组成。利用合作社的业务主要为，购置抽水机、碾米机、铜犁、打稻机或共同购买耕牛、肥料，开办试验学校，购买家庭工业机具，或种植油桶、松杉，开垦荒地，修补圩堤等。

---

[1] 《农村合作事业突飞猛进》，《经济旬刊》（经济要闻）第1卷第18期，1933年12月1日。

这是基本规定，但是利用合作社的业务范围在各地有着适当的调整。

利用合作社的规模仅次于信用合作社。从 1932—1933 年利用合作社成立的情况看，利用合作社和社员的数量虽然无法与信用合作社相比，但总体上在持续扩大中。1933 年 2 月全省仅有 2 个利用合作社，到 1933 年 11 月增至 27 个，即 9 个月时间增长了 25 个。不过从社员数量和资金情况看，基本没有变动。①

供销合作社（供给合作社、运销合作社的统称）的主要业务是消费品的售卖，以减少中间商人的压榨。这一类合作社发展较慢。以供给合作社为例，从 1932 年 12 月至 1933 年 11 月的情况看，1933 年 3 月全省成立了 2 个供给合作社，1933 年 5 月增至 4 个，1933 年 9 月反而减少 1 个，仅有 3 个，此后 3 个的数量一直保持到 1933 年 11 月。社员数量一直保持在 168—211 人之间，资金也是在 374—464 元之间。截至 1933 年，运销合作社只有一家，系于 1933 年 11 月成立，仅有社员 33 人，自集资金 320 元。②

在供销合作中，粮食的供销最为重要。江西省农村合作委员会也非常提倡各县筹备粮食供销社，指出粮食为农村的大宗生产品，但是广大的贫苦农民常因需款太急，粮食不能待价而沽，商人乃能尽其乘机剥削之能事，所以农民粮食往往贱卖出售，损失甚巨。因此，粮食供销社"将农民社员粮食举行储押代运，俾得高价而估，而目前贷以相当之押金，周济其急需，其便利于农民社员者殊非浅鲜"。这样就避免了广大贫苦农民粮食贱卖和中间商盘剥的不合理现象。③

3. 简易合作社等其他合作社

简易合作社，相当于合作预备社，主要"办理灾农承借转贷事业"。1933 下半年，在国民政府的指示下，江西省政府开始在原苏区推行简易合作社，其目的是渐次恢复收复区的经济，救济贫苦农民生活。按照省政府的指示，江西省农村合作委员会于是决定，贷款生产资金给农民，同时"又

---

① 《本省一年来合作事业》，《经济旬刊》（统计）第 1 卷第 18 期，1933 年 12 月 1 日。
② 《本省一年来合作事业》，《经济旬刊》（统计）第 1 卷第 18 期，1933 年 12 月 1 日。
③ 江西省农村合作委员会编印：《江西农村合作事业概况》，第 29—30 页。

恐农民久经离乱，骤难纳入正轨，且因灾农需要救济之迫切，亦不能按诸合作社组织之常例逐步推进其事业"，于是"另筹便宜之计，对收复县区决定推行简易合作社，即合作预备社之组织，以便急速施行救济工作，并可资为正式合作社之始基"。简言之，简易合作社是合作社的预备组织，其意图是简化相关程序，快速贷款给农民，使农民及时得到救济。

按省农村合作委员会的规划，一到合适时机，这些简易合作社就要转变为各种正式的合作社。为了推动农村合作，救济农村，把农民组织起来发展生产，省农村合作委员会积极推动收复区各县简易合作社的设立。一年之间，宁冈、莲花、永新、万载、黎川、金溪、资溪、萍乡、德兴、宜黄、吉水、南城、南丰、崇仁、乐安、余江、贵溪、吉安、安福、永丰、万安、遂川、万年、信丰、安远、寻乌、修水、铜鼓、广昌、藤山、凤冈、洋溪、慈化、大汾、上饶、弋阳、铅山、横峰、泰如、峡江、乐平、浮梁、宜丰、上高、分宜新余等47个县区建立了简易合作社，"连同前规定之试办合作县份，计共七十二县区，约占全省面积百分之九十"。[①] 显然，一年之间建立47个县区简易合作社的速度是非常快的，反映了全省农村合作事业在量上的发展。

此外，也有一些地方办理了生产合作社等。这些合作社主要服务于农业生产，用于购置农业生产工具，帮助农民提高农业技术等。不过，相比信用合作社，这类合作社的数量比较少。

江西省农村合作委员会在其成立两年之后，对它推动全省农村合作事业的成就给予了充分的自我肯定。它自称：自1932年9月开始，省合作委员会积极派员到各县进行合作事业，"合作社之组织，实有长足之进展"。据其统计，省农村合作委员会直接指导及委托华洋义赈会指导成立的合作社，截至1934年8月底，共计923个。其中，信用合作社占93%强，利用合作社占6%强，供给与运销合作社则不及1%，社员总数有28985人，社员职业中务农者占92%，兼其他手工业者占6%，商学各界仅占2%，共

---

① 江西省农村合作委员会编印：《江西农村合作事业概况》，第12—13页。

认32929股，股款总数计87172元。此外，未核准成立登记的，还有60余个合作社。至合作预备社，截至1934年8月底，亦达1590个，社员1004772人。[①]（详见表6-4）

表6-4 江西省各类合作社的进展

类别	社数（个）			社员数（人）			股金数（元）		
	1932	1933	合计	1932	1933	合计	1932	1933	合计
信用	208	654	862	6395	18227	24622	21022	49047	70069
利用	25	29	54	1558	2324	3882	5105	9057	14162
供给	3	2	5	168	193	361	380	1810	2190
运销	—	2	2	—	120	120	—	755	755
统计	236	687	923	8121	20864	28985	26507	60669	87172

备注：1932年度系指1932年9月至1933年8月止，1933年度系指1933年9月起至1934年8月止。江西省农村合作委员会编印《江西农村合作事业概况》，第21—22页。

从其统计看，各类合作社数量不断增加。以合作社这一经济组织为基础，一些农民被组织起来，参与经济自救。与此同时，从各合作社的比例来看，信用合作社占据绝对主导。

（二）以合作贷款为中心内容

与农村合作相配合的是，江西省政府建立了农村合作金融体系。农村合作贷款是农村合作能够运行的经济基础。按照最初的制度设置，豫鄂皖赣四省农民银行为农村合作运动而提供金融服务。然而运行效果，并不理想。四省银行在制度上规定了贷款合作社办法，明确表示各种农村合作社经过既定的借款手续后皆得贷款，"凡愿向本行借款之合作社，须先填具借款申请书，送交本行，俟调查属实，经核定后，其详细手续，依照本行农村合作放款程序办理之"。但实际上它的主要业务不在于此，且放款手续极为繁琐，不利于合作社业务的推动。[②]1932年，鉴于豫鄂皖赣四省农

[①] 江西省农村合作委员会编印：《江西农村合作事业概况》，第18—21页。
[②] 《四省农行规定货款合作社办法》，《经济旬刊》第1卷第6—7期，1933年。

民银行成立后主要业务并不专门为农村服务，很少贷款给合作社，所以江西省政府决定另外设立新的合作金融机构。其合作金融体系主要为省、县、区、村四级，最上级为省合作金库，次为县合作金库或信用合作社联合社，再次为乡镇的信用社联合社，最后是以村为单位的信用合作社。[①] 在此基础上，江西农村合作社的贷款业务开始发展起来，从而在资金上支持合作事业的展开。

1. 合作社贷款的相关规定

关于合作社以贷款为中心的原因，在于农村经济的振兴需要资金的支持。近代中国农村贫困已达到极点。据中央统计处的调查结果，全国人民半数系借贷度日，且多困顿于高利贷之下。故今日推行农村合作，非有巨大放款，不足以助长合作社之发展，并解救农民社员之困厄。

关于合作社的贷款方针，则根据农民的需要而定。农民所需的款项包括长期放款如购置土地及生产上重大设施，短期放款如临时急需等。尤其是短期放款，系农民需要融通之款，区域深广，需用甚急，数额不大，且次数甚多。农村合作社的放款主要满足农民的短期借款，因此放款方针"以适应频，零遍，急，为第一义"。[②]

关于合作社的放款利率问题。针对传统借贷的高利贷现象，合作社的贷款尽量降低农民的经济负担。江西省农村合作委员会规定合作社放款利率，"普通规定为月利七厘，使转贷农民可喘息一时，易于恢复原状。然又不能因此阻碍都市资金自由流入，故采用逐渐增加办法，每年递增五厘，使合作社农民经过相当年限与积余之后，方可接受市场利率之借款，而扩大农业之生产。故本会对于放款方针以低利入手，逐渐增高，使与市场利率相衔接"。[③] 即以低利率开始放贷，慢慢增加利率，并与市场利率尽量靠近。这就决定了它不是彻底废除高利贷，而是短暂的缓和。

关于合作社放款的监督问题，江西省农村合作委员会也予以规定，以

[①] 江西省农村合作委员会：《江西省合作事业报告书》，第209页。
[②] 江西省农村合作委员会编印：《江西农村合作事业概况》，第14页。
[③] 江西省农村合作委员会编印：《江西农村合作事业概况》，第14页。

确保放款的安全。站在政府立场，它必须对合作社的放款进行全面监察：首先是检查合作社的组成，即合作社必须是具有合作信仰与相应业务的健全组织；其次监督合作社的款项用途必须与合作社的业务紧密相关；最后随时监督社员的腐败问题。"贷放款项，乃为促进社务业务之一手段而已。且放款目的亦不但求其安全，且应谋借款用途之切实与发生效用。故重在监督用途，与防范职员之操纵徇私。"所以，农民贷放事务，主要由江西省农村合作委员会直接掌理，监督合作款项的发放和使用。[①]

2. 江西省合作金库成立前的农村合作贷款

在这些制度规范基础上，江西省农村合作委员会大力发展农村合作事业，积极推进农业贷款。

在江西省合作金库成立前（即1932—1937年），农村合作的贷款方式主要是江西省农村合作委员会与各银行签订贷款合同。江西省农村合作委员会曾经划定南昌、玉山、广丰、上饶、铅山、横峰、弋阳、贵溪、余江、新建、宜春、萍乡、南城、南丰、宁都、光泽、黎川等17个县为中国农民银行直接贷款区；划分吉安、吉水、永丰、临川、崇仁、乐安、东乡、新淦、丰城、乐平、浮梁等11个县为中国银行直接贷放区；划分永修、彭泽、德安、九江、瑞昌、湖口、都昌、鄱阳、进贤等9县为经济部农本局贷放区；划分武宁、修水、石城、德兴等29个县为江西裕民银行办理农村贷款区域。[②]

根据1934年9月江西省农村合作委员会的统计，自1933年5月至1934年8月底止，连同委托义赈会贷放款项，共计有319593元（连区联合会放款共为335493元）。在此31余万余的放款中，信用贷款（信用合作社的贷款为主）占总数268825元，其用途多属购置耕牛、农具、种子、肥料。其中，购置耕牛约30%，农具约20%，种子肥料约占35%，余部15%为购置粮食及支付工资等用。利用贷款（即利用合作社的贷款）占总

[①] 江西省农村合作委员会编印：《江西农村合作事业概况》，第16—17页。
[②] 曾耀荣、张玉龙：《民国时期江西农村合作金融问题研究（1927—1949）》，《赣南师范学院学报》2009年第2期。

数 29250 元，用以购买设备新式农具、灌溉排水用器、手工业用具，及经营山林园地副业，暨修筑圩堤，而修筑圩堤贷款约占全数 50%，购置新式农具、灌溉排水用器、手工业用具共约占 30%，经营山林园地副业及设备耕牛约占 20%。供给贷款（即供给合作社的贷款）占总数 2238 元，用以供给日常用品，油盐布匹于社员。运销贷款（即运销合作社的贷款）占总数 1200 元，兼营粮食储押贷款占总数 18080 元。[①] 从其贷款用途和贷款重点来看，主要用于购买农业工具、修缮水利等，以振兴农村经济，促进农业生产。

这些用途实际上直至江西省合作金库成立前夕也改变不大。以信用合作社为例，它主要办理放款，"由江西省农村合作委员会核放信用合作社借款，以便各社员购买耕牛肥料种子之用"。至于利用合作社，放款目的在于"购置仓库，装设抽水机，及举办畜牧等项之用"。[②]

3. 江西省合作金库成立后的农村合作贷款

1935 年 1 月，江西省农村合作委员会正式制定了《江西省合作金库暂行条例》，筹划成立江西省合作金库。但是由于省政府财政困难等原因，省合作金库没有能够及时成立。1937 年 4 月 1 日，江西省合作金库正式成立。成立伊始，它就宣布"是为全省合作金融之枢纽"，并表示将来省合作金库将成为"全省合作社自主自营自享之金融机构"，并与各县合作金库协同合作，为农村合作发生"领导协进之作用"。[③]

为了推进农村合作金融之发展，扩大业务，江西省合作金库于 1938 年秋在各县普遍设立通讯处，负责办理各级合作社的贷款申请和核放、催收贷款以及查账等工作。这在全国属于创新之举措。[④]

---

① 江西省农村合作委员会编印：《江西农村合作事业概况》，第 31—32 页。
② 周炳文：《江西临川实习调查日记》，萧铮主编：《中国地政研究所丛刊：民国二十年代中国大陆土地问题资料》，第 85697—85700 页。
③ 社会部合作事业管理局：《三十二年各省市合作事业工作报告》，内部印行，无出版时间，第 17 页。
④ 江西省农村合作委员会：《江西省合作事业报告》，1939 年内部印行，第 212 页。

江西省合作金库成立后，江西省合作金库与中国农民银行、中国银行、江西裕民银行、农本局、江西省农矿工商调整委员会等共同构成江西农村合作的农业贷款机构。农村合作贷款方式由江西省农村合作委员会与各银行签订贷款合同，转变为省合作金库与各银行签订透支和转抵押合同。也就是说，中国农民银行、江西裕民银行等金融机构的农村合作贷款通过省合作金库投放。由此，省合作金库成为江西省农村合作贷款的核心。

江西省合作金库的贷款业务发展较快。1938年12月，全省农村合作贷款总额达到1564余万元，其中省合作金库的贷款为1115万元，占比71.28%；中国农民银行贷款269万元，占比17.20%；中国银行贷款158万元，占比10.22%；其他机构贷款占比1.30%。[①]

至于农业合作贷款的用途，则主要依据合作社的种类分为信用、利用、供给、消费等方面，便利用农民的生产、生活、消费等各方面，以纾解农村金融之苦。

从1938年12月前江西省农村合作贷款的主要用途中可窥一斑。（详见表6-5）

表6-5 至1938年12月江西省合作贷款分类统计

单位：元

种类	放出金额	占总额比	种类	放出金额	占总额比
合计	15429842.83	100%	信用	4374308.72	28.35%
供给	420755.54	2.73%	生产	575024.26	3.73%
运销	1739971.09	11.28%	公用	485529.13	3.15%
消费	395418.65	2.56%	利用	576118.86	3.73%
农仓	2954332.73	19.15%	救济	1588170.06	10.29%
区联	1404148.74	9.10%	县联	887364.39	5.75%
县金库	465630.56	3.02%			

说明：省农矿工商业调整委员会贷款、战地服务区贷款未包括在内，故合计15429842.83元与前文所引数据1938年12月省农村合作金库贷款总额1564余万元存在不一致

资料来源：江西省农村合作委员会《江西省合作事业报告》，第213—214页。

---

① 江西省农村合作委员会：《江西省合作事业报告》，第224—225页。

从农业贷款的统计表看出，农业贷款主要用于信用、生产、供给、运销、利用、消费等，其中信用贷款、运销贷款、农仓贷款、救济贷款总占比达到69.07%。这充分显示了江西农村合作运动的目的在于恢复发展农业生产，救济农民生活。

从农村合作贷款看出，江西农村合作贷款的发放具有一定的规制，并不是随意发放，而是进行了相应的监督。合作贷款的发放机构从省农村合作委员会与银行合作，转为设立专门的金融机构——省合作金库，体现了体制上的进步。但是从贷款数额来看，对于广大有贷款需求的农民而言，仍然远远不够。

三、各县农村合作运动的展开

江西各县在省政府的指示和合作指导员的具体帮助下，相继展开农村合作运动。不同县因具体情况不同、执行力不同，所以在兴办农村合作社的节奏、速度、方法等方面都有所差异。但总体而言，大部分县尽力落实江西省政府和省农村合作委员会的指示，承办了合作事业，尤其是抗战时期基本所有的县都兴办了农业合作组织，共同构成江西农村合作运动的历史图景，也在一定程度上反映了农村合作运动存在的一些问题。

（一）农村合作社在各县的分布

自1932年江西省农村合作委员会成立以来，它就按部就班地推动各县进行农村合作运动，尤其在试办县份着力较多，积极派合作指导员直接来到县政府指导工作。与此同时，随着乡村建设运动在全国的广泛兴起，各县对农村合作运动也抱着乐见其成的态度，较为认真地进行该项工作，因此也取得了一些成绩。

这一积极态势在农村合作运动初期就开始呈现，同时也始终伴随着不同县域之间的差异。至1933年，即合作运动开展一年之后，南昌、进贤、瑞昌等3个县就已办起农村合作社。在南昌县，该县东西北区地势低洼，连年水患，经常出现三年两不收的情况，农民生活贫苦，农村经济异常困窘；中南部平坦沃土较为富饶，但金融权操于少数富户之手，而一般农民仍受重租和高利贷之痛苦。因此，南昌县在义赈会的推动和省农村合作委员会的指示下较早响应农村合作运动。1932年，义赈会在南昌县的水灾区域，曾组织互助社75个，共计贷赈济款31000余元，"同时宣传合作，期其达到自救之目的，自是合作空气，日形浓厚，农民对于合作亦渐信仰"。自1933年1月开始，各种农村合作组织开始建立，一年左右就组建了中徐乡、北岸乡等46个信用社。此外，还有一些已准立并登记的合作社共计28个。与南昌濒临的进贤县，地境处于赣东，教育既不发达，而经济亦感贫困。在农村推行合作运动，"颇受农民欢迎"。在办农业赈济时，该县共组互助社67个，贷放赈款共25900元，1933年对这些合作社进行了改组。在瑞昌，原为"义赈会驻赣事务所推行合作之县份"，后改为农村合作委员会的试验区。合作指导员对该县农村合作进行指导后，1933年在官田村成立了利用、信用、运销等多功能兼具的合作社1个，社员74人，社股500元。在业务方面，因资金不足，合作社主要经营利用、信用二部，"将来苟资本扩充，有发达之希望"。[①]

显然，各县的差异还是很大的，其中南昌因地理位置、政治地位等优势，农村合作事业发展最快，反之，瑞昌因为资金不足等原因，合作事业起步较慢。从总体面貌来看，展现了积极向上的发展态势。

截至1934年8月，即江西省农村合作委员会成立两年多以后，它就把农村合作事业推进到20多个县。从有关调研情况看，以占主导地位的信用合作社为例，每县超过50个合作社的有武宁县、临川县、高安县、新淦县、南昌县等5个县；在30—40个合作社之间的县份有湖口、永修、新建、鄱阳、安义、九江、彭泽、清江、进贤、都昌等10个县；在10—29个合作社之间的县份有余干、萍乡、东乡、靖安、奉新、瑞昌、丰城、星子、德安等9个县；在1—9个合作社之间的县份有吉安、广丰等2个县。可以看出，最高者武宁县70个合作社，与最低者广丰1个合作社，相差

[①]《农村合作事业突飞猛进》，《经济旬刊》（经济要闻）第1卷第18期，1933年12月1日。

70倍。① 这可以看出县份之间的差异,有中心区域与落后区域之别,但从总体发展趋势而言,农村合作在各县已有了初步基础。

以1933年后兴起的简易合作社为例,更可以微观考察江西各县农村合作社始终向前发展,但不同县之间始终存在较大差异性。(参见表6-6)

表6-6 各县合作预备社分布区域和数量(截至1934年9月)

县区别	成立社数(个)	社员人数(人)	县区别	成立社数(个)	社员人数(人)
黎川	69	6113	南丰	45	2644
金溪	65	6627	广昌	16	494
宜黄	44	2598	吉安	14	1175
资溪	38	1876	吉水	511	2981
南城	54	2513	永丰	61	3715
凤冈	31	1694	万安	53	3213
崇仁	25	1545	遂川	67	3591
乐安	41	1938	藤田		3648
安福	62	5113	余江	46	2571
大汾	3	165	贵溪	42	2363
宁冈	52	3917	德兴	27	2228
莲花	92	6880	安远	46	4197
永新	56	2596	寻乌	48	3886
万载	75	5054	信丰	38	3661
萍乡	79	2984	修水	40	2954
洋溪	32	2074	铜鼓	38	2897
慈化	60	2830	万年	40	2037
合计	共34县区,共1590社,社员共104772人				

资料来源:江西省农村合作委员会编印《江西农村合作事业概况》,第25—27页。

在政府的积极推动之下,简易合作社的规模逐渐扩大。截至1934年9月,各县成立简易合作社的实际情况为,34县区共建立了1590个简易合作社,社员共104772人,其中成绩优秀者如黎川县有69个简易合作社,金溪有65个简易合作社等。作为合作社的预备组织,简易合作社的大量

---

① 江西省农村合作委员会编印:《江西农村合作事业概况》,第18—21页。

建立为合作社的正式建立奠定了良好基础。

（二）各县农村合作的推进

农村合作化运动的具体落实在于开办各类合作社，把农民聚合起来，形成经济合力。各县在开办合作社的过程中，有着自己特定的推进步骤，故而取得的成效也有所不同。

以农村合作运动兴起较早的临川县为例，可知县域合作化运动的发展演进历程。在1933年之前，临川的合作化运动主要还停留在宣传阶段。当时的江西省政府派人前往临川各乡村宣传组织合作，但遭到农民的不理解和怀疑，"一般农民，反起疑惧，常以农村多设一机关，即多有一笔开销为口实，婉言以谢"。虽经多方努力，1933年"实际正式成立者，仅七处而已"。[①]之后两三年，仍然起色不大。但是进入1936年，由于省政府的高位推动和县政府的积极落实，合作运动真正实施。临川县成立了合作指导员办事处，斟酌各乡村实际状况指导合作化运动。根据周炳文的调查，到1936年，经由江西省农村合作委员会的亲自指导与临川县政府的推广，临川县合作社"日见发达，由近及远，合作之风化，开遍全县"。仅在1936年的一年时间内，"已呈准有案者"的信用合作社62所，利用合作社9所，区联合会3所，共社员2379人。

与此同时，临川也非常注意合作运动的相关设置，使其开展有章可循。具体表现：

（1）合作社社员的训练。临川各乡村的合作社一般采取"轮流派员，召集各社员会议，以合作法令规章，应用表格画类簿记记账规则等，向其解剖清晰"，其成绩为"现已受训练者，计五十七社，职社员共一千七百二十人"。也就是说，受训练的社员占社员总数的72.3%。

（2）各社业务的经营。信用合作社主要由指导员办事处劝导鼓励，"实行各种储金存款"，并在信用评定会议时，"许定社员信用程度，妥定偿还借款方法，审核借款用途，对于贫苦社员，尽先放款"。利用合作社则由

[①] 陈赓雅：《赣皖湘鄂视察记》，第6页。

指导员办事处"指导各社订立土地契约,代管社员土地,征收设备费,购置生产设备,开辟童山荒地,计划养鱼畜牧等项"。

(3)合作社的放款。信用合作社主要"由江西省农村合作委员会核放信用合作社借款,以便各社员购买耕牛肥料种子之用",1936年信用合作社放款总数9230元。至于利用合作社,放款目的在于"购置仓库,装设抽水机,及举办畜牧等项之用",1936年放款数2200元。[①]

全面抗战前,临川县农业合作化运动是江西农业合作化运动的一个缩影。应该客观地看到,与众多的农民总数相比,参加合作社的农民只是很小的一部分。

占很大比例的县域是在全面抗战时期才真正开办农村合作社。这与江西农村合作运动在抗战时期进入黄金期紧密相关。德兴县的农村合作运动就是如此,它在全面抗战时期才真正开办起来。截至1944年,德兴县总户数为14761户,总人口61162人,共组织乡镇合作社18个,保分社106个,社员共计12188人,社员家属人口数60716人,加入乡镇合作社的农户占全体农户的83.1%,加入乡镇合作社的社员占全体居民的99.3%。[②]

此外,江西农村发展实验区兴办的合作社具有一定的独特性。20世纪30年代江西农村发展实验区兴办的合作社,与一般县域开办农村合作的方法有所不同。实验区的合作事业紧密融入实验区的建设中,是实验区发展规划的一部分。不过,他们的目标基本趋同,都是为了重建江西农村社会秩序,为中国农村近代化寻求出路。全面抗战前江西农村实验事业逐步推进,由政府机关、社会团体、宗教组织等举办了临川鹏溪县政实验区、安义万家埠实验区、湖口走马乡实验区、黎川高寨洲实验区、南丰白舍圩实验区等5个主要实验区,及其他实验区。

1934年,在江西农村改进社王枕心的领导下,安义万家埠实验区成立

---

① 周炳文:《江西临川实习调查日记》,萧铮主编:《中国地政研究所丛刊:民国二十年代中国大陆土地问题资料》,第85697—85700页。
② 德兴市地方志编纂委员会:《德兴县志》,光明日报出版社1993年版,第125、400—401页。

了实验区办事处，开始兴办合作事宜。该区由江西省农村合作委员会成员长期驻扎指导，成立了万家埠保证责任农村合作总社，下设金融、贸易、生产各部，负责领导各项业务。在其推动之下，合作社业务发展较快，到 1935 年底，全试验区先后改组和成立各村分社 29 所、总社 1 所；社员共计 930 人，社股 1180 股，股金 1180 元。1936 年实验区进一步扩大，组织了保证责任农村合作社 36 社，社员共计 2986 人，社股法币 3847 元。在这些合作社中，有 23 个合作社开设了农仓业务，即社员可以把谷子抵押给合作社，以换取现金，达到借贷的作用。这项业务开展较为顺利，该年社员就押谷 10455 石，押款 15513 元。当年谷价每石较储藏时平均高 1 元多，社员通过这一项业务，获益 1 万多元。而且，总社经营的运销、供给业务也获得一定的发展。[①] 在临川鹏溪县政实验区，积极组织民众，当年就建立了 17 个合作社。1934 年由江西省特种教育处设立的南丰白舍圩实验区设立了民生合作社，供给本区学校用品和生活用品，推销农场和妇女纺织习艺所生产的产品。[②] 其他一些实验区也兴办了合作社。

从各县农村合作运动的开展情况看，江西各县农村合作运动的兴起并不是统一步伐，统一形式，而是呈现错落有致的图景。各县根据自己的实情，进行了相应的安排。从全省范围而言，各县农村合作运动的进展实施始终在省政府和省农村合作委员会的部署安排之下。

四、农村合作运动的实效与限度

江西农村合作社的发展数量和速度前文已具体叙述，充分表明江西农村合作运动成效显著，尤其在数量上已成较大规模，且与其他省份相比，江西的农村合作运动的成绩遥遥领先。这是量上的呈现。但是，实际效果主要应该看质上的表现。总体来看，各类合作社确实努力经营各种业务，取得了一定的成绩，但离救济农村、振兴发展农村经济、改善农民生活的

---

① 游海华：《早期农村现代化的有益探索——民国江西万家埠实验区研究》，《福建师范大学学报》（哲学社会科学版）2004 年第 3 期。
② 万振凡、宋青红：《民国时期江西农村发展实验》，《古今农业》2005 年第 1 期。

目标相差较远,且因政治及相关制度上的掣肘,江西农村合作运动的不足非常明显。

(一)农村合作运动的积极效果

通过兴办各类合作社,江西农村的面貌发生了一定的变化,呈现了相对积极的成效。具体表现:

1. 农业合作贷款进入农村社会,改变了农村传统金融的结构

在广大的江西农村,在漫长的历史长河中,传统借贷占据绝对主导,很少有现代金融的介入。但是随着农村合作运动的持续开展和深入,以合作贷款为中心的业务得以在各地广泛开展,从而改变了农村的传统金融结构。"农村获得的农业贷款大大增加。有这样广泛的农村金融机构资助农业发展生产,这是中国近代经济史上空前的进步。"[①] 以信用合作社为例,1937年5月,全省信用合作社2521个,到1940年底增至7685个。从贷款数额来看,从1933年到1941年,各级信用合作社为农村信贷提供的资金共计达到4014万余。[②] 这些合作贷款虽然不能完全满足农村资金缺口,但对传统借贷有较大的冲击。

2. 以合作手段在一定程度上恢复和改良了农村传统产业

江西是一个典型的农业省份,不仅有丰富的农作物出产,而且有历史悠久的茶、夏布、烟草、木材等手工业。这些传统产业既是江西农村经济的主要组成部分,也是农民经济收入的重要来源。江西持续多年的农村合作化运动为农村传统产业的恢复和振兴注入了新的活力。这也是省政府以积极的姿态拯救江西农村经济的主动作为。例如,1936年江西省农村合作委员会与省农业院共同制定了《协订宁茶改良办法》。该办法除了设立茶产量示范区、改良茶叶技术外,也把组织宁茶生产运销合作社作为拯救宁茶的重要手段,即充分激发合作的优势,在生产、销售等方面提供最好的

---

① 张静如、卞杏英:《国民政府统治时期中国社会之变迁》,中国人民大学出版社1993年版,第40页。
② 魏本权:《20世纪上半叶的农村合作化——以民国江西农村合作运动为中心的考察》,《中国农史》2005年第4期。

服务。仅以1940年为例，合作社制造的红绿茶就达到45000箱，价值达到430余万元，占到全省茶叶总值三分之一。[①]以夏布产销而言，合作社也发挥了重要作用。1936年以后，江西农村合作委员会积极推动布匹合作经营，1940年全省生产布匹达到7万余匹。

3. 改善了农业生产条件，在一定程度上恢复了农作物经济

农村合作运动的重要目标之一，就是不断改善农业生产条件，恢复农村经济。

根据1934年9月江西省农村合作委员会的报告，余干县的镇北等4个村的利用合作社修建了圩堤，解决了该区域长久的隐患，保障了稻田的灌溉。因为原来的圩堤倒败十余年，当地无力修复，这些村历年又受水灾甚深，于是几个村的村民联合起来，修筑长达十里以上之圩堤及石闸数处，"赖以保障之田地，不下万余亩，所增进之农业物，约在三四万石"。余干县的大湾、南关和临川县的竹溪等地建立的利用合作社，均置办了抽水机、碾米机，有效缓解了耕作中的灌溉难题、生产难题等。东乡县的塘坪下河等利用合作社也购买了钢犁、打稻机，帮助农民运用农作技术。其他合作社也同样发挥了作用。[②]在生产条件不断改善的情况下，以水稻为主的农作物经济在一定程度上得到恢复和发展。

4. 以合作社为基础，促进了农村中商品经济的活跃

与此同时，借助合作社的协调功能，很多县域的商品经济得到恢复和发展。

新淦（今称新干县）的白马运销合作社，1934年1月曾运销200余袋瓜子赴汉口销售。据该社报告，除一切运销、包装等项费用外，实得纯利益有300余元，分还社员，"社员莫不鼓舞欢庆"。供给合作社的进货、销货数量，因受资本与人才限制，发达虽不如何迅速，然亦初具规模。江西省农业合作委员会也曾致力于与华洋义赈会等部门合作，对于瑞昌的烟叶、

---

① 熊在渭：《十年来之江西合作事业》，江西省政府《赣政十年》编委会编：《赣政十年》，1941年12月。
② 江西省农村合作委员会编印：《江西农村合作事业概况》，第28页。

苎麻，湖口、彭泽的棉花，鄱阳的烟叶、莲子，临川的夏布、粮食，新淦的柑橘、瓜子，新建的瓜子、罗葡子，通过合作社运销各地，并促成不同区域合作社互相交易。至各县合作预备社，因人民受灾之余，生计穷困，其业务大都偏重于充实农业用品使其恢复生机，和整理耕地、供给日常生活用品。其社员除了经营农业资金外，还修筑圩堤，疏沟鍪塘，开垦荒地，办理公共贩卖，供给社员耕牛、农具、种子、肥料、布匹、盐油等需用品。"劫后灾黎，藉此已渐可恢复旧业，而谋生计之安全矣"。[①]

5. 帮助解决了农民生活中一些具体难题

各类合作社的重要任务就是帮助农民恢复发展生产，因此在开办过程中尽力解决农村生产中的一些具体问题。例如，江西农村合作委员会指导农村合作社在经营业务的同时，注意改变农村教育缺乏的现象，并做出了一定的努力。"凡比较组织健全或时间较长之合作社，因农民需要开会选举、记账、写信，报告种种事项，均感有识字之必要，故各社社员，时或自动发起组织农民夜学，要求理事或事务员担任教师。依各指导员报告不下百余所，更有组织合作讲习会者，此为推行合作以来特殊现象。"[②] 即帮助农民解决生活中记账等难题。

（二）农村合作运动的限度

如上所言，各种农村合作社确实帮助农民解决各种生产困难、生活困难，以及助力农民文化的普及，但是相比农民生活的贫困深渊，这些努力还是不够的。

1. 合作社的作用远不能救民于水火

即便在省会城市南昌，合作社数量和人数比其他县域要多一些，但与农民的需求、农民总数相比，仍是杯水车薪。1933 年南昌县设立了 58 个信用合作社，有 1863 个社员，2082 个社股，股金 2082 元；1 个利用合作社，有 188 个社员，488 个社股，股金 2440 元，共计 59 个合作社，2051 个社

[①] 江西省农村合作委员会编印：《江西农村合作事业概况》，第 28—29 页。
[②] 江西省农村合作委员会编印：《江西农村合作事业概况》，第 29 页。

员，8603元股金。但是供给合作社、运销合作社没有设立。① 与同一时期临川县只设立7个合作社相比，南昌县的合作社数量是临川县合作社数量的八九倍。即便如此，南昌县的农村经济仍然是萧条之状。② 全面抗战时期，虽然合作社的数量大大增加，覆盖的人数也越来越多，但它的政治作用远远超越经济救助作用。

就中心业务贷款的作用而言，也未必如设想的那样，能极大地缓解农民的经济困难，解决农村的高利贷问题。1933年，记者采访樟树县长程镇西，该县长直言农村合作社贷款对农民未必是福音，"华洋义赈曾来此放款三万元，因经乡下小土劣之上下其手，重利盘剥，结果农民反蒙其害，今春耕牛恐慌，即由于卖牛偿债故也"③。要言之，合作社贷款最终未必惠及贫苦农民，贷款往往被地主豪绅所侵夺，结果又再次伤害农民的经济利益。

2.合作社本身问题不断，大大减弱了其功能发挥

就合作社的运营本身而言，也始终问题不断。以借贷为中心的贷款业务难以为继，贷出的款较难收回。这既不利用于现代金融的推行，更不利于合作社的持续经营。对于收回贷款，江西省农村合作委员会在合作运动之初是抱着乐观态度的。1933年5月至1934年8月底，省农村合作委员会连同委托义赈会贷放款项，江西省合作贷款共计有319593元。各县合作社起初还款较为自觉、主动，"除遭受特殊灾害外均能按期交付"，收回贷款总数有38647.84元。由此，省农村合作委员会表示："此亦足证合作放款之稳固可靠，投资乡村者当可引为佳音也。"④

但是，这种最初的乐观并没有延续多久，还款困难的现象开始凸显。从1933至1941年全省合作贷还款的情况看，即是如此（见下表6-7）。

---

① 江西省农业院推广部编：《南昌全县农村调查报告》，第39页。
② 江西省农业院推广部编：《南昌全县农村调查报告》，第35—36页。
③ 陈赓雅：《赣皖湘鄂视察记》，第21页。
④ 江西省农村合作委员会编印：《江西农村合作事业概况》，第31—32页。

表 6-7　江西省历年度合作贷款收放金额统计（1933—1941）

年度	放出（元）	收回（元）	结款百分比	年度	放出（元）	收回（元）	结款百分比
1933	101395	8861	8.7%	1938	6285767	3267686	52.0%
1934	1039466	149147	14.4%	1939	9425509	6489473	68.9%
1935	2286672	729304	31.9%	1940	11614124	6857183	59.0%
1936	2025464	2107022	100%	1941	3410763	3382847	99.2%
1937	3954366	2920118	73.9%	共计	401143526	25911641	64.6%

资料来源：《江西省历年度合作贷款收放金额统计》，江西省政府《赣政十年》编委会编《赣政十年》1941年12月。

从表6-7中可知，1933—1935年连续三年收回款项的比率很低，其中1933年收回借款的比率只有8.74%，1934年只有14.35%，1935有所上升达到31.89%。之后，江西省合作委员会开始扭转局势，用强制手段提升还款率。1936年、1941年几乎全部收回借款。但其他年份的还款率基本维持在百分之五六十。从总体来看，还款率也是维持在64.55%。这样的还款率是不理想的。

1937年江西省合作金库成立后，因为业务过窄，除了放款外，其他业务拓展不利，所以资金来源有限。1937年，江西省合作金库的结欠率为67.5%；1938年结欠率为31.8%；1939年结欠率为7.9%；1940年结欠率为47.3%；1941年结欠率为23.2%；1942年结欠率为88.5%。[①]针对欠款难收问题，江西省农村合作委员会和省合作金库共同努力催收。其中，省农村合作委员会派人到各县，与各县指导人员共同催收欠款。省合作金库自身也做出了努力。为了资金运转灵活，省合作金库"对于到期贷款，努力催收，因时局关系，还款成绩欠佳"。[②]

3. 政府对农村合作运动指导的错位，导致与目标设定出现较大偏离

在政府层面而言，它对农村合作运动的推动是行政命令式，带有浓厚的强制性。尤其是抗战后，农村合作由农村救济转为农村建设之后，"合

---

① 文群：《江西省合作金库业务概述》，《中国合作》第2卷第10—12期，1942年6月5日。
② 梁庆椿：《江西省合作金库概况》，江西省合作金库研究室1939年印行，第35页。

作化"运动的倾向特别强烈，农民的自我觉醒、主动参与较少。这就导致了强迫式下的虚假数量增长迅速。并且与合作组织普遍推进之时，保甲制也得到强化。保甲制是国民党渗透国家权力的一个重要政治制度，"农村素无组织，近来省府极力推行保甲制度，诚足以使无组织之农村，一变为有组织之农村"①。合作组织与行政体系的紧密结合，固然有利于国家权力向乡村渗透，但对农民而言，其自主性受到了极大的遏制。1936年，秦柳方在《赣中的农村》中作了精辟的分析。他认为江西办保甲制最早，例如1932年10月丰城县就已开始推行，但保甲制给农民极大的威胁，尤其是各种摊派依赖保甲而不断增加，保长的权力得到膨胀，压迫农民严重。②

20世纪40年代，与"新县制"的推行相并进，江西省政当局转而改变思路，重点发展乡镇合作组织，偏离了合作运动发展的既定轨道。并且依靠乡村基层政权组织，他们对农民加入合作组织进行强迫的命令。它基本上没有给予农村基层社会以自主发展的空间，而是坚持"自上而下"的行政领导原则，显现的国家与基层社会之间的互动是一种错位互动。③这种强迫方法确实使新型基层乡镇合作组织得以大规模组建，多数农民被强行加入各种合作社，但导致"合作组织与基层行政组织的全面合流"，使得合作运动不再是单纯的农村救济和振兴，失去了它创办的初衷，合作社沦为国家权力向乡村社会渗透的经济政治组织。在此情况下，江西农村合作运动处于两难境地，而失去了发展的独立性、自主性。

个体的感受则真实体现农村合作成效的观感。1935年，农村合作业务的举办者施中一在其《服务中的农村生活》一文中谈到了他的经验。一方面，合作业务的举办者如果不了解农村、农民，则合作社根本很难得到农民的理解和参与。他说道："我们在二十世纪的学校里所得的新知识，一旦跑进那尚搁浅在十七八世纪的农村，那所学的无疑地变成了一把刃口未

---

① 《南昌墨山村土地利用调查》，《经济旬刊》第3卷第6期，1934年。
② 秦柳方：《赣中的农村》（1936年），俞庆棠主编：《农村生活丛谈》，第54—55页。
③ 魏本权：《20世纪上半叶的农村合作化——以民国江西农村合作运动为中心的考察》，《中国农史》2005年第4期。

开的钢刀。所以我相信不谙普通世故人情的人就不能真实地参预农村生活，也就无从真实地从事农村服务。"很多在农村从事乡村工作包括合作事业的人不能真实地参与农民生活，缺少对农民心理的认识，"因此只见许多人走入了歧途，而徒劳无功，同时还有不少人正在向着这种歧途前进"。另一方面，一些办合作社的指导员不能持之以恒，很多时候又未能得到当地政府的支持，且未得到农民的广泛参与，一些合作社业务无法真正开展起来。鉴于此，他由衷地感叹："许多许多说不完的问题，说不尽的郁悒。我已醒悟到农村问题的症结不全在农村的本身。在农村里，在农民的身上想找到彻底的解决，不啻'缘木求鱼'。"① 这多少触及了不改变土地私有制情况下的江西农村合作的局限。

与中国共产党的土地改革不同，江西农村合作运动因为并未改变土地私有权，没有彻底改变农民的土地拥有权，所取得的成绩只能是有限的，不能彻底改变近代江西农村经济的衰势。江西农村合作运动历经10多年，在组织规模上实现了从无到有，从小到大，从点到面的突破。但从实际效果而言，农村合作的一些成绩与农民救济、振兴的主要目标相比，差距较远，并且政府日益偏离农村合作的初衷，把其置于政治治理范畴之下，导致它的成效也大打折扣。随着国民党政权统治的终结，江西农村合作运动最终走向没落，也是必然的结局。

---

① 施中一：《服务中的农村生活》(1935年)，卢广绵等：《农村工作经验谈》，第45、48—49页。

结语

江西农村经济是中国农村经济的重要组成部分。近代以来，中国经济经历着现代化转型，但总体而言它仍然是以农村经济为主导。作为农业强省、大省，近代江西农村经济发展概况基本能反映中国农村经济的面貌，因此江西农村经济既具有地方性，也具有经济发展上的全国性意义。其重要性不言而喻。本书以宏观与微观相结合、理论与实践相结合、综合分析与个案分析相结合的多重视野，坚持以历史学为基础兼及经济学、统计学等其他学科的研究方法，综合运用江西档案、调查资料、民国报刊，国共两方面的文献汇编、书信等多方史料，从近代江西的农作物经济、农村传统产业的现代化转型、农业税、农村借贷、农村发展实验、农村合作化等六个方面，全面梳理这一时期江西农村经济的基本情况，论述在现代化转型中江西做出的地方回应，以及世界资本主义市场、帝国主义侵略、国内战争破坏、省政当局政策等各因素对江西农村经济的重大影响及其具体表现，并总结其历史经验。通过全面细致的研究，可以看出近代江西农村经济并不是单一的经济建设，而是与当时的政治、社会、战争以及世界格局、世界革命趋势等紧密相连。因此，它呈现了不一样的特征，体现了江西省政当局、国共两党、社会各界在推进江西农村经济发展上的积极努力。但是在帝国主义和封建军阀的压迫、省政当局尤其是国民党的软弱无力等掣肘之下，江西农村经济发展缓慢，其现代化转型包括各项农村运动的推进都极为艰难。

一、近代江西农村经济的性质

中国社会性质决定中国经济的性质，而中国经济的性质决定江西农村经济的性质。近代以来，半殖民地半封建的社会性质决定了中国经济具有半殖民地半封建的特征。近代江西农村经济也是如此。

鸦片战争后，中国一再遭受列强的侵略，半殖民地半封建社会的性质日益显现。1912年中华民国成立，中国虽推翻了几千年的封建王朝，但仍然处于半殖民地半封建社会，中华民族仍然饱受帝国主义侵略和封建专制的压迫，经济上同样受到根本压制。半殖民地半封建社会这一社会性质决定了中国经济包括江西农村经济的特征，并且这一社会性质决定了中国的发展始终处于战争与建设双线并进的处境之中。之所以说战争与建设同时并存，是因为近代中国始终处于帝国主义侵略、封建军阀混战、国共两党内战等战争环境下，它的经济建设不仅受战争进程、成败的影响，而且经济建设的内容、目标等也始终与各种战争的需求相连。

具体到江西，则表现得更加真实、生动、客观。江西在太平天国战争时期、北伐战争时期、土地革命时期一直是重要战场，尤其土地革命时期江西是中国革命的中心、国民党的军事中心，所以在这一长时间段里，江西农村经济的现代化建设始终在战争状态之下，与战争并存，为战争服务。例如，江西农村发展实验、农村合作化运动一方面固然是为了推动农村现代化，救济复兴农村，改善农民生活；另一方面也是省政当局落实国民党中央的指示，把江西打造成巩固的、可提供源源不断战费的后方，并且与政治建设相配合，把江西打造成模范的国民党地方政府。帝国主义侵略更是对江西农村经济的破坏性大，严重干扰了江西农村现代化转型的进程。江西农作物经济、传统产业没落的命运与帝国主义强势的经济侵略直接相关。全民族抗日战争后，这一表现更加明显。江西各地尤其是被日军侵占地区的正常经济生活被强行打断，现代化经济建设被迫中止。这是现代化建设在战争态势之下的无奈。

二、近代江西农村经济的基本特征

中国近代是一个风云变化莫测的时代。在这个时代，不仅各种思想竞相迸发，而且各种改革在全国试验。更应注意的是，它已经不是一个封闭的时代，而是在帝国主义的侵略下或被动或主动接受西方文明。在经济上，中国同样被卷入世界资本主义市场，按其规则进行运转，不得不进行现代化的转型。但是，中国延续几千年的农耕经济并不是一夕之间就能被取代，它是深深植根于农村的土壤和农民的生活、生产方式。这就必然造成中国农村经济的发展呈现出传统与现代并存的特征。

具体到江西，这一特征非常明显。江西是自唐宋以来著名的农业大省，以农立省，为历朝历代政府贡献了大量的赋税，是历朝历代政府重要的粮仓。江西广大农村把以稻谷为主的农作物种植作为最主要的生产活动。但是进入近代，中国经济的总体衰落，加上帝国主义的经济侵略，农耕经济已经日益无法支撑农民的生存和江西省发展的需要、频繁战争经费的需求等。在这种情况下，江西省政府试图推动各项农村改革，以改变江西农村落后的面貌。具体表现：在农作物经济方面，提倡用现代耕种技术，如使用化肥，科学防虫害、灾害，采取先进的灌溉技术，以提高农作物产量，运用现代化销售手段以提高销售价格等；在传统产业方面，提倡茶叶、烟草叶等种植的科学性，制作技术与世界市场需求接轨，并积极学习日本等国的做法，加强产业管理等；在农村借贷方面，积极学习西方，在农村建立银行、信用合作社等现代金融机构，以调剂农村金融方式，减少传统借贷的高利贷剥削；在农村发展实验方面，提倡以实验区作为农村现代化建设的试验地，进行政治、经济、文化等三位一体的农村整体改造，逐步推进江西农村的现代化建设；在农村合作化方面，倡导以各类合作社为基础，把农民组织起来，提高生产能力，改善生活状况，最终转化成农民自身蓬勃向上的生产力，从而实现农村的经济发展。这些主张和举措都是近代江西农村现代化建设的重要方面，显示了江西主动融入现代化转型的积极姿态。

但从总体而言，与全国农村的情势一样，江西农村经济仍然在传统范畴中艰难求存。相比现代化建设，大部分农村仍然主要维持传统的生产方式。即江西农村仍然延续着以农耕经济为主的经济模式，采用祖辈代代相传的经验累积式的生产技术；茶业、烟草业、夏布业等传统产业主要采用传统的制作工艺、销售技术等。省政当局虽然极力推动农村发展实验、农村合作化运动在全省各地推行，但从影响力和效力等方面来说仍然远远不够撼动传统经济方式。这就导致江西农村经济始终在传统和现代之间徘徊，且以传统占据主导。

三、江西农村现代化建设的努力

中国在漫长历史中坚持以农立国的理念，农耕经济延续几千年，农耕文明流进了中华文明的血液。农民在祖辈的代代相传中，传承着农耕种植的技术，投身于农作物的生产中，以农耕经济来维持自己的生活。"男耕女织"的美好画卷在鸦片战争后开始染上灰败之色，到20世纪30年代后农村经济衰势非常明显。"救济农村""振兴农村"等主张成为社会各界尤其是知识分子的呼声。正是在这样的时代背景之下，江西农村开展了前所未有的现代化经济建设，体现了以省政当局为主导的各方在推进江西农村经济振兴方面的努力。

鸦片战争后，面对被挨打的被动局面，清朝政府也曾试图在不改变王朝体制的情况下实行一些改革包括经济改革，例如当时影响较大的洋务运动。江西在这一时期也建立了农业学校等，但影响不大。自1913年江西省在北洋政府治理之下，到1927年底国民政府取而代之，在北洋政府治下的这十几年时间里，江西省政府虽然做了一些积极措施来改善农村经济，但是北洋政府的军阀反动性、江西财政常态化入不敷出等情况决定了这些措施收效甚微。江西农村经济在北洋政府时期衰落明显。

孙中山创立的国民党自一开始是以革命政党自立的，因此孙中山的三民主义等理论具有革命性，也具有较大的社会号召力。1924年国共合作，推动国民革命蓬勃发展。国民党也在革命中成长为中国第一大党。但是两党的革命理论、革命目标、革命道路到国民革命（也称大革命）后期产生了根本分歧，国共走向分裂。1927年蒋介石发动四一二反革命政变后，建立了南京国民政府，并在"宁汉合流"和北伐战争基本胜利后，形式上统一了中国，从而确立了对江西的统治。但是此时的国民党已经不复孙中山时期的革命性，它以消灭中国共产党和红军为代表的革命力量为重要目标。

与此同时，作为执政党，国民党必须站在自己的立场去施政，以维持和巩固它的统治。因此，在经济上进行改革，推进现代化建设是它施政的重要方面。党政军等各系统也吸收一批从国外学习先进知识的人才。这为江西农村现代化建设的推进奠定了基础。

以江西省政府为主导，基督教协会、赈济总会等社会团体参与其中，一些热心农村改进事业的知识分子广泛参与的农村现代化建设在近代江西延续多年。例如，修水茶场的创立，江西省农业院的创办，各地农业实用学校的建立，以教授生产知识为主的成人班的设立，安义、黎川、临川、湖口等地农村发展实验区的创办；持续一二十年的农业合作化运动的实施等，都是他们试图救济、振兴农村，改善农民生活的努力。

四、近代江西农村经济发展的局限性

自鸦片战争后，中国落后挨打的局面让国人十分痛心。全国都在为救济农村、振兴农村而不断努力，乡村建设运动弥漫全国，但是这些努力收到的成效并不明显，有着极大的局限性。

20世纪30年代江西农村经济改革就是如此，以省政府为主导，他们所采取的措施始终未能超脱国民党的一党专制思维，缺乏对社会力量尤其是革命力量参与江西农村经济改革的包容与支持，虽然偶有一些社会团体加入进来，但数量少而且对其工作缺乏有力的支持。在工作方法上，国民党各级政府采用从上而下的强制命令方式，缺乏政府与基层社会的良性互动、互通。在这种情况下，一些现代化建设的政策仅仅停留在文本层面，形式重于内容。

20世纪30年代，国共两党在江西展开了激烈的内战。对国民党而言，以江西为军事指挥中心，彻底消灭江西的中央红军，推进全国的"围剿"战争是其十分重要的任务，且是远高于江西经济建设的任务。在一切服务于战争和国民党统一的目标之下，江西省政府的经济建设包括救济、振兴农村的规划始终与国民党的战争任务相连。诸如，"收复区"（原苏区）善后救济的提出和实施就是这一战略的最佳例证。所谓善后救济，其根本目的在于救济、恢复被"围剿"战争破坏的原苏区的农村经济，使饱受战争破坏的农民能够恢复生机，获得生存希望。农村发展实验区、农业合作化等农村社会运动刚开始时并没有强烈的政治意图，但是随着"围剿"战争的推进和善后经济的实施，它们也先后被纳入善后救济的一部分。这是国民党中央和省政当局施加的重大影响。省政当局以强迫命令的方式开展江西农村社会运动，妄图以政党和政府的强大力量从上而下持续推进，并在最短的时间获得最好的效果。事实上，这是很难做到的。当局在现代化建设中缺乏有效的群众动员，导致农民参与的热情不高、主动性不够，甚至产生抗拒情绪。许多实验区的业务、农村合作社的开办虽然一时间通过强迫命令的方式取得了一些成绩，但始终停留在数字增加等量上的标准，在质量上始终未能真正提高。

从近代江西农村经济改革本身而言，也有自己的局限性。其突出表现是，受蒋介石在南昌行营严重干涉和战争频繁阻断等方面的影响，省政当局对经济改革并没有长远的规划，经常是阶段性地实施某一农村改革政策，加上很多政策到了地方又发生变异，或束之高阁成为一纸空文，所以江西农村经济发展始终未能平稳行进。比如，省政府曾命令各地规范农业税的征收，不准随意增加附加税，但是各县迫于财政压力或源于自身贪腐，随意增加附加税的行为仍然层出不穷。为了挽回江西茶业、烟草业、夏布业等传统产业对外贸易的衰势，江西省政府经济委员会等提出一些针对性的挽救政策，如加强政府调控、加大与外商的合作、适当降低税率、改良制造技术、建立茶场等，但是这些政策很难真正落实，时常被各种原因阻碍，变成昙花一现的历史文本。

从根本上而言，受制于半殖民地半封建的社会性质，近代江西农村经济的发展始终无法摆脱这一根本制约。这也是它不能真正取得实效，最终实现现代化改革的根本原因。江西农村经济是中国农村经济的重要部分。就全国而言，近代农村经济的颓势是普遍的现象，江西农村经济的衰败是一个缩影。与全国各地的情况一样，近代江西农村经济的发展改革始终不能脱离中国社会性质的根本影响，单纯地进行现代化的经济转型，而是始终与中国的主要矛盾胶着在一起。对近代中国而言，帝国主义侵略和封建军阀的专制从根源上压制了经济的发展，即不能推翻帝国主义、推翻封建专制，中国农村经济复兴是不可能的。近代江西农村经济的发展表明：帝国主义侵略不仅在战争上破坏中国农村，而且在经济上强势侵袭中国农村，摧毁了农民赖以生存的农耕经济、传统产业，阻碍了农村现代化的进程；封建专制更是阻碍了中国民主进步，使农民受制于各种条件的约束，无法获得自由，丧失了现代化建设的主体地位；清政府、北洋政府等封建专制政府的压迫和不作为，使中国农村经济更加惨淡。

五、近代江西农村经济发展的历史经验

近代江西农村经济的发展是一面镜子，为当代农村经济的发展提供了宝贵历史经验，更为当代江西农村经济的发展提供了历史借鉴。

1. 只有推翻帝国主义和封建势力的压迫，中国农村经济包括江西农村经济才有发展的前提和基础

社会性质决定农村经济的性质。近代江西农村经济被帝国主义、封建势力强行压制，发展受到根本滞碍。在半殖民地半封建社会，无论当局采取何种看似完美的规划设计，近代江西农村经济的发展总会被强行阻断，或收效甚微，导致它难以实现真正的现代化转型，达到救济农村、振兴农村的目标。其经验表明，只有推翻帝国主义和封建专制，中国农村经济才能摆脱束缚，独立自主地探寻自身发展之路径。这是解决中国包括江西农村经济问题的根源所在。

2. 农村经济的各项现代化改革必须在以人民群众利益为中心的伟大政党及其廉洁高效政府的领导之下，把各种力量聚合起来，齐心协力有序推进

近代江西先后在清末王朝政府、北洋政府、国民政府的领导之下，其中，清末王朝已是穷途末路，各种政治、军事、经济问题应接不暇，在江西所做的经济改革有限；北洋政府是封建军阀主政，江西的经济发展不可能成为其重点关注的内容。国民政府是以孙中山的三民主义为指导的国民党主政，但自蒋介石发动四一二反革命政变成为执政党后，开始丧失革命性。

以执政的立场，国民党在江西进行各项经济建设，没有从根源上解除帝国主义和封建专制的压迫，并且它没有把人民群众利益放在中心地位，加上党政内部腐败滋生，各项改革措施难以真正落地，更无法获得人民群众的真心拥护，导致许多改革举措基本沦为无执行力的空文。由于缺乏凝聚力、领导力，国民党及其政府无法将各种力量聚拢起来，实现改革的伟大合力。因此，江西农村经济发展始终是政府强制式的推动，没有迸发出由内而外的蓬勃发展力量。

与国民党形成鲜明对比的是，中国共产党自一成立就坚持立党为公的理念，始终把工农群众的利益放在首位，各种政策都以工农群众的利益为中心，并且能有效动员群众，把群众组织起来，听党指挥。以共产党为领导，江西苏区的各项经济建设能在人民群众的大力支持下顺利推进，且收到突出的成效。国共两党在这方面的根本差异最终决定了两党完全不同的政治命运。

3. 只有中国经济的总体振兴和江西经济的蓬勃之力，江西农村的现代化建设才有坚实的物质基础

近代江西农村经济发展中的诸多问题，是与中国经济问题融为一体的，更与江西经济的发展态势紧密相连。江西农村经济的衰落是全国农村经济败落的地方表现，也是江西经济总体衰势的主要方面。在全国经济萎靡和地方经济衰落状况下进行改革，显然是不容易的。因为没有强有力的物质支撑，江西农村经济改革难以持续。江西农村发展实验各项业务的停顿或无法施展，很大部分原因就是政府无法提供经费。江西传统产业现代化转型失败的重要原因也是如此，即各项新兴农场的兴办不可能完全依靠社会力量，必须以政府为主导，统领协调，并给予必要的经费支持，才能真正起到示范带头作用。

4. 江西农村经济的振兴必须在现代经济建设的伟大进程中寻找突破，并牢牢把握江西经济发展的地方特色

江西农村经济是全国农村经济的一部分，其发展汇入全国经济发展之中。但不可忽视的是，江西农村经济的发展也有明显的地方特色。因此，

江西农村经济的振兴必须在全国与地方特质之间，寻找平衡。即江西农村经济发展要在全国经济发展大局中寻找地方路径。近代江西农村经济发展提供了正反两方面的经验。近代江西茶业、烟草业、夏布业等传统农村产业的现代化转型失败即如是。它们一方面受全国对外贸易不断萎靡的影响，而呈现不断下降趋势；另一方面也是因为江西传统农村产业没有抓住江西特色，思想不开放，不能主动与市场经济接轨，因此相比其他省的创新探索，江西传统农村产业的没落更加显著。与之相比，江西农村合作化运动之所以在全国排在前列，是因为江西省政当局基于江西农业大省和国民党军事重地的认识，主动作为，力图救济振兴江西农村经济，以巩固和提升江西的重要地位。

5. 农村经济的现代化转型必须立足农村实际，符合农民的需求，做到内容与形式的统一，理论与实践的统一

近代江西农村经济的现代化转型尤其艰难。除了外在力量的分散、乏力，以农民为主的内部力量没有发动起来，是其重要原因。以政府为主导的强制命令，是自上而下的，是单向的。只有群众自动呼应，支持政府的改革，才能达到上下联动，政府与群众良性互动的目的。与此同时，因为行政命令式的改革，往往颁行的各种措施只注重形式，无实质内容，严重偏离农村实际，脱离农民生活，导致很多改革无法进行下去。农村发展实验区、农村合作化运动成效低就反映了这一事实。党政官员只想把他们对农村改造的美好设想推行至农村，忽视了与农民的互动，无法响应农民的呼声和急迫需求，动辄就用强制手段迫使农民服从。这样的结局只能是空有形式上的斑斓，而无内容上的具体展开，农村经济无法得到大发展。

参考文献

一、档案

《军事委员会委员长南昌行营广播无线电台关于农业常识材料在开播两日前送到的函》(1934年11月初)，江西省档案馆藏，档案号J061-2-00227-0033。

《为关于广播电台之报告奉谕由各机关派员轮流担任希派负责人员来厅会商办法由》(1933年10月17日)，江西省档案馆藏，档案号J023-1-01304-0001。

《案准委员长南昌行营政治训练处函以举办南昌社会调查请供给材料等由令仰遵照办理由》(1934年2月16日)，江西省档案馆藏，档案号J023-1-01411-0033。

《据呈转高安县电告选定直线碉堡地点数目转请鉴核等情指令随时催促如期完成由》(1934年4月22日)，江西省档案馆藏，档案号J032-1-00303-0093。

《为嗣后凡有大桥地点应赶筑桥头堡如因延误遭匪者以遗误论罪凡已成桥头堡应指派地方团队驻守并碉堡内储备一月以上之粮弹及燃料饮料希速办具报由》(1933年9月30日)，江西省档案馆藏，档案号J032-1-00327-0014。

《为据报告信河上游沿河驻军团队假借封锁名义私自抽收往来船只消费如果属实殊堪痛恨除分令外令仰查明严禁》(1933年8月)，江西省档案馆藏，档案号J032-1-00671-0390。

《为令饬所属各县遵照指定商店将电料药品等项集中经售严密考查勿

任偷运接济匪区由》（1933年7月），江西省档案馆藏，档案号J032-1-00671-0028。

《据修水黄县长电呈该县盐斤公卖由民众公筹股款余利充团队经费黄圃仪、徐贞干等冒名破坏请严惩等情令饬不准并饬注定团队的款由》（1933年7月15日），江西省档案馆藏，档案号J032-1-00671-0035。

《据呈复修水县黄县长以盐斤公卖为团队经费并严惩黄圃仪等冒名破坏一案已令饬不准并按月补助团款一千元等情令准备案由》（1933年8月），江西省档案馆藏，档案号J032-1-00671-0055。

《据修水县各区民众代表徐贞干、董策三等十七人呈控该县盐斤公卖筹备主任莫雪岷非法苛征请令县撤销公卖募收等情仰遵照查究具报由》（1933年7月2日），江西省档案馆藏，档案号J023-1-00671-0079。

《据监察员石先莹呈拟定将鄱阳划为封锁区并请组织健全水上巡查队以免偷运等情转令遵照办理由》（1933年7月），江西省档案馆藏，档案号J032-1-00671-0071。

《据呈复查明前余干县长程觉吾尚无勾结济匪情事呈请鉴核示遵等情指令准各所拟免予置议由》（1933年8月），江西省档案馆藏，档案号J032-1-00671-0298。

《为查政字第七八三号分饬查禁藉名抽往来船费一案迄今事将逾月未据呈复殊属玩延合行令催仰于文到五日内遵照前今各令迅速查报毋再遭延干咎由》（1933年9月），江西省档案馆藏，档案号J032-1-00671-0393。

《为据封锁视察员报称查出上饶县有人用小孩棺木运盐济匪等情除电令第四师从严处办并分令饬属特别注意外合亟令仰饬属随时防范不得稍涉疏忽为要由》（1933年9月），江西省档案馆藏，档案号J032-1-00671-0404。

《国民政府军事委员会委员长南昌行营赣江封锁督察处关于撤销丰城至三曲滩之间各检查卡的公函》（1934年11月29日），江西省档案馆藏，档案号J032-1-01020-0246。

《准中央组织部代电检发全国职业妇女调查表请查照转饬限期详实填

报等由函请查照由》(1942年1月),江西省档案馆藏,档案号J023-1-00964-0001。

《据呈送江西省社会处示范妇女救济所及妇女会筹委会及农会等员工清查表请鉴核等情指令知照由》(1943年2月16日),江西省档案馆藏,档案号J032-1-00542-0069。

《为规定省立各级小学一律设置民教部办理成人及妇女班并制颁学区失学民众调查表暨办理成人班及妇女班学生入学姓名表及毕业成绩表公式三种令仰遵照》(1948年),江西省档案馆藏,档案号J046-3-01388-0001。

《为呈送所在学区失学民众调查表暨妇女班、成人班学生入学姓名表乞鉴核由》(1948年6月21日),江西省档案馆藏,档案号J046-3-01388-0031。

《检送全国专科以上学校概况调查表两份函请查填迅予寄还由》(1947年12月5日),江西省档案馆藏,档案号J037-1-00050-0311。

《江西省政府关于转达农林部伪发动知识青年深入农村之推断及对策的代电、公函》(1946年1月28日),江西省档案馆藏,档案号J045-1-00926-0307。

《为明了各地妇女情况函请填具调查表送处呈报由》(1943年3月6日),江西省档案馆藏,档案号J045-2-01207-0231。

二、史料汇编

江西省社会科学院历史所、江西省图书馆编:《江西近代贸易史资料》,江西人民出版社1987年版。

江西省社会科学院历史所、江西省图书馆编:《江西近代工矿史资料选编》,江西人民出版社1989年版。

江西省农业院推广部编:《南昌全县农村调查报告》,1935年内部印行。

江西省政府《赣政十年》编委会:《赣政十年》,1941年内部印行。

江西省农村合作委员会编印:《江西农村合作事业概况》,1934年内部印行。

江西省档案馆等编：《中央革命根据地史料选编》，江西人民出版社1982年版。

江西省档案馆编：《湘赣革命根据地史料选编》，江西人民出版社1984年版。

江西省档案馆编：《井冈山革命根据地史料选编》，江西人民出版社1986年版。

江西省政府经济委员会编：《江西经济问题》，江西省政府经济委员会1934年版。

江西省、福建省文化厅革命文化史料征集工作委员会编：《中央苏区革命文化史料汇编》，江西人民出版社1996年版。

江西省妇女联合会、江西省档案馆选编：《江西苏区妇女运动史料选编》，江西人民出版社1982年版。

江西省妇女生活改进会编：《农村妇女抗战常识图说》，1939年内部印行。

江西省政府统计室编：《江西年鉴》，1936年内部印行。

江西省政府统计室编：《江西省农业统计》，1939年内部印行。

孔雪雄编著：《中山文化教育馆调查研究报告：中国今日之农村运动》，中山文化教育馆1934年修订版。

李文海等主编：《民国时期社会调查丛编》、《民国时期社会调查丛编》（二编）、《民国时期社会调查丛编》（三编），福建教育出版社2005年、2009年、2014年版。

宜春市地方志编纂委员会编：《宜春市志》，南海出版公司1990年版。

中央档案馆、江西省档案馆：《江西革命历史文件汇集》（第1—10册），1986—1992年内部版。

中国历史第二档案馆编：《中华民国史档案资料汇编》第2、3辑，江苏古籍出版社1991年版。

中国社会科学院经济研究所中国现代经济史组编：《革命根据地经济史料选编》，江西人民出版社1986年版。

中共中央党史研究室第一研究部编译:《共产国际、联共(布)与中国革命档案资料丛书》第7—12卷,中央文献出版社2002年版。

中共中央党史研究室第一研究部编译:《共产国际、联共(布)与中国革命档案资料丛书》第13—16卷,中共党史出版社2007年版。

中央档案馆编:《中共中央文件选集》(第1—10册),中共中央党校出版社1989年、1991年版。

中国人民解放军政治学院党史教研室编:《中共党史参考资料》第1—10册,1979年内部版。

中央教育科学研究所编:《老解放区教育资料》,教育科学出版社1981年版。

中共福建省委党史研究室等编:《闽浙皖赣革命根据地》,中共党史出版社1991年版。

萧铮主编:《中国地政研究所丛刊:民国二十年代中国大陆土地问题资料》,成文出版社1977年版。

陈赓雅:《赣皖湘鄂视察记》,申报月刊社1934年版。

俞庆棠主编:《农村生活丛谈》,申报馆1937年版。

张勖:《种苎麻法》,商务印书馆1934年版。

郝钦铭:《作物育种学》,商务印书馆1940年版。

李景汉:《北平郊外之乡村家庭》,商务印书馆1933年版。

行政院农村复兴委员会:《浙江省农村调查》,商务印书馆1934年版。

杨汝南:《河北省二十六县五十一村农地概况调查》,北平大学1935年版。

许道夫:《中国近代农业生产及贸易统计资料》,上海人民出版社1983年版。

万鸣辜编著:《江西旧地方志茶叶文献汇考》,江西科学技术出版社2019版。

章有义:《中国近代农业史资料》第2辑,三联书店1957年版。

三、报刊

《时事月报》

《大公报》

《东方杂志》

《经济旬刊》

《烟草通讯》

《申报》

《红色中华》

《新中华》

《独立评论》

《向导》周报

《妇女生活》

《法政月刊》

《民国江西日报》

《扫荡旬刊》

《江西合作》

《农村》

《江西教育行政旬刊》

《新赣南旬刊》

《江西妇女》

四、专著

北京经济学院财经教研室编:《中国近代税制概述》,北京经济学院出版社 1988 年版。

陈登原:《中国田赋史》,上海书店 1984 年版。

陈文华、陈荣华主编:《江西通史》,江西人民出版社 1999 年版。

陈文华:《长江流域茶文化》,湖北教育出版社 2004 年版。

陈文华:《中国茶文化学》,中国农业出版社 2006 年版。

陈东原:《中国妇女生活史》,商务印书馆 2015 年版。

黄仁宇:《十六世纪明代中国之财政与税收》,三联书店 2001 年版。

何友良:《江西通史·民国卷》,江西人民出版社 2008 年版。

李道和、陈江华:《江西省茶产业发展研究》,中国农业出版社 2021 年版。

罗平汉:《中国共产党农村调查史》,福建人民出版社 2009 年版。

杨奎松:《中国近代通史·内战与危机(1927—1937)》,江苏人民出版社 2013 年版。

岳谦厚、张玮:《20 世纪三四十年代的晋陕农村社会——以张闻天晋陕农村调查资料为中心的研究》,中国社会科学出版社 2010 年版。

许怀林:《江西史稿》,江西高校出版社 1998 年版。

许涤新、吴承明主编:《中国资本主义发展史》,人民出版社 2003 年版。

周育民:《晚清财政与社会变迁》,上海人民出版社 2000 年版。

中共中央党史研究室主编:《中国共产党历史(1921—1949)》,中共党史出版社 2002 年版。

[澳]费约翰:《唤醒中国:国民革命中的政治、文化与阶级》,李恭忠、李里峰等译,上海生活读书新知三联书店 2004 年版。

[美]史沫特莱:《史沫特莱文集:伟大的道路——朱德的生平和时代》,梅念译,新华出版社 1985 年版。

陈瑶:《传媒中的"私人空间":从〈妇女杂志〉看民国上海知识女性的家政生活》,《环球人文地理》2014 年第 2 期。

五、论文

白沙、万振凡:《民国江西农村集市的发展》,《南昌大学学报》(人文社会科学版)2003 年第 4 期。

陈爱中:《明清婺源茶商习俗采撷》,《农业考古》2001 年第 4 期。

程启坤:《中国茶文化发展 40 年》,《中国茶叶》2020 年第 4 期。

郝祥满:《晚清时期日本对华茶国际市场的侵夺》,《安徽师范大学学报》

（人文社会科学版）2019 年第 5 期。

侯建新：《二十世纪二三十年代中国农村经济调查与研究述评》，《史学月刊》2000 年第 4 期。

黄琨：《传统与革命之间：中共的初期乡村政权建设》，《党史研究与教学》2006 年第 3 期。

康静萍：《以全民创业为主线推动江西农村经济跨越式发展》，《江西社会科学》2006 年第 4 期。

金珠兰、杨芳英：《江西农作物碳储量估算和分析》，《广东农业科学》2011 年第 2 期。

靳炜伟、欧俊勇：《民国时期揭阳夏布海外贸易初探》，《武汉纺织大学学报》2019 年第 3 期。

秦燕：《1941—1942 年中共陕晋农村调查研究》，《党的文献》2009 年第 2 期。

李松杰：《抗战时期江西茶业改良和发展》，《农业考古》2014 年第 5 期。

李金铮：《二三十年代定县农民生活的考察》，《河北大学学报》1989 年第 4 期。

李金铮、邓红：《民国时期国外学者与中国农村调查》，《文史哲》2009 年第 3 期。

李三谋、方配贤：《民国高利贷与土地兼并》，《农业考古》1998 年第 3 期。

李芳祥：《三十年代初苏区农村调查与社会学的中国化》，《党史研究与教学》2005 年第 6 期。

刘玲：《抗战时期中共政权建构下的租佃关系与雇佣关系——以 20 世纪 40 年代张闻天在晋陕农村调查为个案》，《求索》2009 年第 4 期。

吕维新：《婺源茶商的形成与发展》，《农业考古》2001 年第 4 期。

彭雨新：《明清赋役制度的改革与官绅地主阶层的逆流》，《中国经济史研究》1989 年 1 期。

彭波、龙登高：《新民主主义革命时期土地制度变革中的资本问题——以中共农村调查为中心》，《中共党史研究》2012 年第 8 期。

隋福民、韩峰：《保定 11 个村人均纯收入水平与结构的历史变化（1930—1998）：基于"无锡、保定农村调查"数据的分析》，《中国经济史研究》2012 年第 4 期。

宋青红：《熊式辉与战时江西妇女工作：以江西省妇女指导处为中心》，《江西师范大学学报》（哲学社会科学版）2014 年第 1 期。

施由民：《清代及近代河口镇的茶叶贸易》，《农业考古》1993 年第 2 期。

孙志国：《江西茶类的地理标志与农业文化遗产保护》，《江西农业学报》2011 年第 4 期。

王立斌：《河口明清茶史考》，《中国茶叶》2005 年第 4 期。

万振凡、宋青红：《民国时期江西农村发展实验》，《古今农业》2005 年第 1 期。

魏本权：《20 世纪上半叶的农村合作化——以民国江西农村合作运动为中心的考察》，《中国农史》2005 年第 4 期。

吴红卫：《试论传统晋商的夏布经营——以晋商常家为例》，《江苏商论》2019 年第 4 期。

谢重光：《土地革命时期闽粤赣苏区的客家妇女生活》，《党史研究与教学》2005 年第 1 期。

袁太芳：《农业税的逐步取消对赣南经济的影响及对策》，《企业经济》2005 年第 10 期。

杨帅、蓝勇：《民国时期四川夏布业商号分布格局及变化》，《青海民族大学学报》2017 年第 2 期。

杨小松：《民国时期贵州烟草种植与影响》，《长江师范学院学报》2018 年第 5 期。

杨新刚、杨光华：《清末民国时期四川烟草业与地域社会经济初论》，《三峡论坛》2016 年第 1 期。

杨勇：《民国江西造纸业述论》，《江西师范大学学报》（哲学社会科学版）2001 年第 3 期。

虞文霞：《宋代江西茶业经济研究》，《农业考古》2017 年第 5 期。

余伯流:《中央苏区经济建设的历史经验及其启示》,《江西财经大学学报》2008 年第 3 期。

余悦:《中国茶文化研究的当代历程和未来走向》,《江西社会科学》2005 年第 7 期。

游海华:《早期农村现代化的有益探索——民国江西万家埠试验区研究》,《福建师范大学学报》(哲学社会科学版) 2004 年第 3 期。

周建新、曾过生:《20 世纪初期赣闽粤边区的客家社会与文化——以毛泽东中央苏区时期农村调查为中心的探讨》,《江西师范大学学报》(哲学社会科学版) 2013 年第 1 期。

朱虹:《抢抓"一带一路"新机遇,推动江西茶产业转型升级》,《江西社会科学》2015 年第 10 期。

曾飞:《中央苏区税收的历史地位及其局限性》,《当代财经》2006 年第 2 期。

曾耀荣、张玉龙:《民国时期江西农村合作金融问题研究(1927—1949)》,《赣南师范学院学报》2009 年第 2 期。

章士美、龙成昌:《江西农作物害虫分布情况的初步考察》,《华中农业科学》1957 年第 6 期。

章梅芳、李倩:《〈妇女杂志〉与民国女性的科学启蒙》,《妇女研究论丛》2016 年第 5 期。

蒋钤钤:《明清江西茶业研究》,中央民族大学 2013 年硕士论文。

李晓方:《清代赣南烟草生产略论》,江西师范大学 2004 年硕士论文。

李华:《近代江西茶叶贸易研究(1861—1949)》,西南民族大学 2015 年硕士论文。

姚丹:《民国江西茶业改良研究》,江西师范大学 2019 年硕士论文。

昝金生:《民国时期江南农村金融研究》,苏州大学 2011 年博士论文。

后记

心情像浪花一样欢腾，就像蜜糖流入心里。《近代江西农村经济研究》书稿的问世犹如自己孩子的诞生，过程虽然艰辛但盖不住它出世的喜悦。这是我出版的第二本专著，倍加珍惜，倍加欣喜。人到中年，我对学术上的每一点进步都有了更深的体会，也有了更加真切的感恩之心。

首先要感谢江西省社会科学规划办把书稿纳入"江西历史文化研究工程"项目，给予出版经费资助。由于他们对书稿的认可，让我对书稿的修改完善以及出版有了信心。其次要感谢江西省社会科学院给我最厚实的依靠。院领导、科研处对书稿的出版给予大力支持，督促我不断提升书稿质量，给予了出版经费配套。各位院领导坚持"人人成才，人人出彩"的理念对我的学术成长给予很大的鼓励支持。科研处同仁工作耐心细致，对科研人员的要求总是尽力满足，排忧解难。再次要感谢人生每一个阶段的老师。硕士导师陈东有教授指导我的学术方向，尤其在我写此书陷入困局的时候，以他深厚的学养对我进行一对一的辅导。师母则是解语花，是陈老师门下学生公认的温柔美丽善良的贤内助。每次学生遇到困难，她总是以最大的善意和聪慧给予开导。博士导师朱汉国教授在中国近现代史领域耕耘几十年，成果丰硕，他的一些学术观点对我的影响很大。省社科院的余伯流、何友良、汤水清、施由明等老师也是学养深厚，在科研中为我提供了许多指导和帮助，使我少走许多弯路。最后要感谢战斗在一起的各位同事。历史研究所是一个十分积极向上、学术氛围浓厚的集体。他们不仅自己在学术上努力精进，而且在团结合作上乐于奉献。在这样的科研所工作是我的幸运，也是我能够取得一点成绩的重要原因。王彬、李懿等同事也乐意与我分享他们的科研心得。此外，还要感谢江西人民出版社。责编陈才艳老师是一个认真负责的优秀编辑，在书稿的出版过程中为我提供很多的帮助。

"甘坐冷板凳"是我们历史研究者的基本修养，但其中的冷暖只有参与其中才有深刻体会。选题、史料、论证的困难无时无刻不在考验我们的耐心、恒心。感谢我的原生家庭在艰苦奋斗方面的家风培养，让我在学术研究上保持了不畏难不退缩的品质，促使本书最终成型。严格来说，《近代江西农村经济研究》一书并不是速成的作品，而是横跨我的学术生涯，是我研究近代江西农村经济的研究成果集成，承载了我一路的学术探索。因为研究生读的是明清经济史专业，但在省社科院历史所主要从事苏区史、党史研究，导致经济史研究经常是断断续续。我有一个很大的心愿，就是把十多年的一些农村经济研究写成一部书稿，作为我研究农村经济史的一个交代，或者是一个安慰。这次终于如愿以偿。

　　常言道弹指一挥间。谁还不曾经是一个少年呢？2022年研究生导师陈东有教授七十大寿，我们同门欢聚一堂，难得有机会欢畅自己的人生经验。我开玩笑地对陈老师说，您是不是从没有想过我到研究机构工作，从事一辈子学术研究？他笑嘻嘻地说，确实如此，想不到我这么跳脱的一个人居然从事了最需要沉下心来的工作。陈老师对我的观察是十分到位的。坦率地说，我读研究生的时候还是一个十分开朗、坐不住的人，随时要跑出去玩的性格。但是自从到省社科院工作以后，就感受到学术的严谨性，不得不磨炼自己的性子。人生没有过不去的坎。我慢慢地适应了科研工作，尝试着爱上科研。这是一个漫长的过程，也是一个自我修炼的过程。并且由于有两个活泼可爱的女儿相伴，一些困难变得没有那么可怕，反而有了前进的动力。事实证明，只要自己愿意并且肯努力，一定会战胜困难。《近代江西农村经济研究》一书一定程度上体现了我的磨砺过程，里面有很明显的学术成长痕迹。

　　对待学术研究必须认真严谨，但同时也应该承认学术研究是永无止境的。人无完人，书无完书。本书的写作同样存在这样那样的不足，只能证明我在某一阶段的认识。不当之处，请学界同仁宽容理解。

书于青山湖畔江西省社会科学院

2022年11月20日